COLIN BRYAR E BILL CARR

Obsessão pelo cliente

Título original: *Working Backwards*

Copyright © 2021 by Working Backwards LLC.

Obsessão pelo cliente
4ª edição: Março 2025

Direitos reservados desta edição: Citadel Editorial SA

O conteúdo desta obra é de total responsabilidade do autor
e não reflete necessariamente a opinião da editora.

Autores:
Colin Bryar e Bill Carr

Tradução:
Nathalia Ferrante

Preparação de texto:
Iracy Borges

Revisão:
3GB Consulting

Projeto gráfico e capa:
Jéssica Wendy

Impressão:
Plena Print

DADOS INTERNACIONAIS DE CATALOGAÇÃO NA PUBLICAÇÃO (CIP)

Bryar, Colin.
　　Obsessão pelo cliente : Working Backwards : histórias, segredos e insight exclusivos de dentro da Amazon / Colin Bryar, Bill Carr. — Porto Alegre : Citadel, 2023.
　　368 p.

ISBN: 978-65-5047-125-5

1. Amazon.com (Firma) - Administração 2. Administração de empresas 2. Negócios I. Título I. Carr, Bill

23-1813　　　　　　　　　　　　　　　　　　　　　CDD 658

Angélica Ilacqua - Bibliotecária - CRB-8/7057

Produção editorial e distribuição:

contato@citadel.com.br
www.citadel.com.br

COLIN BRYAR E BILL CARR

Obsessão pelo cliente

Working Backwards
Histórias, segredos e insights
exclusivos de dentro da Amazon

Tradução:
Nathalia Ferrante

2023

Para Sarah e Lynn

Sumário

Prefácio por André Street — 7
Introdução — 11

PARTE 1 – SER AMAZONIANO — 23
Introdução à Parte 1 — 24
  1. Alicerces: princípios de liderança e mecanismos — 28
  2. Recrutamento: processo de elevação do padrão de qualidade exclusivo da Amazon (Bar Raiser) — 50
  3. Organização: liderança separável, de segmento único — 85
  4. Comunicação: narrativas e o relatório de seis páginas — 120
  5. Working Backwards: comece com a experiência desejada pelo cliente — 146
  6. Métricas: gerencie suas entradas, não suas saídas — 176

PARTE 2 – A MÁQUINA DE INOVAÇÃO EM AÇÃO — 215
Introdução à Parte 2 — 216
  7. Kindle — 224
  8. Prime — 256
  9. Prime Video — 284
  10. AWS — 320

Conclusão – Ser amazoniano além da Amazon   345

Apêndice A – Exemplos de avaliações de entrevistas   351
Apêndice B – Exemplos de princípios narrativos e perguntas frequentes   356
Apêndice C – Linha do tempo de eventos do livro   363

Agradecimentos   365

Prefácio

POR ANDRÉ STREET

Em meados dos anos 1990, uma pequena empresa ocupava três salas de uma casinha em Seattle e tinha funcionários amontoados em mesas feitas de portas em bases de madeira, completamente improvisadas. Não seria fácil imaginar que essa empresa se tornaria uma das maiores e mais importantes marcas do mundo. Mesmo sendo difícil de acreditar, essa era a primeira sede da gigante Amazon.

Por outro lado, digo por experiência própria que todo mundo que fundou uma empresa de crescimento exponencial pode se identificar com a cena. A adrenalina dos primeiros anos. Os escritórios da forma que dá, buscando acomodar quem chega. O dinheiro curto, compensado pela gratificação de colocar novas ideias em prática. O vínculo de um efervescente time que faz tudo acontecer. O produto impactando a vida de quem precisa dele.

Conforme os anos passam e as companhias realizam o sonho de levar sua solução para cada vez mais gente – como fez a Amazon e como fizemos na Stone –, o grande desafio é manter essa energia viva e não diluir a cultura que foi criada. Por mais genial que seja, Jeff Bezos também viveu esse dilema. Durante alguns anos, ele conseguia, simplesmente girando a cadeira ou andando poucos metros, transmitir suas mensagens para o time. Reforçava para dezenas de pessoas princípios como obsessão pelo cliente e excelência operacional, até o dia em que não conseguiu mais... Com quinhentos funcionários no final dos anos 1990, a empresa precisava de novas camadas de liderança. As conversas com Bezos não seriam mais suficientes para disseminar a cultura. Neste momento, era preciso achar uma maneira de passar adiante seus valores para manter o padrão Amazon de qualidade.

Este livro é sobre como a companhia conseguiu essa proeza: passar de fase (de muitas fases) sem deixar o café aguado. Hoje, com mais de um milhão de funcionários, a companhia cresceu em ritmo acelerado, abriu capital, se expandiu para outros países, criou novos serviços. Ainda assim, sua essência permanece ali, incluindo aqueles traços pregados por Bezos desde sua fundação, e ao mesmo tempo conseguiu o que toda start up busca: se tornar uma grande companhia com um modelo de negócio repetitivo que agrega valor para seus clientes em altíssima escala.

Para isso ser possível, foi preciso crescer e operar com método. Alguns princípios foram pensados por Bezos desde o início quando sonhava em construir uma companhia de grande porte; ele tinha a visão de que uma forma que funcionava no início para lançar produtos poderia ser adaptada para praticamente tudo na empresa: "trabalhar de trás pra frente" ("Working Backwards", em inglês, título original deste livro). Essa filosofia, destrinchada neste livro e que tem guiado a Amazon em sua jornada como empresa inovadora, consiste em definir objetivos a partir das necessidades e desejos dos clientes e depois trabalhar "de volta" para desenvolver soluções que os satisfaçam. Como você verá mais adiante, é como primeiro lançar o produto e só depois produzi-lo, se realmente estiver de acordo com o que o cliente precisa.

O livro confirma uma crença que sempre tivemos na Stone (não à toa o colocamos em nossa biblioteca como recomendação de leitura

): não basta ter um modelo de negócios vencedor, é preciso construir uma cultura sólida.

É a cultura de servir o cliente e melhorar a sociedade que faz as pessoas compreenderem o propósito do trabalho e trabalharem com cem vezes mais energia e capricho do que se estivessem apenas cumprindo uma tarefa em um emprego comum. É o que faz o time correr para a mesma direção, operar em sintonia como em uma orquestra e investir em ideias relevantes sem depender dos fundadores ou dos líderes mais experientes. É mágico.

Claro que o trabalho na Amazon não foi feito da noite para o dia, mas a cultura foi construída pensando no fato de que para se tornar uma grande companhia era preciso trazer conhecimento de fora e desenvolver os talentos jovens da casa ao mesmo tempo.

Os detalhes de como essa essência evoluiu e como foi passada para as novas gerações de funcionários estão registrados nas próximas páginas. Os autores são duas pessoas que trabalharam por vários anos na empresa, expõem as complexidades do processo, revelando inclusive os fracassos — como o momento em que a área de tecnologia ficou enfraquecida porque não havia um método que garantisse a contratação das melhores pessoas. Tive a oportunidade de verificar os detalhes deste livro pois tenho dois diretores que trabalham comigo na Inglaterra que estiveram lá durante mais de dez anos e me atestaram.

Assim como os autores, eles dizem que a Amazon enfrentou problemas similares a qualquer companhia de alto crescimento.

A diferença é que eles de fato respiravam a cultura e "faziam o que falavam". Desenvolveram métodos para manter a cultura viva na medida em que a empresa crescia com novos líderes e incentivavam alguns rituais muito bem definidos, em que o cliente era sempre priorizado nas discussões entre os executivos. A solução tecnológica era sempre levada em primeira consideração para que qualquer ideia pudesse ser implementada em escala. A Amazon contratava os melhores profissionais e ensinava exaustivamente seus valores e rituais. Sistematizaram conhecimento e usaram isso com disciplina – o elemento que costuma diferenciar os campeões.

Sei que muitos empreendedores e executivos desejam olhar para suas empresas 25 anos depois e sentir que conseguiram fazer o mesmo. Mas afirmo que para isso não é preciso copiar os catorze princípios da Amazon ou suas ferramentas de gestão. A grande lição é entender a lógica do que eles construíram, inspirando-se para encontrar o que é verdadeiro e faz sentido para a sua empresa.

Seus ensinamentos podem ser aplicados em qualquer organização, independentemente do setor ou tamanho, mas para ter sucesso é necessário operar o método com autenticidade e principalmente com disciplina.

Leitura obrigatória para quem está construindo uma empresa.

Boa leitura!

Introdução

Dizer que a Amazon é uma empresa não convencional é um eufemismo. As iniciativas mais importantes da empresa têm sido frequentemente criticadas e até ridicularizadas como loucuras. Um especialista em negócios a apelidou de "Amazon.toast".[1] Mas, um após o outro, a Amazon provou que os céticos estavam errados. Grandes empresas concorrentes e recém-chegadas estudaram-na, na esperança de descobrir os segredos de seu sucesso e replicá-los. Embora muitos tenham adotado um ou mais de seus famosos princípios e práticas, mesmo os admiradores mais fervorosos da Amazon não conseguiram reproduzir a cultura de inovação que continua a impulsionar ainda mais a companhia na liderança.

Obviamente, a empresa também passou por um escrutínio público em razão de alguns de seus métodos de trabalho. Alguns questionam o impacto causado no mundo dos negócios e até mesmo em nossa sociedade como um todo.[2]

---

1. "Surf's Up", *Forbes*, 26 de julho de 1998, https://www.forbes.com/forbes/1998/0727/6202106a.html#71126bc93e25 (acessado em 2 de junho de 2020).
2. Em sua carta aos acionistas no dia 16 de abril de 2020, logo após a eclosão da pandemia do coronavírus, Jeff Bezos abordou o impacto sofrido pela Amazon em várias frentes. Bezos descreveu os esforços da empresa para atender ao aumento da demanda pelos serviços da Amazon por pessoas em confinamento. Ele descreveu medidas de segurança em centros

Essas questões são obviamente importantes, já que afetam a vida das pessoas e das comunidades e porque, cada vez mais, deixar de abordá-las pode ter um sério impacto para a reputação e os ganhos financeiros de uma empresa. Mas são questões que estão além do escopo do que podemos abordar em profundidade neste livro, que busca principalmente lhe mostrar alguns dos princípios e processos exclusivos da Amazon de maneira detalhada para que você seja capaz de implementá-los se decidir fazê-lo.

Nós passamos um total combinado de 27 anos trabalhando na Amazon e estivemos lá em alguns dos momentos mais importantes de seu desenvolvimento e crescimento. Sempre que qualquer um de nós menciona ter trabalhado na empresa, é imediatamente questionado com alguma versão de uma pergunta que tenta chegar às causas essenciais de seu singular sucesso. Analistas, concorrentes e até mesmo clientes tentaram resumir em palavras o modelo de negócios ou cultura corporativa da Amazon, mas a melhor e mais simples declaração ainda é a do fundador, Jeff Bezos (doravante denominado Jeff): "Temos uma convicção inabalável de que os interesses de longo prazo dos acionistas estão perfeitamente alinhados com os interesses dos clientes".[3] Em outras palavras, embora seja verdade que o valor para o acionista deriva do crescimento do lucro, a Amazon acredita que o crescimento de longo prazo é mais bem produzido colocando o cliente em primeiro lugar.

---

de distribuição, um programa emergencial da Amazon para aumentar os testes e a parceria da Amazon Web Services com a OMS e outras organizações de saúde. Ele anunciou um aumento de dois dólares no salário mínimo da Amazon e dobrou o pagamento de horas extras. A carta também delineou o Compromisso Climático da empresa – passar para 80% de energia renovável até 2024 e atingir zero emissão de carbono até 2040. Para obter detalhes sobre esses e outros esforços da Amazon para melhorar a vida de seus funcionários, clientes e da população humana em geral, consulte https://blog.aboutamazon.com/company-news/2019-letter-to-shareholders.

3. Jeff Bezos, "Carta aos acionistas", 2010, https://www.sec.gov/Archives/edgar/data/1018724/000119312511110797/dex991.htm.

Se compartilhasse dessa mesma convicção, que tipo de empresa você construiria? Em uma palestra na Conferência Aérea, Espacial e Cibernética de 2018, Jeff descreveu a Amazon desta forma: "Nossa cultura é composta de quatro pilares: obsessão pelo cliente em vez de obsessão pelo concorrente; disposição para pensar em longo prazo, com um horizonte de investimento mais longo do que o da maioria de nossos pares; desejo de inovar, o que, claro, anda de mãos dadas com o fracasso; e, finalmente, ter orgulho da excelência operacional".

Essa descrição é verdadeira desde os primeiros dias da Amazon. Em sua primeira carta aos acionistas, em 1997, o primeiro ano da Amazon como uma empresa de capital aberto, você encontrará as frases "obcecado pelos clientes", "o que importa é o longo prazo" e "continuaremos a aprender com nossos sucessos e fracassos". Um ano depois, o termo "excelência operacional" entrou em cena, completando os quatro pilares que descrevem a cultura corporativa da Amazon até hoje. Ao longo dos anos que se seguiram, a redação foi ajustada para refletir as lições aprendidas e as cicatrizes conquistadas, mas a Amazon nunca desistiu de seu compromisso com esses quatro princípios básicos. E eles são em grande parte a razão que levou a Amazon a se tornar, em 2015, a empresa que atingiu US$ 100 bilhões em vendas anuais mais rápido do que qualquer outra no mundo. Notavelmente, naquele mesmo ano, a Amazon Web Services (AWS) estava atingindo US$ 10 bilhões em vendas anuais – em um ritmo ainda mais acelerado do que o estabelecido pela Amazon anteriormente.[4]

É claro que esses quatro pilares culturais não explicam tudo, isto é, como as pessoas podem trabalhar, individual e coletivamente, para

---

4. Jeff Bezos, "Carta aos acionistas", 2015, https://www.sec.gov/Archives/edgar/data/1018724/000119312516530910/d168744dex991.htm.

garantir que sejam mantidos. Então Jeff e sua equipe de liderança elaboraram um conjunto de 14 princípios de liderança, bem como um amplo conjunto de metodologias práticas e descritivas, que constantemente reforçam seus objetivos culturais. Isso inclui: o processo de contratação Bar Raiser, que garante que a empresa continue a adquirir os melhores talentos; a tendência de ter equipes separáveis dirigidas por líderes com um foco singular que busca maior velocidade de entrega e inovação; o uso de narrativas escritas em vez de apresentações de slides, para garantir que uma compreensão profunda de questões complexas conduza a decisões bem informadas; um foco implacável nas métricas de entrada, para garantir que as equipes trabalhem nas atividades que impulsionam os negócios. E, por fim, há o processo de desenvolvimento de produto que dá nome a este livro (na edição original): trabalhar de trás para a frente (*working backwards*) a partir da experiência desejada pelo cliente.

Muitos dos problemas de negócios enfrentados pela Amazon não são diferentes daqueles enfrentados por qualquer outra empresa, pequena ou grande. A diferença está na maneira como a Amazon continua criando soluções exclusivamente amazonianas para esses problemas. Juntos, esses elementos se combinam para formar uma maneira de pensar, gerenciar e trabalhar que chamamos de *ser amazoniano*, um termo que cunhamos para os fins deste livro. Nós dois, Colin e Bill, estávamos presentes "na sala" e – juntamente com outros líderes seniores – moldamos e refinamos o que significa ser um amazoniano. Trabalhamos extensivamente com Jeff e estivemos envolvidos de forma ativa na criação de uma série de sucessos duradouros da Amazon (para não mencionar alguns de seus notáveis fracassos), no que foi a experiência profissional mais revigorante de nossas vidas.

COLIN

Meu primeiro trabalho após a faculdade foi projetar e construir aplicativos de bancos de dados na Oracle. Depois disso, fui cofundador de uma empresa chamada Server Technologies Group com outros dois colegas. Queríamos usar nossa experiência em sistemas de bancos de dados em grande escala para ajudar empresas a mover suas atividades de negócios para a então recém-chegada internet. Nossos clientes incluíam Boeing, Microsoft e uma pequena empresa chamada Amazon. Logo percebemos que a Amazon tinha algo especial, e em 1998 nos mudamos para lá, onde trabalhei por doze anos como executivo, dois deles em um cargo que me colocou frente a frente com Jeff durante um período extraordinário de crescimento e inovação na Amazon. Esses dois anos começaram no verão de 2003, quando Jeff me pediu para ser seu consultor técnico, uma função que é conhecida coloquialmente como a "sombra de Jeff" e é semelhante à função de chefe de equipe em outras empresas.

A posição havia sido formalizada cerca de dezoito meses antes, quando Andy Jassy, agora CEO da Amazon Web Services, se tornou o primeiro consultor técnico em tempo integral de Jeff. A função tinha duas responsabilidades principais. Uma era ajudar Jeff a ser o mais eficaz possível. A outra era, como Jeff me disse, "se inspirar e aprender de forma mútua" para que a pessoa naquele cargo pudesse eventualmente passar para uma função mais elevada na empresa.

Tanto Jeff quanto Andy deixaram claro que não se tratava da função de um observador ou auditor, nem de treinamento. Esperava-se que eu contribuísse imediatamente: tendo ideias, assumindo riscos e sendo uma pessoa de opinião confiável para Jeff. Antes de aceitar o emprego, pedi um fim de semana para pensar a respeito e liguei para alguns amigos – um tinha uma função comparável, auxiliando o CEO

Obsessão pelo cliente

de uma empresa Fortune 10, e outro era o braço direito de um importante funcionário do governo. Ambos disseram: "Você está louco? É uma chance única na vida. Por que você não aceitou o trabalho na hora?". Também me disseram que eu não poderia decidir meus horários e que aprenderia mais do que poderia imaginar. Um deles me disse que, embora tivesse aprendido muito nessa função, não era exatamente um trabalho divertido.

A maior parte do que me disseram sobre ser a sombra de Jeff era verdade, com a notável exceção de que meu trabalho, na verdade, *era* muito divertido. Certa vez, estávamos viajando para Nova York para uma série de reuniões e eventos, incluindo uma exposição de tênis no Grand Central Terminal para promover a nova loja de roupas da Amazon. Durante o voo, Jeff me perguntou se me importaria de jogar uma partida rápida de tênis com ele quando aterrissássemos, a fim de que pudesse praticar para o evento, já que estava um pouco enferrujado – ele havia jogado dois anos antes em um evento de caridade com Bill Gates, Andre Agassi e Pete Sampras, "e antes disso, quem sabe?". Eu disse a ele que tinha jogado duas semanas antes no parque local com meu amigo John. "Então você me derrotou na lista VIP dos parceiros de tênis", eu disse, "mas eu ganho por ter jogado há pouco tempo. É difícil saber quem venceu. Teremos que resolver isso na quadra de tênis esta noite." Jeff riu e disse que tínhamos um acordo.

Essa história é atípica – 95% do tempo que passei com Jeff foi focado em questões internas de trabalho, em vez de eventos externos, como conferências, discursos públicos e jogos esportivos. Mas, ao longo do tempo, Jeff enfrentou muitas situações desafiadoras como essa – praticar um esporte que quase nunca praticou na frente de uma grande multidão – com otimismo, humor e sua conhecida risada contagiante. Com esse mesmo espírito Jeff enfrentou importantes decisões de negócios diárias, maiores do que a maioria das pessoas toma em toda a carreira. Ele realmente incorpora o lema da Amazon: "Trabalhe duro, divirta-se, faça história".

Trabalhei com ele durante seu horário normal de expediente, das dez da manhã às sete da noite. A maioria de dias absorto em cinco a sete reuniões com equipes de produtos ou executivos. Antes e depois do expediente de Jeff, trabalhei com essas equipes para ajudá-las a se preparar para os encontros de maneira que fossem mais produtivos para todos. Eu já sabia o que era receber uma profusão infindável de ideias dele e depois ser solicitado a realizar as coisas com rapidez e padrões que poderiam parecer excessivamente elevados. Muitas vezes me perguntavam: "Como você acha que Jeff irá reagir a essa ideia?". Minha resposta padrão era: "Não posso prever o que ele dirá, mas esses são os princípios que normalmente norteiam sua resposta".

Durante meu tempo com Jeff, vários negócios importantes da Amazon surgiram, incluindo Amazon Prime, Amazon Web Services, Kindle e Fulfillment by Amazon. Vários processos de negócios da Amazon, agora firmemente consolidados como *ser amazoniano*, foram introduzidos, incluindo a escrita de narrativas e o uso do processo Working Backwards.

Eu estava ciente da sorte e da rara oportunidade que tinha de trabalhar lado a lado com Jeff e a liderança sênior da Amazon diariamente por mais de dois anos. Estava determinado a aproveitar cada minuto. Considerava atividades como passeios de carro, almoços e caminhadas para reuniões como oportunidades de aprendizagem preciosas que não queria perder. Certa vez, um amigo me viu escrevendo uma longa lista de itens em um caderno e perguntou o que eu estava fazendo. Respondi: "Bem, tenho um voo de cinco horas para Nova York com Jeff no final desta semana e quero ter certeza de que tenho pelo menos cinco horas de perguntas e tópicos para discussão, caso haja algum tempo livre". Quando escrevo neste livro sobre o que levou Jeff a tomar decisões importantes, posso fazê-lo porque muitas vezes perguntei diretamente a ele qual era seu pensamento específico por trás de seus insights, já que o raciocínio por trás deles costumava ser mais esclarecedor do que os próprios insights.

BILL

Minha jornada na Amazon foi tortuosa. Depois da faculdade, trabalhei com vendas por alguns anos antes de fazer MBA. Em seguida, assumi um emprego no setor de vendas da Procter & Gamble antes de me tornar um dos analistas de contas da P&G para Kmart. Buscando trabalhar com tecnologia, deixei a P&G por um emprego em uma startup de softwares chamada Evare. Em maio de 1999, por sugestão de um amigo da faculdade, fiz uma entrevista para um cargo na Amazon. A empresa ainda era sediada em um único prédio na Second Avenue, em Seattle. O espaço era tão apertado que uma de minhas entrevistas foi conduzida em uma sala de descanso onde, do outro lado de uma divisória, algumas pessoas tomavam café e conversavam. Recebi a proposta de cargo de gerente de produto em vídeo (VHS e DVD) e permaneci na empresa em diversas funções pelos quinze anos seguintes.

Durante os primeiros cinco anos de minha gestão, trabalhei no maior negócio da Amazon na época, o grupo de mídia física dos Estados Unidos – livros, música, vídeo –, em que pude ir subindo na hierarquia até o cargo de diretor. Em janeiro de 2004, poucos meses depois de Jeff convidar Colin para se tornar seu consultor técnico, meu gerente e bom amigo Steve Kessel me deu uma notícia muito inesperada. Ele seria promovido a vice-presidente sênior e, a pedido de Jeff, assumiria os negócios digitais da empresa. Ele me disse que eu seria promovido a vice-presidente e que queria que eu me juntasse a ele.

Steve me informou que Jeff havia decidido que era chegado o momento de a Amazon começar a permitir que nossos clientes comprassem e lessem/assistissem/ouvissem livros/vídeos/música digitalmente. A companhia estava em uma encruzilhada. Embora os negócios de livros, CD e VHS/DVD fossem os mais populares da Amazon, as mudanças na internet e na tecnologia dos dispositivos, bem como o surgimento do Napster e do Apple iPod/iTunes, deixaram claro que isso não duraria. Esperávamos que os negócios de mídia física diminuíssem ao longo do tempo em virtude da mudança para digital. Sentimos que deveríamos agir imediatamente.

Nessa época, Jeff frequentemente usava uma analogia ao descrever nossos esforços para inovar e criar novos negócios. "Precisamos plantar muitas sementes", ele dizia, "porque não sabemos qual dessas sementes irá crescer e se tornar um carvalho frondoso." Foi uma analogia feliz. O carvalho é uma das árvores mais resistentes e mais longevas da floresta. Cada árvore produz milhares de bolotas para gerar cada nova árvore que por fim se eleva para o céu.

Olhando para trás, aquele momento foi uma espécie de era renascentista na Amazon. As sementes plantadas pela Amazon a partir de 2004 cresceriam no leitor de e-books Kindle, no tablet Fire, no Fire TV, no Amazon Prime Video, no Amazon Music, no alto-falante Echo com ativação por voz e na tecnologia subjacente de assistente de voz Alexa. Essas inovações se tornariam alguns dos maiores geradores de valor e crescimento na Amazon. Em 2018, essas unidades de negócios criaram dispositivos e serviços usados diariamente por dezenas de milhões de consumidores em todo o mundo, gerando dezenas de bilhões em lucros anuais para a Amazon.

Tive a sorte de estar sentado no banco do motorista ou do passageiro (apreciando uma bela vista) ao longo da década em que essas novas iniciativas de produtos foram criadas. Minha função evoluiria com o passar dos anos, e eu me tornaria o proprietário e líder das organizações mundiais de música e vídeo digital da Amazon e de empresas de engenharia. Minha equipe e eu lideramos o lançamento, desenvolvimento e crescimento dos serviços que são conhecidos hoje como Amazon Music, Prime Video e Amazon Studios. Por meio dessa experiência, tive a oportunidade de observar, participar e aprender com o desenvolvimento e a criação não só desses novos produtos, mas também de um conjunto de novos processos dentro da Amazon cuja combinação impulsionaria o segundo estágio de crescimento, que a tornou uma das empresas mais valiosas do planeta.

Working Backwards em um livro da Amazon

Nos tornamos amigos por intermédio de minha esposa, Lynn, e da esposa de Colin, Sarah, que se tornaram amigas íntimas quando entraram na equipe da Amazon Toys, em 2000, após obterem seus MBAs. Nossa amizade floresceu por meio do nosso amor mútuo pelo golfe e viagens regulares para jogar em Bandon Dunes. Decidimos escrever este livro em 2018, quando observamos duas tendências. A primeira foi a explosão de popularidade da Amazon, que a tornou onipresente na mídia. As pessoas claramente desejam aprender mais sobre a Amazon. A segunda foi o fato de que a Amazon foi sempre mal compreendida, o que experimentamos durante nossos anos trabalhando lá. Os analistas de Wall Street não conseguiam compreender por que a Amazon não dava lucro, pois a empresa reinvestia seu dinheiro em novos produtos para impulsionar o crescimento futuro. E a imprensa muitas vezes ficava perplexa e criticava cada novo produto lançado, incluindo Kindle, Prime e Amazon Web Services.

Nós dois saímos da Amazon para buscar novos empreendimentos – Colin em 2010, e Bill em 2014 –, mas ficamos marcados para sempre por nossas experiências na empresa. Trabalhamos com uma variedade de empresas e investidores em capital de risco. Estávamos acostumados a ouvir comentários como esta observação do CEO de uma companhia Fortune 100: "Não entendo como a Amazon faz isso. Eles são capazes de criar e ganhar em muitos negócios diferentes, do varejo à AWS e mídia digital. Enquanto isso, estamos nesse mercado há mais de trinta anos e ainda não dominamos nosso negócio principal".

Percebemos que havia uma lacuna no mercado. Não havia uma fonte, nenhum livro para responder às perguntas e explicar o comportamento peculiar da Amazon e como ela produziu resultados excepcionais. Sabemos as respostas para essas perguntas, e é isso que compartilharemos com você nestas páginas.

Desde que saímos da Amazon, introduzimos muitos de seus elementos em nossas novas organizações, com grande efeito. Mas descobrimos que, quando conversamos com colegas sobre a introdução dos princípios da Amazon em seus locais de trabalho, eles costumam responder da seguinte maneira: "Mas você tinha muito mais recursos e dinheiro, sem falar em Jeff Bezos. Nós não temos".

Estamos aqui para dizer que você não precisa ter o capital da Amazon (na verdade, a Amazon teve capital limitado na maior parte de nossos anos lá), nem precisa de Jeff Bezos (embora, se ele estiver disponível para trabalhar em seu projeto, nós o recomendamos!). Os princípios e práticas concretos e replicáveis da Amazon podem ser aprendidos por qualquer pessoa, redefinidos e dimensionados para qualquer empresa. Depois de ler este livro, esperamos que você compreenda que *ser amazoniano* não é um culto místico de liderança, mas uma mentalidade flexível. Você pode pegar os elementos de que precisa conforme a necessidade e, em seguida, ajustá-los e personalizá-los conforme desejar. O conceito também tem uma qualidade fractal maravilhosa, o que significa que pode agregar benefícios em qualquer escala. Testemunhamos a adoção bem-sucedida desses elementos em empresas que variam de uma startup de dez pessoas a uma companhia global com centenas de milhares de funcionários.

Neste livro iremos guiá-lo para *ser amazoniano* à sua maneira, dentro de sua própria organização. Vamos oferecer conselhos práticos e específicos expressos por meio de nossas tradições favoritas da Amazon: os eventos, histórias, conversas, personalidades, piadas e muito mais que acumulamos ao longo dos anos.

Não estamos afirmando que *ser amazoniano* é a única maneira de construir uma organização de alto desempenho. Como Jeff escreveu: "O mundo, felizmente, está cheio de muitas culturas corporativas de alto desempenho bem distintas. Nunca afirmamos que nossa abordagem é a única correta – apenas que é a nossa...".[5]

Agora, também poderá ser sua.

---

5. Jeff Bezos, "Carta aos acionistas", 2015, https://www.sec.gov/Archives/edgar/data/1018724/000119312516530910/d168744dex991.htm.

PARTE 1

Ser amazoniano

Introdução à Parte 1

Na primeira metade deste livro, apresentaremos em detalhes alguns dos princípios e processos cruciais que definem o que é *ser amazoniano*. Essas formas de trabalhar – pacientemente aprimoradas ao longo dos anos – possibilitaram a notável eficiência da Amazon e seu crescimento recorde. Esses princípios transformaram a cultura da Amazon no sentido de valorizar a inovação e a priorização da satisfação dos clientes. Contaremos algumas histórias sobre a origem desses princípios e processos para mostrar que eles são soluções para problemas que atrapalhavam nossa capacidade de inventar livremente e satisfazer nossos clientes de maneira consistente.

Os princípios de liderança da Amazon são o foco principal do Capítulo 1. Nos primeiros dias da empresa, quando esta consistia em um punhado de pessoas trabalhando em três pequenas salas, não havia princípios formais de liderança porque, em certo sentido, Jeff era o princípio de liderança. Ele escrevia as descrições de cargos, entrevistava os candidatos, embalava e despachava caixas e lia todos os e-mails enviados aos clientes. Participar de todos os aspectos do negócio permitiu-lhe transmitir a filosofia da Amazon de maneira informal para um grupo relativamente pequeno de funcionários. Mas a empresa se expandiu tão rápido que logo ficou impossível transmiti-la dessa forma. Daí a necessidade dos princípios de liderança. Contaremos o processo de criação desses princípios – em si uma história essencialmente amazoniana – e descreveremos como estão infundidos em cada segmento operacional da empresa.

De mãos dadas com os princípios de liderança estão os mecanismos, que também serão discutidos no Capítulo 1. Os mecanismos são processos consistentes e repetidos que garantem que os princípios de liderança sejam reforçados ano a ano e dia a dia na empresa. Descrevemos o método pelo qual a Amazon gera seus planos e metas anuais para cada equipe individual e para a empresa como um todo, e como isso gera um alinhamento entre os objetivos da equipe e os da empresa. Também descrevemos a política de remuneração diferenciada da Amazon, que reforça a colaboração e o foco de longo prazo em vez da competição interna e da orientação para ganhos de curto prazo.

No Capítulo 2, discutimos o Bar Raiser, o processo de contratação exclusivo da Amazon. Assim como os princípios de liderança, criamos o Bar Raiser porque a empresa estava crescendo extremamente rápido. Uma das maiores armadilhas de precisar contratar pessoas novas muito rapidamente é a urgência: a tendência de ignorar as falhas de um candidato porque você está sobrecarregado de trabalho e precisa de mais colaboradores. O Bar Raiser fornece às equipes métodos para fazer contratações melhores com eficiência e rapidez, mas sem buscar atalhos.

Em uma empresa conhecida por sua inventividade, a liderança separável, de segmento único, tem sido uma das invenções mais úteis da Amazon. Discutimos isso no Capítulo 3. Trata-se de uma estratégia organizacional que minimiza a perda de eficiência causada pelas dependências intraorganizacionais. A premissa básica é que, para cada iniciativa ou projeto, há um único líder cujo foco é aquele projeto e apenas aquele projeto, e esse líder supervisiona equipes de pessoas cuja atenção está igualmente focada naquele projeto. Esse capítulo é tanto a história de como chegamos à liderança de segmento único quanto uma descrição dela: esboçamos os problemas que levaram à sua criação e as soluções imperfeitas que desenvolvemos antes de chegarmos àquela que realmente funciona. Também discutiremos como e por que tivemos de mudar completamente a maneira como criamos e implantamos a tecnologia para tornar realidade as equipes separáveis, de segmento único.

Também descobrimos que o que realmente funciona em reuniões não é o que a maioria das empresas faz nas reuniões. Por mais que respeitemos o PowerPoint como ferramenta de comunicação visual e auxílio para falar, aprendemos da maneira mais difícil que esse não é o melhor formato para comunicar informações complexas sobre iniciativas e projetos em andamento em uma reunião de uma hora. Em vez disso, descobrimos que uma narrativa de seis páginas escrita por determinada equipe é o método mais eficaz para que todos em uma reunião se familiarizem com rapidez e eficiência com um projeto em que a equipe está trabalhando. Ao mesmo tempo, o processo de composição dessa narrativa exige que a própria equipe reflita sobre o trabalho que vem fazendo ou se propõe a fazer e que o articule com clareza para os demais, aguçando, assim, seu próprio pensamento sobre esse trabalho. Discutimos os detalhes desse gênero de narrativa – e damos um exemplo de uma – no Capítulo 4.

No Capítulo 5, discutimos como novas ideias e produtos são desenvolvidos na Amazon: trabalhar de trás para a frente (Working Backwards) a partir da experiência desejada pelo cliente. Antes de começar a produzir, escrevemos um comunicado à imprensa para definir claramente como a nova ideia ou produto beneficiará os clientes e criamos uma lista de perguntas frequentes para resolver os problemas difíceis de antemão. Estudamos e modificamos cuidadosa e criticamente cada um desses documentos até estarmos satisfeitos antes de prosseguirmos para a próxima etapa.

O cliente também está no centro de como analisamos e gerenciamos as métricas de desempenho. Nosso foco está no que chamamos de métricas de entrada controláveis, em vez de métricas de saída. Métricas de entrada controláveis (por exemplo, redução de custos internos, para que você possa baixar os preços dos produtos de maneira acessível, adicionando novos itens à venda no site ou reduzindo o tempo de entrega padrão) medem o conjunto de atividades que, se bem feitas, produzirão os resultados desejados, ou métricas de saída (como receita mensal e preço das ações). Discutiremos essas métricas e também detalharemos como descobri-las e rastreá-las no Capítulo 6.

A Parte 1 não inclui uma lista exaustiva de princípios e processos desenvolvidos na Amazon. Selecionamos aqueles que consideramos que melhor ilustram o que significa ser amazoniano. Vamos mostrar como chegamos a cada um deles. E forneceremos informações concretas e aplicáveis que irão ajudá-lo a aprimorar os métodos pelos quais sua empresa ou organização, grande ou pequena, pode maximizar o potencial para servir seus clientes.

Capítulo 1

Alicerces:
princípios de liderança e mecanismos

O desenvolvimento dos 14 princípios de liderança da Amazon. Como eles são inseridos no trabalho diário. As verificações e os contrapesos (mecanismos) que os reforçam. Por que eles conferem uma vantagem competitiva significativa? Como podem ser aplicados em sua empresa?

* * *

A Amazon.com foi inaugurada em julho de 1995, com uma equipe de poucas pessoas escolhidas a dedo por Jeff Bezos. Em 1994, Jeff havia lido um relatório que projetava um crescimento anual do uso da internet em 2.300%. Na época, ele era vice-presidente sênior da D. E. Shaw & Co., um fundo de hedge de Nova York especializado em modelos matemáticos sofisticados para explorar as ineficiências do mercado. Ele decidiu que apostar no crescimento da web era uma oportunidade única na vida, então desistiu de sua carreira lucrativa e promissora e foi para o oeste com sua esposa, MacKenzie, a fim de iniciar um negócio na internet.

No caminho para Seattle, Jeff escreveu seu plano de negócios. Ele identificou vários motivos pelos quais o segmento de livros era mal servido e inadequado para o comércio on-line. Ele descreveu como poderia criar uma experiência nova e atraente para os consumidores de livros. Para começar, os livros eram relativamente leves e vinham em tamanhos bastante uniformes, o que significava que seriam fáceis e baratos de armazenar, embalar e despachar. Em segundo lugar, embora mais de cem milhões de livros tenham sido escritos e mais de um milhão de títulos tenham sido impressos em 1994, até mesmo a megalivraria da Barnes & Noble poderia estocar apenas dezenas de milhares de títulos. Uma livraria on-line, por outro lado, poderia oferecer não apenas os livros que coubessem em uma loja física, mas também qualquer livro impresso. Terceiro, havia duas grandes empresas de distribuição de livros, Ingram e Baker & Taylor, que agiam como intermediárias entre editoras e varejistas e mantinham enormes estoques em vastos depósitos. Elas mantinham catálogos eletrônicos detalhados de livros impressos para facilitar o pedido de livrarias e bibliotecas. Jeff percebeu que poderia combinar a infraestrutura que Ingram e Baker & Taylor criaram – armazéns cheios de livros prontos para serem enviados, além de um catálogo eletrônico desses livros – com a infraestrutura crescente da web, tornando possível para os consumidores encontrar e comprar qualquer livro impresso e enviá-lo diretamente para suas casas. Por fim, o site poderia usar a tecnologia para analisar o comportamento dos clientes e criar uma experiência única e personalizada para cada um deles.

Os primeiros amazonianos trabalharam lado a lado em três pequenas salas, no andar de cima de um porão reformado cheio principalmente de estoque excedente do Exército do outro lado da rua. As mesas, incluindo a de Jeff, foram feitas de portas fixas em quatro por quatro com cantoneiras de metal. Uma porta de compensado com cadeado naquele porão protegia o primeiro "centro de distribuição" da

Amazon, uma sala medindo cerca de 37 metros quadrados que servira como espaço de ensaio para uma banda local, cujo nome ainda estava pintado com spray na porta.

Em ambientes tão próximos, Jeff podia controlar o andamento da empresa – do desenvolvimento de software às finanças e operações – apenas virando sua cadeira ou enfiando a cabeça pela porta de uma sala adjacente. Jeff conhecia todos que trabalhavam para a empresa e, além de programar o software importantíssimo, havia feito cada um de seus trabalhos ao lado deles enquanto aprendiam a atividade. E, sem medo de dizer como queria que as coisas fossem feitas, Jeff começou a transmitir princípios orientadores, como sua obsessão pelo cliente e padrões elevados de trabalho, a cada passo que sua pequena equipe dava.

Do tom dos e-mails para os clientes ao estado dos livros e suas embalagens, Jeff tinha uma regra simples: "Tem que ser perfeito". Ele lembrava à equipe que uma experiência ruim para o cliente mancharia a imagem de centenas de experiências perfeitas. Quando um livro decorativo chegou do distribuidor com um arranhão na capa, Jeff pediu que o atendimento escrevesse ao cliente para se desculpar e explicar que, uma vez que os livros decorativos são feitos para exibição, uma cópia de substituição já havia sido encomendada, mas a entrega iria atrasar – a menos que o tempo fosse essencial e ele preferisse a cópia arranhada imediatamente. O cliente adorou a resposta e decidiu esperar pela cópia perfeita enquanto expressava seu prazer em receber essa consideração-surpresa.

Jeff também revisava e-mails de atendimento ao cliente que tratavam de qualquer novo assunto. Um dia, um importante colunista de tecnologia escreveu para fazer uma série de perguntas astutas e desafiadoras sobre a empresa, segurança dos cartões de crédito e muito mais. Jeff leu a resposta de sua equipe ao colunista, pareceu ler uma segunda vez e então disse: "Está perfeito". Depois disso, aparentemente satisfeito com o fato de o atendimento ao cliente ter internalizado os princípios fundamentais que defendia, Jeff passou a fazer esse tipo de inspeção com menos frequência.

Outra recomendação frequente de Jeff à sua pequena equipe era que a Amazon deveria sempre se comprometer e entregar além do esperado, para garantir que as expectativas do cliente fossem superadas. Um exemplo desse princípio pode ser visto no site da empresa que descreve o envio padrão como entrega comum. Na verdade, todas essas remessas eram enviadas por correio prioritário – uma opção muito mais cara que garantia a entrega em dois a três dias úteis em qualquer lugar dos Estados Unidos. Esse tipo de entrega era visto como um upgrade no e-mail de confirmação da entrega. Os e-mails de agradecimento pelo upgrade na entrega incluíam um que dizia: "Vocês vão ganhar um bilhão de dólares". Quando Jeff viu isso, ele caiu na gargalhada e depois imprimiu uma cópia para levar de volta ao escritório.

A descrição do cargo que escreveu para seu primeiro funcionário dizia: "Você deve ter experiência em projetar e construir sistemas grandes e complexos (mas que possam ser mantidos), e deve ser capaz de fazer isso em cerca de um terço do tempo que a maioria das pessoas competentes pensa ser possível".[6] Em sua primeira carta aos acionistas, em 1997, Jeff escreveu: "Quando entrevisto pessoas, digo a elas: 'Você pode trabalhar durante muito tempo, intensamente ou com inteligência, mas na Amazon.com você não pode escolher dois entre três'".[7]

Naquela época, abraçar o espírito da Amazon significava que a maioria dos amazonianos adotava os padrões desafiadores de Jeff. As

---

6. Kif Leswing e Isobel Asher Hamilton, "'Feels Like Yesterday': Jeff Bezos Reposted Amazon's First Job Listing in a Throwback to 25 Years Ago". Business Insider, 23 de agosto de 2019, https://www.businessinsider.com/amazon-frst-job-listing-posted-by-jeff-bezos-24-years-ago-2018-8.

7. Jeff Bezos, "Carta aos acionistas", abril 2013, https://www.sec.gov/Archives/edgar/data/1018724/000119312513151836/d511111dex991.htm.

pessoas trabalhavam no mínimo sessenta horas por semana, com música tocando no escritório tarde da noite, e faziam o que fosse preciso para satisfazer os clientes. Todas as tardes, Jeff se juntava a todos no porão para embalar os pedidos dos clientes, inicialmente trabalhando com as mãos e joelhos no chão de concreto. Uma grande variedade de pedidos chegava em números cada vez maiores de todas as partes do mundo. Rapidamente ficou claro que algo muito especial estava acontecendo ali, e era emocionante fazer parte disso.

O crescimento que se seguiu foi histórico e praticamente sem precedentes, e significou grandes mudanças na empresa. Meses depois de se mudar para seu primeiro escritório, os espaços estavam completamente lotados, e então a empresa mudou-se para um escritório muito maior no final da rua. Logo estavam novamente apertados e se mudaram uma segunda vez. Durante os primeiros anos, Jeff pôde transmitir a força e a clareza de sua mensagem diretamente à pequena equipe de liderança por meio de interações diárias e semanais. Ele estava presente para decisões grandes e pequenas; pôde formular e aplicar princípios como a preocupação com o cliente, inovação, frugalidade, responsabilidade pessoal, tendência para a ação e seus padrões elevados. Mas os novos funcionários – que no início haviam sido contratados pessoalmente por Jeff – logo alcançaram números que exigiam novos níveis de liderança. No final da década de 1990, a organização havia crescido de dezenas de funcionários para mais de quinhentos. Esse crescimento fantástico começou a limitar a capacidade de Jeff de estar totalmente envolvido na contratação de líderes e de transmitir seus valores a eles. Seus padrões só poderiam ser mantidos se a própria empresa, de alto a baixo, de alguma forma se comprometesse a mantê-los de pé.

Neste capítulo, discutiremos como a Amazon estabeleceu um conjunto de princípios e mecanismos que permitiram que a empresa crescesse de um único fundador para várias centenas de milhares de funcionários,[8] ao mesmo tempo em que se manteve fiel à sua missão de ser obcecada pelos clientes para criar valor de longo prazo para os acionistas. Alguns desses métodos são bem conhecidos e amplamente adotados. Alguns provavelmente são exclusivos da Amazon.

O que distingue a Amazon é que seus princípios de liderança estão profundamente enraizados em *todos* os processos e funções importantes na empresa. Em muitos casos, os princípios ditam uma maneira de pensar ou fazer o trabalho que é diferente da forma como a maioria das empresas opera. Como resultado, os amazonianos recém-contratados passam por um período desafiador de vários meses de aprendizado e adaptação a esses novos métodos. Como esses processos e práticas estão incorporados em cada reunião, documento, decisão, entrevista e discussão de desempenho, segui-los torna-se uma segunda natureza com o tempo. E qualquer funcionário que violar esses princípios chama atenção para si mesmo como uma pessoa que roça as unhas ruidosamente contra um quadro-negro. Se, por exemplo, uma pessoa falasse em uma reunião e sugerisse uma ideia que fosse obviamente voltada para considerações de curto prazo e ignorasse questões de longo prazo significativas, ou propusesse algo que fosse centrado na concorrência e não no cliente, haveria uma pausa incômoda antes que alguém dissesse o que se passava na mente de todos. Embora essa prática não seja exclusiva da Amazon, trata-se de um elemento definidor de seu sucesso.

No final da década de 1990, havia um conjunto de competências essenciais que se esperava que todo amazoniano exibisse, bem como um conjunto adicional de competências que todos os gerentes deveriam dominar e empregar. Quando eu (Bill) li pela primeira vez a longa lista de competências como um novo contratado, em 1999, lembro-me

---

8. 876.800 no Q2 de 2020, de acordo com o anúncio de lucros trimestrais em https://ir.aboutamazon.com/news-release/news-release-details/2020/Amazon.com-Announces-Second-Quarter-Results/default.aspx.

de ter sentido uma mistura de inspiração e intimidação graças à combinação dos altíssimos padrões aplicados em tal variedade de disciplinas. Pensei: "Terei que trabalhar mais e com mais afinco do que jamais trabalhei se quiser estar à altura disso".

Em 2004, o chefe de recursos humanos, Mike George, e sua colega Robin Andrulevich fizeram uma observação: a empresa havia crescido como uma erva daninha, agregando muitos líderes inexperientes e que precisavam de algum treinamento formal em gestão e liderança. Assim, Mike pediu a Robin que criasse um programa de treinamento de liderança. Robin afirmou que fazer isso exigiria primeiro uma codificação clara e sucinta do que significa liderança na Amazon. Tal exercício certamente atrasaria o lançamento do programa, mas, depois de muita discussão, todos concordaram que seria a coisa certa a fazer.

Na carta aos acionistas de 2015, Jeff escreveu: "Você pode escrever sua cultura corporativa, mas, quando o faz, você a está descobrindo, não criando".[9] Era com essa suposição que Robin estava trabalhando quando começou a codificar os princípios de liderança. Ela entrevistou pessoas em toda a Amazon que eram líderes eficazes e que personificavam a essência dessa empresa em expansão. O que ela pensou ser um projeto de dois meses levou nove meses para ser concluído. Mas, quando foi finalizado, seu esforço já havia percorrido um longo caminho para identificar muitos dos elementos que fariam a empresa ser o que é hoje.

Esse conjunto inicial de princípios de liderança era basicamente uma articulação e síntese do *ethos* das pessoas que Robin entrevistou. Em alguns casos, um princípio baseava-se nas atividades de liderança de uma única pessoa. Por exemplo, Jeff Wilke, então vice-presidente sênior de operações mundiais e agora CEO de consumo mundial da

---

9. Jeff Bezos, "Carta aos acionistas", 2015, https://www.sec.gov/Archives/edgar/data/1018724/000119312516530910/d168744dex991.htm.

Amazon, insistia na tomada de decisões baseada em dados e na auditoria frequente de todos com quem trabalhava, e isso se tornou a base do princípio de liderança "Vá fundo".

Robin revisaria cada rascunho com Mike e a equipe de liderança de RH. Os experientes líderes de RH Alison Allgor e Kristin Strout, em particular, forneciam feedbacks valiosos. Eles debateriam cada princípio com um olhar crítico para saber se ele pertencia ou não à lista. Alguns eram totalmente descartados se soassem muito genéricos do ponto de vista corporativo ou não fossem universalmente relevantes. Robin e Jeff Wilke se reuniam com frequência para revisar o progresso e refinar a lista, às vezes trazendo outros líderes – incluindo Rick Dalzell, Tom Szkutak e Jason Kilar – para o processo. Robin também fazia visitas regulares a Jeff e Colin.

Eu (Colin) me lembro de um debate particularmente intenso que se centrou na frase proposta: "Líderes não acreditam que o odor corporal deles ou de sua equipe cheire a perfume", sobre o princípio de "Verbalização apolítica da autocrítica". É normal usar uma linguagem peculiar ao se comunicar com um público amplo? As pessoas levariam a sério esses princípios se escrevêssemos assim? No final, concluímos que, embora a frase não fosse nada convencional, era muito eficaz em explicar o conceito. O exemplo do odor corporal foi mantido.

No final de 2004, após meses de discussão e debate, Robin enviou para Jeff o que ela pensava ser a lista final de nove princípios de liderança. Aparentemente eram muitos princípios na época, mas cada um parecia essencial, e não podíamos concordar em eliminar nenhum.

No início de 2005, com os princípios concluídos, Jeff enviou um e-mail a todos os gerentes da Amazon anunciando formalmente os dez princípios de liderança da empresa. Graças a Robin, que fez um trabalho excelente ao coletar esses princípios poderosos, eles foram expressos de uma forma prática e bastante amazoniana. Por exemplo, o princípio de liderança de "Insista nos padrões mais elevados" é descrito da seguinte maneira: "Os líderes têm padrões incansavelmente altos – muitas pessoas podem pensar que sejam padrões excessivamente altos". As palavras "incansavelmente" e "excessivamente altos" são muito usadas por Jeff e, portanto, formas amazonianas de pensar e falar.

Outra frase amazoniana importante que aparece frequentemente com os princípios de liderança é a seguinte: "A menos que você conheça uma maneira melhor". Isso lembra as pessoas a sempre buscarem melhorar o status quo.

Ao longo dos anos seguintes, alguns dos dez princípios originais foram modificados e outros foram eventualmente adicionados. Mesmo hoje os princípios são questionados e refinados de tempos em tempos, adaptando-se à empresa à medida que novos conhecimentos e novos desafios surgem.

A Amazon agora conta com 14 princípios de liderança – bem mais do que a maioria das empresas. Eles são exibidos no site da Amazon juntamente com a seguinte explicação: "Usamos nossos princípios de liderança todos os dias, quer estejamos discutindo ideias para novos projetos ou decidindo sobre a melhor abordagem para resolver um problema. Isso é apenas uma das coisas que fazem a Amazon ser tão especial".[10]

As pessoas costumam perguntar: "Como você se lembra de todos os 14 princípios?". A resposta não tem nada a ver com boa memória. Na verdade, se os princípios de uma empresa devem ser memorizados, é um sinal de alerta de que eles não estão suficientemente enraizados na estrutura de tal empresa. Sabemos e lembramos dos princípios da Amazon porque eles são a estrutura básica usada na tomada de decisões e na hora da ação. Nós os encontramos todos os dias, nos compa-

---

[10]. "Leadership Principles", Amazon Jobs, https://www.amazon.jobs/en/principles (acessado em 19 de maio de 2019).

ramos com eles e consideramos uns aos outros igualmente responsáveis. Quanto mais você trabalha na Amazon, mais esses 14 princípios se tornam parte de você e de como você vê o mundo.

Se analisar o funcionamento de qualquer processo importante dentro da Amazon, verá esses princípios desempenhando um papel proeminente. As avaliações de desempenho dos funcionários mostram isso perfeitamente. Grande parte do feedback de colegas e gerentes usado nessas avaliações concentra-se em como uma pessoa exibiu, ou deixou de exibir, os princípios de liderança da Amazon durante o período analisado. De modo similar, cada candidato que é entrevistado para um cargo na Amazon é avaliado à luz dos princípios de liderança. Os recrutadores passam a maior parte do tempo examinando o candidato de acordo com os princípios selecionados, e cada candidato normalmente passa por cinco a sete entrevistas. Adicione uma reunião de esclarecimento de trinta a sessenta minutos com a presença de cada recrutador, multiplique isso pelo número de vagas abertas – dez mil somente em Seattle quando este livro foi escrito – e você começará a entender por que os funcionários da Amazon conhecem os princípios de cor. Longe de serem meras frases de efeito em um pôster ou no protetor de tela, os princípios de liderança da Amazon são a constituição viva da empresa.

PRINCÍPIOS DE LIDERANÇA DA AMAZON[11]

1. **Obsessão pelo cliente.** Os líderes começam com o cliente e trabalham de trás para a frente. Eles trabalham vigorosamente para ganhar e manter a confiança do cliente. Embora os líderes prestem atenção aos concorrentes, eles são obcecados pelos clientes.

---

11. Sobre a equipe da Amazon, "Our Leadership Principles", Working at Amazon, https://www.aboutamazon.com/working-at-amazon/our-leadership-principles (acessado em 2 de junho de 2020).

2. **Propriedade.** Os líderes são proprietários. Eles pensam em longo prazo e não sacrificam o valor de longo prazo por resultados de curto prazo. Agem em nome da companhia inteira, além de sua própria equipe. Nunca dizem "isso não é meu trabalho".
3. **Invente e simplifique.** Os líderes esperam e exigem inovação e inventividade de suas equipes e sempre encontram maneiras de simplificar. Eles estão atentos às coisas externas, procuram novas ideias em todos os lugares e não estão limitados em relação ao "que não foi criado pela própria empresa". Ao fazermos coisas novas, aceitamos que podemos ser mal compreendidos por longos períodos.
4. **Esteja certo, muito certo.** Líderes geralmente estão certos. Eles fazem bons julgamentos e têm bons instintos. Buscam perspectivas diversas e trabalham para desconstruir suas crenças.
5. **Aprenda e seja curioso.** Os líderes nunca param de aprender e sempre estão em busca de aprimoramento. São curiosos sobre novas possibilidades e agem para explorá-las.
6. **Empregue e aprimore os mais qualificados.** Os líderes elevam o padrão de desempenho dos funcionários a cada contratação e promoção. Sabem reconhecer talentos excepcionais e os empregam em toda a organização. Os líderes fortalecem outros líderes e levam a sério seu papel de treinar os outros. Trabalhamos pensando em nossos colaboradores para criar mecanismos de desenvolvimento, como o Career Choice.
7. **Insista nos padrões mais elevados.** Os líderes têm padrões incansavelmente altos – muitas pessoas podem pensar que sejam padrões excessivamente altos. Os líderes estão continuamente elevando o nível e direcionam suas equipes para fornecer produtos, serviços e processos de alta qualidade. Garantem que os

defeitos não sejam passados adiante e que os problemas sejam corrigidos para que assim permaneçam.

8. **Pense grande.** Pensar pequeno é uma profecia que se autorrealiza. Os líderes criam e comunicam orientações ousadas que inspiram resultados. Eles pensam de forma diferente e procuram maneiras novas de atender os clientes.

9. **Tendência à ação.** A velocidade é importante nos negócios. Muitas decisões e ações são reversíveis e não requerem um estudo extensivo. Valorizamos aqueles que assumem riscos calculados.

10. **Frugalidade.** Realize mais com menos. Um orçamento restrito gera desenvoltura, autossuficiência e inventividade. Não apreciamos ações que visam aumentar o número de funcionários, o tamanho do orçamento ou as despesas fixas.

11. **Conquiste a confiança.** Os líderes ouvem com atenção, falam com franqueza e tratam os outros com respeito. Eles verbalizam a autocrítica, mesmo quando isso pode soar estranho ou embaraçoso. Líderes não acreditam que o odor corporal deles ou de sua equipe cheire a perfume. Eles avaliam a si mesmos e suas equipes buscando melhores resultados.

12. **Vá fundo.** Os líderes trabalham em todos os níveis, mantêm-se atentos aos detalhes, auditam com frequência e são céticos quando os números não batem. Nenhuma tarefa está abaixo deles.

13. **Tenha caráter. Discorde e se comprometa.** Os líderes são obrigados a desafiar respeitosamente decisões quando discordam delas, mesmo quando isso for desconfortável ou exaustivo. Os líderes têm convicção e são obstinados. Não fazem concessões para não desagradar. Uma vez que uma decisão é tomada, eles se comprometem completamente.

14. **Forneça resultados.** Os líderes se concentram nos principais produtos de seus negócios e os entregam com a qualidade desejada e em tempo hábil. Apesar dos contratempos, eles enfrentam a situação e nunca se acomodam.

A natureza dos princípios de liderança da Amazon é confirmada em processos e práticas em toda a empresa. Por exemplo, as narrativas de seis páginas que a empresa usa no lugar de apresentações em PowerPoint para apresentar atualizações trimestrais e anuais de negócios exigem que o escritor e o leitor mergulhem profundamente e persistam nos padrões mais elevados. O processo de *Press Release/ Frequently Asked Questions* (comunicado à imprensa/perguntas frequentes) – também conhecido como PR/FAQ – reforça a obsessão pelo cliente, partindo das necessidades deste e trabalhando a partir daí. (Confira os Capítulos 4 e 5 para uma discussão detalhada da narrativa de seis páginas e do processo PR/FAQ.) O prêmio Door Desk é dado ao funcionário que seja um exemplo de Frugalidade e Inventividade. O prêmio Just Do It é um tênis Nike absurdamente grande, oferecido a funcionários que exibem grande "Tendência à ação". Geralmente é dado a um funcionário que teve uma ideia interessante fora do escopo de seu trabalho. Em relação a esse prêmio, é bastante característico da Amazon que a ideia não precise ser implementada – nem realmente funcionar, caso seja – para ser elegível.

As histórias que serão contadas na Parte 2 deste livro, sobre o longo e difícil caminho para o lançamento de alguns dos serviços mais bem-sucedidos da Amazon – Kindle, Prime e Amazon Web Services –, fornecerão exemplos detalhados dos princípios de liderança em ação.

Ainda assim, mesmo que os princípios de liderança estejam profundamente enraizados na estrutura da empresa, eles não podem se impor de forma eficaz – essa é a função de algo que os amazonianos chamam de *mecanismos*.

MECANISMOS: REFORÇANDO OS PRINCÍPIOS DE LIDERANÇA

Há um ditado muito comum na Amazon: "As boas intenções não funcionam. Os mecanismos, sim". Nenhuma empresa pode confiar em boas intenções como "Devemos nos esforçar mais!" ou "Da próxima vez, lembre-se de..." para aprimorar um processo, resolver um problema ou consertar um erro. Isso porque, antes de tudo, as pessoas já tinham boas intenções quando os problemas surgiram. A Amazon percebeu logo no início que, se você não mudar as condições subjacentes que deram origem ao problema, pode esperar que o problema se repita.

Ao longo de muitos anos, a Amazon implementou mecanismos para garantir que os princípios de liderança se traduzam em ações. Os três mecanismos fundamentais são o processo de planejamento anual; o processo de metas do S-Team (o S-Team consiste nos vice-presidentes seniores e subordinados diretos a Jeff Bezos); e o plano de remuneração da Amazon, que alinha os incentivos com o que é melhor para os clientes e para a empresa em longo prazo.

Planejamento anual: OP1 e OP2

A Amazon confia muito nas equipes autônomas e de segmento único (veja mais no Capítulo 3). Essas equipes mantêm a empresa ágil, movendo-se rapidamente com um mínimo de atrito externo, mas sua autonomia deve ser combinada com o estabelecimento de metas precisas para alinhar os planos independentes de cada equipe com as metas globais da empresa.

O planejamento anual da Amazon começa no verão. É um processo meticuloso que requer de quatro a oito semanas de trabalho intenso para gerentes e muitos membros de cada equipe da empresa. Essa intensidade é deliberada, porque um planejamento precário – ou, pior, nenhum planejamento – pode incorrer em um custo posterior muito maior.

O S-Team começa criando um conjunto de expectativas de alto nível ou objetivos para a empresa inteira. Por exemplo, em anos anteriores, o CEO e o CFO articulavam metas como "Crescer de US$ 10 bilhões para US$ 15 bilhões" ou "Reduzir custos fixos em 5%". Com o tempo, a Amazon redefiniu essas metas amplas em uma lista mais longa de objetivos cada vez mais detalhados. Os exemplos incluem metas de crescimento de receita por região e segmento de negócios; metas de alavancagem operacional; melhora da produtividade e devolução dessa economia aos clientes na forma de preços mais baixos; geração de maior fluxo de caixa livre; e compreensão do nível de investimento em novos negócios, produtos e serviços.

Uma vez que essas expectativas de alto nível são estabelecidas, cada grupo começa a trabalhar em seu próprio Plano Operacional mais granular – conhecido como OP1 –, que define a proposta "de baixo para cima" do grupo individual. Por meio do processo narrativo (descrito no Capítulo 4), a Amazon busca avaliar cerca de dez vezes mais informações do que uma empresa similar no mesmo período. Os principais componentes de uma narrativa OP1 são:

- Avaliação do desempenho anterior, incluindo metas alcançadas, metas perdidas e lições aprendidas.
- Principais iniciativas para o ano seguinte.
- Demonstração detalhada dos resultados.
- Solicitações (e justificações) de recursos, que podem incluir coisas como novas contratações, gastos com marketing, equipamentos e outros ativos fixos.

Cada grupo trabalha em parceria com os departamentos de finanças e recursos humanos para criar um plano detalhado, que é então apresentado a um painel de líderes. O ranking desses líderes – diretor, VP ou S-Team – depende do tamanho, impacto ou importância estratégica do grupo. O painel então reconcilia quaisquer lacunas entre a proposta de baixo para cima e as metas de cima para baixo que o grupo foi solicitado a cumprir. Às vezes, uma equipe pode ser solicitada a refazer seu plano e apresentá-lo novamente até que haja coerência entre as metas mais específicas e gerais.

O processo OP1 é realizado durante o outono e se completa antes dos feriados de fim de ano. Em janeiro, após o término do período de férias, o OP1 é ajustado conforme necessário para refletir os resultados do quarto trimestre, bem como para atualizar a trajetória do negócio. Esse processo mais curto é denominado OP2 e gera o plano de registro para o ano seguinte.

O OP2 alinha cada grupo com os objetivos da empresa. Todos conhecem seus objetivos gerais, incluindo metas de receita, custo e desempenho. As métricas são acordadas e serão fornecidas como parte dos resultados de cada equipe. O OP2 deixa bem claro o que cada grupo se comprometeu a fazer, como pretendem atingir esses objetivos e de que recursos precisam para atingir esses resultados.

Algumas variações são inevitáveis, mas qualquer mudança no OP2 requer a aprovação formal do S-Team.

Metas S-Team

Durante o OP1, conforme o S-Team lê e revisa os diversos planos operacionais, eles selecionam quais iniciativas e metas de cada equipe são primordiais. Esses objetivos selecionados são chamados, previsivelmente, de *Objetivos do S-Team*. Em outras palavras, minha equipe (de Bill) de trabalho no Amazon Music pode ter tido 23 objetivos e iniciativas em nosso plano operacional de 2012. Depois de revisar nosso plano, o S-Team pode ter escolhido seis dos 23 para se tornarem objetivos do S-Team. A equipe de música ainda teria trabalhado para atingir todos os 23 objetivos, mas certamente tomaria decisões de alocação de recursos ao longo do ano para priorizar os seis objetivos escolhidos pelo S-Team antes dos dezessete restantes.

Três características bastante amazonianas das metas escolhidas pelo S-Team são a grande quantidade, o nível de detalhe e a agressividade. Os objetivos do S-Team chegavam a dezenas, mas aumentaram para muitas centenas a cada ano, espalhados por toda a empresa.

Os objetivos do S-Team são principalmente projeções numéricas baseadas em dados que medem as atividades específicas que as equipes precisam realizar durante o ano e que, se alcançadas, produzirão os resultados desejados. No Capítulo 6, discutiremos mais detalhadamente como a Amazon desenvolve projeções tão específicas e precisas para assegurar que as equipes alcancem seus objetivos de negócio. Os objetivos do S-Team devem ser específicos, mensuráveis, atingíveis, relevantes e oportunos (SMART, da sigla em inglês para *Specific, Measurable, Attainable, Relevant, Timely*). Um objetivo do S-Team pode ser tão específico quanto "Adicionar quinhentos novos produtos na categoria amazon.fr instrumentos musicais (cem produtos no primeiro trimestre, duzentos no segundo trimestre…)", ou "garantir que 99,99% de todas as ligações para serviço do software 'Y' sejam respondidas com sucesso em dez milissegundos", ou "aumentar os anunciantes recorrentes de 50% para 75% até o terceiro trimestre do próximo ano".

As metas do S-Team são tão agressivas que a própria Amazon espera que apenas cerca de três quartos delas sejam totalmente alcançados durante o ano. Alcançar todas as metas seria um sinal claro de que os padrões estavam muito baixos.

Os objetivos do S-Team para toda a empresa são reunidos, e seus números são monitoradas de maneira centralizada pela equipe de finanças. Cada objetivo é submetido a uma revisão trimestral intensiva que exige uma preparação completa. As revisões são conduzidas pelo S-Team em reuniões de várias horas programadas continuamente ao longo do trimestre, e não de uma só vez. Em muitas empresas, quando a liderança sênior se reúne, a tendência é que os líderes se concentrem mais em questões de estratégias de alto nível e no panorama geral do que na execução. Na Amazon, é o oposto. Os líderes na Amazon trabalham com os detalhes de execução e regularmente incorporam o princípio de liderança *Dive Deep* (Vá fundo), que afirma: "Os líderes trabalham em todos os níveis, mantêm-se atentos aos detalhes, auditam com frequência e são céticos quando os números não batem. Nenhuma tarefa está abaixo deles".

A equipe de finanças acompanha as metas do S-Team ao longo do ano, conferindo-lhes um status verde, amarelo ou vermelho. Verde significa que você está no caminho certo, amarelo significa que há algum risco de não cumprir a meta, e vermelho significa que provavelmente você não atingirá a meta, a menos que haja alguma mudança significativa. Durante as revisões periódicas, o status amarelo ou vermelho sinaliza à equipe os pontos que carecem de atenção, e uma discussão franca sobre o que está errado e o que pode ser feito se segue.

O processo de planejamento OP alinha toda a empresa com o que é realmente importante realizar durante determinado ano. Os objetivos do S-Team refinam esse alinhamento, dando prioridade às metas primordiais ou mais urgentes da empresa. O ritmo das revisões ajuda a manter o alinhamento, não importando o que aconteça ao longo do caminho. Essa estrutura garante que cada meta importante para a empresa tenha alguém – um proprietário responsável – trabalhando nela.

Por último, à medida que a Amazon cresceu, o processo de planejamento também evoluiu. Embora a estrutura geral tenha permanecido a mesma, atualmente a empresa conta com equipes de liderança separadas para as divisões de varejo e AWS (Amazon Web Services) – e até mesmo equipes separadas para grandes negócios dentro dessas mesmas categorias. Cada uma dessas divisões da empresa tem sua própria versão dos "objetivos do S-Team", apenas com um rótulo diferente. Conforme sua organização cresce, você também pode seguir esse tipo de processo.

O sistema de remuneração da Amazon reforça o pensamento de longo prazo

Mesmo todo esse planejamento pode ser sabotado por outros fatores – o mais traiçoeiro deles é um certo tipo de remuneração executiva "baseada no desempenho", muito comum em outras empresas. Não importa quão claros possam ser os princípios de liderança e o plano anual, eles têm pouco impacto se comparados aos incentivos financeiros. O dinheiro fala mais alto – se seus princípios de liderança, o plano anual e os incentivos financeiros não estiverem alinhados, você não obterá os resultados certos.

A Amazon acredita que o "desempenho" a ser remunerado deve se referir ao desempenho geral da empresa, ou seja, aquilo que os acionistas desejam, o que, por sua vez, está perfeitamente alinhado com a satisfação dos clientes. Consequentemente, a remuneração dos membros do Amazon S-Team e de todos os líderes seniores é fortemente ponderada em relação ao capital obtido ao longo de vários anos. O teto dos salários na Amazon está bem abaixo do de outras empresas do mesmo setor nos Estados Unidos. Quando estávamos lá, o salário-base máximo para qualquer funcionário era US$ 160 mil (e parece que continua assim). Alguns novos executivos podem receber uma bonificação especial, mas a maior parte de sua remuneração por desempenho é baseada no valor gerado na empresa no longo prazo.

O tipo errado de remuneração por desempenho pode causar desalinhamento de duas maneiras: (1) recompensando as metas de curto prazo em detrimento da criação de valor de longo prazo, e (2) recompensando a realização de marcos departamentais localizados, independentemente de beneficiarem a empresa como um todo. As duas maneiras podem levar a comportamentos antagônicos em relação aos objetivos finais da empresa.

Em outros segmentos, como mídia e serviços financeiros, grande parte da remuneração dos executivos é distribuída em bônus anuais por desempenho. Essas metas de curto prazo (e, sim, um ano definitivamente é curto prazo) podem gerar comportamentos prejudiciais à criação de valor no longo prazo. Ao buscar metas de curto prazo para maximizar a remuneração, alguns podem intencionalmente empurrar a receita de um período para o outro, canibalizando os resultados futuros e obscurecendo os desafios atuais. Outros podem gastar mais com marketing para impulsionar as vendas do trimestre atual e, assim, atingir uma meta de vendas de curto prazo, mesmo à custa de trimestres futuros ou vendas de longo prazo. Alguns podem ficar tentados a adiar despesas, adiar manutenções ou reduzir as contratações para atingir uma meta trimestral de contenção de gastos – tudo isso com implicações negativas de longo prazo. Alguns podem demorar a assumir um novo papel importante na empresa até que o bônus esteja "na conta", atrasando alguma iniciativa importante da companhia. Em comparação, os incentivos de remuneração baseados em ações de longo prazo eliminam essas decisões egoístas e onerosas, tornando-as absurdas.

Muitas empresas definem metas totalmente independentes para os principais funcionários em diferentes níveis na empresa. Frequentemente, essa estratégia gera disputas, retenção de informações e competição por recursos, já que cada líder é incentivado a arruinar o outro. Em contraste, a remuneração na Amazon é simples e orientada para o longo prazo. À medida que alguém é promovido na Amazon, a quantidade de dinheiro para bônus torna-se cada vez mais inclinada para o capital de longo prazo. O princípio de liderança que trata da "Frugalidade" deixa o motivo bem claro: "Não apreciamos ações que visam aumentar o número de funcionários, o tamanho do orçamento ou as despesas fixas".

Uma desvantagem nessa abordagem é que outras empresas podem tentar roubar os melhores funcionários com grandes ofertas em dinheiro. É verdade, alguns funcionários deixam a empresa interessados em bônus de curto prazo. Pelo lado positivo, a abordagem da Amazon reforça o tipo de cultura que busca desenvolver. Às vezes, é melhor perder profissionais que têm foco no curto prazo e, ao mesmo tempo, manter aqueles que estão trabalhando pelo crescimento de longo prazo da empresa.

A Amazon usa uma estrutura de capital de longo prazo semelhante para evitar potenciais conflitos de interesse em suas subsidiárias, incluindo IMDb, Zappos e Twitch. Os executivos dessas empresas são remunerados da mesma maneira que outros executivos da Amazon, principalmente com um salário-base e uma forte ênfase no patrimônio da Amazon, o que incentiva a colaboração.

***

Não existe um número mágico de princípios e mecanismos que toda empresa precisa ter. A mágica acontece nos momentos em que os princípios são postos em prática. Você desenvolverá o número certo, desde que se concentre em como esses princípios proporcionarão clareza à visão da sua empresa e impulsionarão as melhores ações para a criação de valor significativo no longo prazo para seus acionistas e partes interessadas – mesmo quando o CEO não estiver presente.

Também é importante permitir que seus princípios evoluam quando necessário – revisar, eliminar e adicionar conforme a empresa cresce e se modifica. O princípio "Aprenda e seja curioso" foi a adição mais recente da Amazon. O "Verbalização da autocrítica" foi eliminado, com muito de seu conteúdo sendo incorporado ao "Conquiste a confiança". Adicionar, eliminar e modificar princípios em resposta à mudança ou a uma abordagem mais profunda é sinal de que provavelmente você está agindo da maneira correta.

Fortes princípios de liderança representam a visão de uma empresa e possibilitam boas e rápidas decisões. Como vimos, codificar esses princípios é um grande passo à frente, mas há outro passo igualmente importante: incorporá-los a cada um dos processos centrais de sua empresa, incluindo contratação, gestão de desempenho, planejamento, ritmo operacional e desenvolvimento de carreira.

Capítulo 2

Recrutamento:
processo de elevação do padrão de qualidade exclusivo da Amazon (Bar Raiser)

A importância do recrutamento e o alto custo dos processos de contratação descuidados. Os erros das abordagens convencionais, mostrados em um exemplo fictício na "Green Corp". O desenvolvimento do processo Bar Raiser e como ele melhora consistentemente o nível de competência e talento em toda a empresa. Como o processo Bar Raiser pode ser adaptado à sua empresa.

* * *

Um ex-vice-presidente da Amazon nos contou sobre certa vez em que se candidatou ao cargo de COO em uma empresa multibilionária de tecnologia global. O CEO que o entrevistou começou com uma série de perguntas aleatórias, nenhuma delas projetada para revelar algo útil a respeito do candidato. A primeira pergunta, após uma longa pausa incomum, foi: "Diga-me algo sobre você que não esteja no seu currículo". Você também poderia dizer: "Olha, não sei o que estou procurando ou como encontrar, então você pode me ajudar?".

Na Amazon, o rápido crescimento significou que *tínhamos* que criar um processo rigoroso para melhorar as contratações. Mas isso não aconteceu de imediato. Nossa ênfase inicial em encontrar pessoas com altas pontuações no SAT que poderiam responder a perguntas difíceis como "Quantas janelas existem em Seattle?" recrutou pessoas muito inteligentes, mas o processo não nos garantia que teriam sucesso na Amazon. Jeff costumava dizer naquela época: "Queremos missionários, não mercenários". Todos nós já nos deparamos com mercenários em nossa carreira. Eles estão ali apenas para ganhar dinheiro rápido, não se preocupam com o sucesso da organização e não são fiéis à empresa em momentos de dificuldade. Missionários, como Jeff definiu, não apenas acreditariam na missão da Amazon, mas também incorporariam seus princípios de liderança. Eles também permaneceriam por aqui: estávamos buscando pessoas que prosperassem e trabalhassem na Amazon por mais de cinco anos, não os 18 a 24 meses típicos do Vale do Silício. E assim, em 1999, começamos a desenvolver um processo de recrutamento para nos ajudar a identificar e contratar pessoas que se enquadrassem nessa descrição.

É impossível quantificar o sucesso desse processo, que chamamos de Bar Raiser, ou estabelecer sua importância, em relação a outros fatores, no rápido crescimento da Amazon. O que podemos dizer é que era comum ouvir novos funcionários afirmarem que o processo Bar Raiser era (a) diferente de tudo que eles já tinham visto e (b) uma das armas secretas da Amazon. Não podemos afirmar que esse processo seja o único eficaz ou que eliminará totalmente as más decisões na hora de contratar. Mas podemos garantir que é significativamente melhor do que outros métodos (ou falta de métodos) em que muitas empresas confiam, e que provavelmente aumentará a proporção de decisões acertadas. Também podemos apontar inúmeros exemplos de líderes que foram contratados externamente e colocados de imediato em funções estratégicas. Foi possível acompanhar o crescimento desses líderes, que, em muitos casos, permaneceram na empresa por mais de dez anos.

* * *

Quando se consideram os impactos positivos e negativos potenciais de uma contratação importante, sem mencionar o tempo precioso dedicado a isso, é chocante observar quão pouco rigorosos são os processos de contratação na maioria das empresas. É um grande risco. Se tivesse conquistado o cargo de COO, nosso amigo estaria tomando decisões estratégicas que afetariam diretamente o sucesso da empresa nos anos seguintes. Imagine se um CEO tivesse que tomar uma decisão diferente de importância semelhante – investir milhões de dólares em uma nova linha de produtos ou fábrica, por exemplo – em uma única reunião de uma hora. Sem dúvida, o CEO obteria ajuda de sua equipe de liderança e insistiria na realização de análises extensas. Ele pensaria muito sobre quais informações seriam necessárias para tomar a melhor decisão, quais perguntas deveria fazer à sua equipe para ajudá-lo a tomar a decisão certa. Passaria muitas horas se preparando para a reunião.

Mas na empresa de tecnologia global onde nosso colega foi entrevistado para o cargo de COO, o CEO conduziu a entrevista como se não tivesse passado tempo algum se preparando para a reunião nem tivesse pensado nas informações específicas de que precisaria para decidir se o candidato era uma boa escolha. E essa falha lhe custou não só a chance de avaliar seu candidato, mas também a *perda* do candidato. Em parte com base nessa experiência, nosso colega decidiu não prosseguir com o emprego.

Voltaremos a este ponto repetidas vezes: a Amazon enfrentou muitos dos mesmos problemas enfrentados por todas as empresas. A diferença é que a Amazon criou soluções inovadoras que oferecem grande vantagem competitiva, e isso também se aplica à sua abordagem de contratação. O processo Bar Raiser foi uma das primeiras e mais bem-sucedidas práticas operacionais escaláveis, reproduzíveis e ensináveis da Amazon.

* * *

Para entender por que o processo de contratação da Amazon funcionou tão bem, vamos primeiro analisar o que há de errado com a abordagem convencional. Os entrevistadores que carecem de um modelo rigoroso de conduta no processo de contratação se expõem a uma série de armadilhas, muitas das quais podem ser familiares aos leitores. Mesmo o entrevistador mais inteligente pode se desviar do roteiro e fazer perguntas que carecem de um objetivo claro, levando a respostas que nada revelam sobre o provável desempenho de um candidato ao trabalho. O feedback do entrevistador é frequentemente comunicado à equipe mais ampla de maneira pouco clara e tendenciosa. Focalizar qualidades do candidato que não garantem um bom desempenho no trabalho também pode levar a decisões erradas. Reuniões de decisão de contratação não estruturadas podem dar origem a pensamento de grupo, viés de confirmação e outras armadilhas cognitivas que parecem certas no momento, mas produzem decisões ruins.

Vejamos o processo de contratação usado por Leah, que chefiava o departamento de mídia digital de uma empresa em rápido crescimento que chamaremos de Green Corp. Sua equipe estava tendo problemas com as metas de desempenho, já que uma posição-chave de gerenciamento de produto estava em aberto havia vários meses. Sob pressão, Leah estava se esforçando muito para encontrar alguém para o cargo, e, finalmente, seu recrutador identificou um candidato promissor chamado Joe, que trabalhava para a empresa concorrente, Red Corp. Joe tinha um currículo exemplar, com experiência de trabalho no mesmo ramo da equipe de Leah. Ele estava interessado no trabalho e disposto a se mudar para a sede da Green Corp. Na noite anterior à entrevista, Leah sentiu uma onda de empolgação e alívio porque finalmente havia encontrado o candidato certo. Ou assim parecia.

Joe chegou à Green Corp. para um dia de entrevistas, conhecido como "ciclo de entrevistas", que incluía reuniões com quatro membros diferentes da equipe de Leah, o mais influente deles um membro de longa data e muito respeitado, chamado Carson. À medida que cada entrevistador levava Joe até o próximo membro da equipe, eles voltavam para suas mesas e falavam com entusiasmo sobre como haviam ficado impressionados com o candidato. Durante o café no final do dia, Leah conduziu uma entrevista final com Joe, que confirmou o que sua equipe já havia dito naquele dia: Joe parecia ser um candidato excelente.

Dois dias depois, Leah se reuniu com sua equipe para relatar as entrevistas com Joe. Ela chegou cautelosa, mas otimista de que finalmente iria preencher essa função importante, e que Joe era a pessoa que poderia ajudar sua equipe a andar nos trilhos e cumprir seus objetivos. Toda a equipe parecia e se sentia menos pressionada do que na semana anterior: eles finalmente teriam uma equipe completa.

Começaram a reunião lendo três avaliações escritas pelos entrevistadores. Tinham aproximadamente o mesmo tamanho e eram semelhantes em conteúdo e sentimento, ou seja, positivos, sem serem muito específicos. Brandon, um gerente de produto, disse o seguinte:

> Estou pensando em contratar Joe para o cargo de gerenciamento de produto. Ele tem um belo histórico de responsabilidade e condução de estratégia para a Red Corp. e duas outras empresas relevantes. Ele demonstrou ter um bom entendimento dos desafios únicos que nossa divisão de negócios enfrenta e demonstrou um conhecimento sólido sobre as maneiras como a empresa deve

entrar em um segmento de mercado que está evoluindo rapidamente. Sua experiência na Red Corp. será útil na avaliação/análise de empresas para fazer parceria ou em novas aquisições. Gostei da paixão que demonstrou ter ao longo de sua carreira.

Depois de ler os outros relatórios quase idênticos, Leah se voltou para Carson, a única pessoa que não havia escrito um relatório sobre a entrevista. Ele pediu desculpas – não tivera tempo de escrever seu feedback porque estava apagando incêndios de trabalho. Carson estava sobrecarregado, já que essencialmente estava fazendo o trabalho do gerente de produto ausente, além do próprio.

Carson foi breve, dizendo que suas observações estavam de acordo com o feedback do resto da equipe. No entanto, algo deixou Carson se sentindo levemente desconfortável com o candidato. Mas, como não tinhas suas anotações consigo e estava tão assoberbado desde a entrevista, não conseguia se lembrar o que era. E, diante do burburinho entusiasmado no escritório, juntamente com os relatórios cheios de elogios, ele decidiu confiar nas avaliações de seus colegas.

Finalmente chegou a hora da decisão. Eles se sentaram à mesa e cada pessoa declarou sua intenção de contratar/não contratar. O entusiasmo crescia à medida que cada pessoa recomendava a contratação. Carson, o último a falar, firmou a decisão com seu voto pela contratação. Leah disse ao grupo que faria uma oferta a Joe no fim do dia.

Podemos observar várias falhas significativas nesse processo de contratação. Primeiro, o fato de os membros da equipe compartilharem suas impressões após cada entrevista aumentou a probabilidade de que os entrevistadores subsequentes conduzissem entrevistas enviesadas. E a incapacidade de Carson de escrever imediatamente sua avaliação significou que o grupo foi privado da sabedoria do membro mais experiente e perspicaz da equipe.

O comportamento de Carson – algo incomum para ele – foi apenas resultado do *viés de urgência* que afetou todo o processo. Com uma posição-chave em aberto e um funcionário indispensável trabalhando por dois, toda a equipe sentiu a pressão da urgência que os compeliu a acentuar o lado positivo e a negligenciar algumas deficiências no processo.

Uma delas foi a qualidade das avaliações escritas. A avaliação de Brandon, por exemplo, mostrou que as perguntas feitas na entrevista *careciam de especificidade e propósito*. Ele comentou que Joe "tem um belo histórico de responsabilidade e condução de estratégia", mas não forneceu nenhum exemplo detalhado e confiável do que Joe realmente realizou nesse sentido. Como o grupo poderia saber se sua experiência anterior significaria que seria um funcionário de alto desempenho na Green Corp.?

O grupo também sucumbiu a um sério *viés de confirmação* – a tendência de se concentrar nos elementos positivos que os outros identificam e ignorar os sinais negativos e contraditórios. A cada transferência durante as várias entrevistas, os entrevistadores conversavam na sala da equipe. Os comentários positivos do entrevistador que acabara de concluir a reunião com Joe influenciavam o entrevistador seguinte a buscar também essas características positivas e enfatizá-las em sua avaliação. A reunião de feedback não foi previamente estruturada, o que deu origem a um *pensamento de grupo* entre uma equipe que valorizava a aprovação mútua e queria acelerar a resolução do problema com a contratação.

Leah também cometeu um erro significativo que, embora não seja relacionado à contratação de Joe, provavelmente afetou o desempenho de sua equipe em longo prazo. Todos sabiam que Carson não havia tido o desempenho esperado ao não fornecer um relatório por escrito sobre a entrevista. Ainda assim, Leah falhou em não o repreender por isso. Ela perdeu a oportunidade de enfatizar por que o feedback por escrito era essencial para o processo e que estar muito ocupado não era desculpa para ignorar um elemento tão crucial. Ao não insistir na manutenção dos padrões elevados (um dos princípios de liderança da Amazon), ela na verdade estava rebaixando-os.

Cada decisão errada na hora da contratação tem um custo. Na melhor das hipóteses, logo fica claro que o novo contratado não é uma boa aquisição, e ele acaba deixando a empresa em pouco tempo. Ainda assim, o custo de curto prazo pode ser substancial: o cargo pode ficar desocupado por mais tempo do que você gostaria, a equipe de entrevista terá perdido seu tempo e bons candidatos podem ter sido rejeitados nesse ínterim. Na pior das hipóteses, uma má contratação permanece na empresa enquanto comete erros de julgamento que trazem uma série de possíveis resultados ruins. Ao longo do caminho, uma má contratação é um elo fraco que pode reduzir os padrões de toda uma equipe, um custo de longo prazo que perdura muito tempo depois de deixar a empresa. Qualquer que seja o custo em longo prazo de contratar Joe, Leah e sua equipe pagarão por seu erro.

E, de fato, eles pagaram. Como Joe acabou se mostrando um péssimo funcionário, os membros da equipe ainda tiveram que dedicar horas extras para fazer o trabalho que Joe se mostrou incapaz de fazer – e para corrigir os erros cometidos por ele. Seis meses após a contratação, Leah e Joe concordaram que não estava dando certo, e Joe deixou a empresa. Correndo contra o tempo e um pouco mais cautelosa para não cometer os mesmos erros, a equipe teve que passar por todo o processo de contratação novamente.

OS EFEITOS DO VIÉS PESSOAL E DA URGÊNCIA NA CONTRATAÇÃO

Existem outros tipos de vieses cognitivos que afetam o processo de contratação. Outro fator prejudicial é o *viés pessoal*, o instinto humano básico de se cercar de pessoas que são parecidas com você. As pessoas têm um desejo natural de contratar pessoas com características semelhantes: formação educacional, experiência profissional, especialização funcional e experiências de vida semelhantes. O gerente de meia-idade formado pela Universidade de Michigan, que trabalhou na McKinsey, mora nos subúrbios com uma parceira e filhos e joga golfe tenderá a buscar candidatos com atributos semelhantes. A partir da pilha de currículos, esses gerentes provavelmente escolherão os candidatos que mais se parecem com eles e irão carregar expectativas positivas sobre eles para a sala de entrevista. Os problemas com essa abordagem são obviamente que (1) tais semelhanças superficiais normalmente não têm nada a ver com desempenho profissional e (2) a contratação com base nesses atributos tende a criar forças de trabalho pouco diversificadas, com um campo de visão mais restrito.

A urgência em qualquer âmbito pode trazer benefícios, pois nos concentramos nas coisas que são essenciais. Mas no âmbito da contratação, como vimos com Leah e sua equipe, pode produzir um sentimento de desespero que leva à busca por atalhos e a ignorar processos essenciais, com resultados devastadores. Imagine que você esteja gerenciando uma equipe em uma divisão em rápido crescimento dentro da Amazon e trabalhando em um projeto muito importante e com vários objetivos do S-Team. Você sabe que não conseguirá cumprir as metas a menos que contrate novos colaboradores. Sua equipe está sobrecarregada, e a disposição não é mais a mesma. Agora, além do trabalho que está lutando para realizar, você tem que escrever descrições de cargos, coordenar atividades com recrutadores, revisar currículos, conduzir entrevistas por telefone e pessoalmente, escrever e ler comentários de entrevistas, participar de reuniões de esclarecimento e, em seguida, receber e escolher os candidatos selecionados. Você também deve pedir à sua equipe já estressada para renunciar a horas preciosas para entrevistar candidatos. A urgência é ainda maior e o trabalho mais intenso quando você está tentando recrutar para uma função com alta demanda, como engenheiro de desenvolvimento de software ou especialista em machine learning (aprendizado de máquina). De acordo com a Sequoia Capital, uma startup média no Vale do Silício gasta 990 horas para contratar doze engenheiros de software![12] Isso significa mais de oitenta horas por contratação, e todo esse tempo tirado de uma equipe que já está com falta de pessoal e trabalhando com prazos, o que só aumenta a urgência para completar a equipe.

Identificar os melhores e eliminar os ineptos não é demorado, mas a maior parte dos candidatos, infelizmente, fica em algum lugar entre as duas categorias, e é aí que os vieses tendem a aparecer. Se você escolher apenas pessoas que têm características conhecidas, que já pareçam familiares, pode ter a impressão de que vão ser boas aquisições para a empresa. O fato de que às vezes elas têm sucesso só piora as coisas, pois reforça a noção de que seu processo de contratação é bom o bastante.

Outra questão que trabalha contra uma contratação bem-sucedida é a *falta de um processo formal e de treinamento*. Startups e empresas em rápido crescimento têm maior probabilidade de contratar novas pessoas sem um processo em vigor, embora muitas empresas mais estabelecidas tenham o mesmo problema. Um gerente que esteja empregado há apenas duas semanas pode ter que contratar rapidamente uma equipe nova de dez pessoas. Ao trabalhar sem a estrutura de um processo de entrevista e contratação formalmente definido, os gerentes muitas vezes serão movidos pela urgência, vieses e conveniência, em vez de propósito, dados e análise.

Isso pode ter consequências devastadoras para uma empresa em rápido crescimento. Em um curto período de tempo, digamos um ano, o número de funcionários pode pular de 50 para 150 em uma startup, ou de 150 para 500 ou mais durante uma fase posterior de rápido cresci-

---

12. Team Sequoia, "Recruit Engineers in Less Time", Sequoia, https://www.sequoiacap.com/article/recruit-engineers-in-less-time/ (acessado em 19 de maio de 2019).

mento, quando o modelo de negócios é promissor e há dinheiro no banco. Da noite para o dia, o número de novos funcionários pode superar em muito seus antecessores, e essa dinâmica pode redefinir *permanentemente* a cultura corporativa. Brent Gleeson, treinador de liderança e veterano SEAL da Marinha, escreve: "A cultura organizacional surge de duas maneiras. É definida de forma decisiva, nutrida e protegida desde o início da organização ou – mais comumente – surge ao acaso como uma soma coletiva de crenças, experiências e comportamentos das pessoas da equipe. De qualquer forma, você terá uma cultura. De qualquer maneira".[13]

Em um período de intenso crescimento do quadro de funcionários, os fundadores e os primeiros funcionários muitas vezes sentem que estão perdendo o controle da empresa – sentem que se tornou algo diferente do que pretendiam criar. Analisando as razões disso, eles percebem que a causa do problema pode ser atribuída a um processo de contratação mal definido ou simplesmente ausente. Nesse caso, estavam recrutando muitas pessoas que mudariam a cultura da empresa, em vez de abraçá-la, reforçá-la e incorporá-la.

CONTRATAR NA AMAZON ANTES DO BAR RAISER

A Amazon não era imune a essas forças. Nos primeiros dias da empresa, Jeff cuidou de todas as entrevistas e contratações. Jeff perguntava ao candidato suas pontuações no SAT, mesmo se estivesse sendo entrevistado para um emprego no suporte ao cliente ou no centro de distribuição, onde a pontuação não era relevante. Jeff tem altos padrões acadêmicos e uma tendência a preferir pessoas que tenham desempenho acadêmico semelhante. Segundo a tradição da empresa, Jeff também gostava de

---

13. Brent Gleeson, "The 1 Thing All Great Bosses Think About During Job Interviews", Inc., 29 de março de 2017, https://www.inc.com/brent-gleeson/how-important-is-culture-ft-for-employee-retention.html (acessado em 19 de maio de 2019).

fazer perguntas aleatórias, como "Quantos passageiros voam pelo LAX em um ano?" ou "Por que as tampas dos bueiros são redondas?". Como resultado, muitas das primeiras contratações na Amazon tinham pós-graduação em universidades conceituadas e eram boas em pensar respostas para questões inusitadas. (Há vários motivos pelos quais as tampas de bueiros são redondas. Um deles é que as tampas redondas não podem cair em buracos redondos. Outro é que elas são fáceis de rolar.) Aos poucos, ficou claro que perguntas como essas poderiam ser úteis na avaliação geral do intelecto de um candidato e da sua capacidade de pensar por conta própria, mas não eram bons indicadores de quão bem um indivíduo poderia desempenhar determinado trabalho ou da eficácia com que lideraria dentro da organização.

Conforme o número de funcionários na sede de Seattle aumentava, Jeff não podia mais participar de todos os ciclos de entrevistas. Os chefes dos diversos departamentos ficavam responsáveis por conduzir o processo de contratação e tomar as decisões em suas respectivas equipes.

Um antigo funcionário da Amazon e um colega de trabalho meu (Colin), John Vlastelica, resumiu a situação da seguinte maneira: "Tínhamos novas pessoas contratando novas pessoas contratando novas pessoas".

Em 1999, os dois líderes das equipes de software eram Joel Spiegel e Rick Dalzell. Com exceção do CTO, Shel Kaphan, todos os funcionários de desenvolvimento de produtos, inclusive eu, acabavam se reportando a Rick ou a Joel. Praticamente todas as equipes de software tinham metas de contratação agressivas. E se uma das equipes não conseguisse contratar com a rapidez necessária, provavelmente não poderia concluir o trabalho que se comprometera a fazer durante o ano.

Durante esse período, contratamos o diretor de uma empresa de varejo muito maior e mais estabelecida e o encarregamos de formar várias novas equipes. Suas primeiras novas contratações foram gerentes de sua empresa anterior, e eles, por sua vez, começaram a contratar pessoas por conta própria. Dizer que trabalhávamos em ambientes apertados na época seria um eufemismo. Nós enchíamos um escritório com duas, três ou quatro mesas até não haver mais espaço. Se o corredor fosse largo o suficiente, alinharíamos mesas ao longo da parede. Quando se trabalha tão próximo de seus colegas, não demora muito para descobrir quem está progredindo e quem está em dificuldade. Logo ficou claro que o desempenho dessas novas contratações era muito inferior ao do restante das equipes de software. A cada nova contratação na organização do novo diretor, o nível geral de desempenho do grupo de desenvolvimento de produtos da Amazon estava caindo, não aumentando.

A resposta-padrão da empresa a tal problema poderia ser Rick ou Joel pressionarem o diretor para "fazer um trabalho melhor na contratação de engenheiros talentosos e inteligentes", isto é, confiar em boas intenções. A questão é que o novo diretor não tinha como saber o que a Amazon considerava uma boa contratação, pois não havia diretrizes. Não havia supervisão ou processo para ensiná-lo ou impedi-lo de preencher sua equipe com talentos abaixo da média. Boas intenções não resolveriam o problema de contratação em uma empresa de crescimento acelerado como a Amazon, que saltou de cerca de seiscentos funcionários em 1997 para nove mil em 2000, e depois para cem mil em 2013 (até o momento em que este livro foi escrito, em 2020, a Amazon estava se aproximando de um milhão de funcionários). Mas um mecanismo seria a solução. Sendo justo com Joel e Rick, eles perceberam em 1999 que, mesmo que essa situação em particular fosse corrigida, certamente a enfrentariam de novo enquanto a empresa mantivesse seu rápido crescimento.

Rick, Joel e John Vlastelica, que então chefiava o recrutamento técnico da empresa, começaram a sistematizar um processo de contratação de novos talentos de alto nível que correspondesse à cultura da Amazon. Desde o início, concentraram-se no problema central de manter um padrão de contratação consistente à medida que a empresa crescia. Assim, ao contrário da tradição popular, o programa Bar Raiser, como mais tarde veio a ser conhecido, não foi uma iniciativa que partiu de Jeff, mas sim uma resposta a um problema específico que precisava ser resolvido. Mesmo nos primeiros dias da empresa, podemos ver os princípios de liderança começando a se desenvolver. Rick, Joel e John identificaram um problema e desenvolveram uma solução escalável, originalmente chamada de programa Bar Keepers, mas renomeada Bar Raiser logo depois. Eles apresentaram a ideia a Jeff, que a recebeu com entusiasmo e sugeriu algumas melhorias. Após essa reunião, vinte Bar Raisers originais foram nomeados, alguns dos quais, no momento em que este livro foi escrito, quase 21 anos depois, ainda trabalham na Amazon. O programa Bar Raiser provou ser tão bem-sucedido quando começou a funcionar que foi rapidamente adotado e tornou-se um requisito para todos os outros departamentos corporativos da Amazon.

A SOLUÇÃO BAR RAISER

O programa Amazon Bar Raiser tem como objetivo a criação de um processo formal, escalável e repetível de tomada de decisões visando realizar boas contratações de maneira consistente. Como todos os bons processos, é de fácil entendimento e transmissão e não depende de recursos escassos (como um único indivíduo), tendo um ciclo de feedbacks para garantir o contínuo aprimoramento. O processo de contratação do Bar Raiser se tornou um dos primeiros e mais bem-sucedidos componentes do kit de ferramentas *"ser amazoniano"*.

Como já discutimos, muitas técnicas tradicionais de recrutamento baseiam-se na "intuição" dos entrevistadores que trabalham em uma estrutura informal, permitindo que as tendências se estabeleçam. É verdade que um excelente entrevistador terá um instinto aguçado de quem pode fazer uma ótima contratação, bem como a capacidade de ignorar vieses que surgem durante o processo de entrevista.

Depender de alguns entrevistadores talentosos é um problema, pois eles existem em número escasso, e suas habilidades são difíceis de serem ensinadas. Essas características estão longe de ser universais, e, na ausência de uma estrutura formal, você não pode garantir que todos os envolvidos saberão como conduzir uma excelente entrevista. O processo Bar Raiser da Amazon foi projetado para fornecer essa estrutura, minimizar a variabilidade nos processos de contratação ad hoc e melhorar os resultados.

"Bar Raiser" é o nome de um processo maior e do grupo de indivíduos – os Bar Raisers – central para a realização desse processo. Ao formular o conceito de Bar Raisers, Rick, Joel e John se inspiraram na Microsoft, onde Joel havia trabalhado antes de ingressar na Amazon. Para muitas – mas não todas – contratações, a Microsoft designava um entrevistador chamado de "as-app" (abreviação de "*as appropriate*"), um entrevistador experiente que conduzia a entrevista final. O papel do as-app era garantir que apenas contratações de qualidade fossem feitas. Eles não seriam penalizados se a vaga não fosse preenchida, portanto, suas decisões provavelmente não seriam influenciadas por um viés de urgência.

Os Bar Raisers da Amazon recebem um treinamento especial no processo. Um deles participa de cada ciclo de entrevista. O nome pretendia sinalizar para todos os envolvidos no processo de recrutamento que cada nova contratação deveria "elevar o nível", ou seja, ser melhor em um aspecto importante (ou mais) do que os outros membros da equipe. A teoria sustentava que, ao elevar o nível a cada nova contratação, a equipe se tornaria progressivamente mais forte e produziria resultados cada vez melhores. O Bar Raiser não poderia ser o gerente de contratação ou o recrutador. O Bar Raiser recebia o poder extraordinário de vetar qualquer contratação e qualquer decisão do gerente de contratação.

Os primeiros Bar Raisers da Amazon foram escolhidos a dedo por Rick, Joel e John por suas habilidades de entrevista, capacidade de avaliar talentos, adesão a altos padrões, credibilidade com colegas e líderes de contratação, bem como capacidade de liderança.

Esse programa enfrentaria grande resistência ao longo dos anos. Houve inúmeras ocasiões em que um gerente de contratação estava desesperado para cumprir uma meta estabelecida por Jeff ou outro líder e não conseguiu encontrar as pessoas de que precisava com a rapidez necessária. O conceito de um Bar Raiser com poder de veto era visto por gerentes de mentalidade estreita como um inimigo no caminho de seu progresso. No início, isso foi desconcertante para muitos líderes novos na empresa. Muitos perguntariam se poderiam ser feitas algumas exceções. Mas é claro que isso era parte do problema – a contratação quase sempre parecia urgente. Não conhecemos casos em que os gerentes foram autorizados a pegar atalhos. Gerentes bem-sucedidos perceberam logo que deveriam dedicar uma quantidade considerável de seu tempo ao processo e redobrar esforços para encontrar, recrutar e contratar candidatos com perfil amazoniano. Os gerentes que não dedicaram tempo (além de seu trabalho diário) para o recrutamento e entrevistas não duraram muito. Não há substituto para o trabalho longo, árduo e inteligente na Amazon.

A ideia funcionou: das centenas de processos desenvolvidos na Amazon ao longo de mais de vinte anos, o Bar Raiser é talvez o mais utilizado e duradouro.

Existem oito etapas no processo de contratação do Bar Raiser:

Descrição do trabalho
Análise de currículo
Chamada telefônica
Ciclo de entrevistas internas

Relatório de feedback por escrito
Reunião de avaliação e contratação
Verificação de referências
Oferta de contratação

Descrição do trabalho

É difícil, se não impossível, fazer a contratação certa sem criar uma descrição do trabalho (DT) bem definida e clara que possa ser usada pelos entrevistadores para avaliar os candidatos. Na Amazon, é responsabilidade do gerente de contratação escrever a descrição, que o Bar Raiser pode revisar para efeito de clareza. Uma boa descrição de trabalho deve ser *específica e focada*. Embora alguns dos requisitos, como o cumprimento dos princípios de liderança da Amazon, sejam padrão em todos os cargos, a maioria dos requisitos é específica para o cargo. A DT de um gerente de vendas, por exemplo, pode especificar o tipo de vendas (interno ou externo), se as vendas são relacionadas à empresa ou mais transacionais (ou seja, se a negociação leva tempo, alto valor em dólar *vs.* rápida negociação, menor valor em dólar) e o nível da função (por exemplo, gerente sênior, diretor ou vice-presidente). Para um engenheiro de desenvolvimento de software, a DT pode especificar que o candidato deve ter a habilidade de projetar e escrever códigos de computador para sistemas disponíveis, escaláveis e de fácil manutenção. Para outros cargos, a DT pode especificar a habilidade de negociar com sucesso com os vendedores ou de controlar equipes de funcionamento transversal. Se a DT for para um novo cargo, os membros do ciclo de entrevistas geralmente começam se reunindo com o gerente de contratação e o Bar Raiser para revisar a descrição e fazer perguntas de esclarecimento. Tipicamente, esse processo revela aspectos do trabalho que o gerente de contratação não teria identificado.

Novamente, a maioria dos gerentes está desesperada para iniciar o processo de contratação e, sem esse processo de revisão, tende a ter descrições de cargos confusas e/ou desatualizadas. É muito difícil se recuperar desse erro. O processo de contratação inevitavelmente terá problemas – até mesmo falhará – se a DT não articular claramente as responsabilidades do trabalho e as habilidades necessárias. As pessoas responsáveis pelas ligações telefônicas e entrevistas pessoais precisam ter clareza sobre a DT para que possam fazer as perguntas certas e coletar as informações necessárias para tomar sua decisão. Participamos de muitas entrevistas nas quais uma descrição de cargo mal escrita criava um conflito entre os entrevistadores, que procuravam um conjunto de habilidades, e o gerente de contratação, que esperava algo diferente. Isso pode se tornar especialmente desafiador à medida que uma empresa cresce com rapidez e o número de diferentes tipos de funções que precisa preencher aumenta com ela.

Análise de currículo

Assim que sua DT estiver definida, é hora de se concentrar nos candidatos que deseja entrevistar. O recrutador – geralmente, mas nem sempre, um funcionário da Amazon – e o gerente de contratação procuram candidatos por meio de networking, usando o LinkedIn e analisando os currículos coletados em resposta a um anúncio de emprego. O recrutador seleciona os candidatos mais aptos com base em como seus currículos atendem aos requisitos do cargo conforme definido na DT. Se os candidatos selecionados pelo recrutador atendem às expectativas do gerente de contratação, isso é um sinal de que a DT está clara e específica. Se os candidatos selecionados estiverem fora do padrão esperado, a DT provavelmente precisa ser aprimorada. Por exemplo, durante o período em que estávamos fazendo a transição para equipes autônomas (mais detalhes no Capítulo 3), procuramos contratar menos pessoas em funções de coordenador enquanto intensificávamos nossa busca por construtores e inventores. Isso exigia uma linguagem nova e mais específica nas DTs. Até que as DTs fossem revisadas, recebíamos muitos currículos de pessoas cujas habilidades incluíam coisas como "coordenação entre equipes", e esses eram descartados.

Chamada telefônica

Uma vez que os candidatos tenham sido selecionados a partir dos currículos, o gerente de contratação (ou seu designado, no caso de funções técnicas) conduz uma entrevista por telefone de uma hora com cada pessoa. Durante essa chamada, o gerente de contratação descreve a posição para o candidato em detalhes e busca estabelecer um relacionamento com ele, descrevendo sua própria formação e por que escolheu ingressar na Amazon. Aproximadamente 45 minutos dessa hora devem consistir no questionamento do candidato pelo gerente e em acompanhamento, quando necessário. As perguntas, formuladas com antecedência pelo gerente de contratação, são projetadas para solicitar exemplos do comportamento anterior do candidato ("Conte-me sobre uma época em que você…") focando o subconjunto dos princípios de liderança da Amazon. Normalmente, os quinze minutos finais da ligação são reservados para o candidato fazer perguntas.

Após essa ligação detalhada, o gerente de contratação decide se eles estão inclinados a contratar o candidato com base nos dados coletados até o momento. Nesse caso, o candidato será convidado para uma entrevista interna. Às vezes, o gerente de contratação não tem certeza sobre um candidato, mas ainda assim o convida para passar pelo ciclo de entrevistas, esperando que isso ajude na decisão de contratação. Isso é um erro. Na maioria dos casos, o candidato questionável não conseguirá o emprego e muito tempo será perdido no processo. O gerente de contratação não deve trazer um candidato para um ciclo de entrevistas demorado e caro a menos que estejam inclinados a contratá-lo após a entrevista por telefone. Existem muitas variáveis (a função, o gerente de contratação, o volume e a qualidade dos currículos dos candidatos selecionados) que afetam a taxa em que os candidatos passam pela etapa da ligação e são trazidos para a entrevista interna, mas um em cada quatro é uma média razoável. A Amazon rastreia e relata o volume e a taxa em que os candidatos passam por todo o funil do recrutamento e usa esses dados para fazer alterações no processo, bem como para treinar recrutadores e gerentes de contratação. Essa é a marca registrada de um processo de recrutamento bem executado.

Ciclo de entrevistas internas

O ciclo de entrevistas internas leva de cinco a sete horas para ser concluído e requer a participação de várias pessoas que, sem dúvida, têm muitas outras responsabilidades e tarefas a fazer, portanto, essa etapa deve ser cuidadosamente planejada, preparada e executada. O gerente de contratação planeja o ciclo de entrevistas. Eles decidem quantos entrevistadores devem estar no ciclo, bem como a mistura de funções e disciplinas, níveis de trabalho e tipos de especialização que devem ser representados. Geralmente, os ciclos mais eficazes consistem em cinco a sete entrevistadores. A empresa descobriu que ter mais pessoas do que esse número tende a não ser benéfico, e que, quando há menos pessoas envolvidas, geralmente há lacunas na compreensão da situação do candidato. Qualquer que seja o número exato de participantes, o ciclo sempre inclui o gerente de contratação, o recrutador e um Bar Raiser.

Existem algumas qualificações importantes para os participantes do ciclo. Primeiro, todos devem ter sido devidamente treinados no processo de entrevista da empresa. A Amazon oferece um curso de meio dia sobre o funcionamento do processo de entrevista e como conduzi-la (veremos mais sobre isso em breve). Após o treinamento, o entrevistador deve formar dupla com um entrevistador mais experiente para conduzir conjuntamente pelo menos uma entrevista real antes de fazer uma por conta própria.

Em segundo lugar, nenhum participante do ciclo de entrevistas deve estar mais de um nível abaixo da posição que o candidato ocupará. Nem deve haver um entrevistador que se torne um subordinado direto do candidato. As pessoas geralmente querem ter uma palavra a dizer na contratação de seu gerente e podem ficar chateadas se forem excluídas do processo, mas não é bom que subordinados diretos entrevistem um chefe em potencial. É desconfortável para o candidato durante a entrevista, e o subordinado saberá os pontos fracos do candidato e a visão de outros funcionários sobre esses pontos fracos durante a entrevista – o que pode levar a problemas no funcionamento futuro da equipe. Além disso, nada de bom acontecerá se um futuro subordinado direto não estiver disposto a contratar o candidato e você contratar essa pessoa de qualquer maneira.

Nos primeiros anos da empresa, antes da criação do Bar Raiser, um de nossos ex-colegas foi integrante do processo de contratação de quem seria seu gerente. Ele escreveu um relatório pedindo fortemente a não contratação, mas o candidato foi contratado do mesmo jeito. O recrutador então mostrou ao novo funcionário o feedback negativo que nosso colega havia escrito. Em sua primeira reunião, o chefe recém-contratado deslizou o documento pela mesa para nosso colega, como se o desafiasse. A situação toda estava, nas palavras de nosso colega, "superestranha". O chefe foi embora em cerca de um ano.

Existem duas características distintas em um ciclo de entrevistas internas da Amazon: entrevista comportamental e Bar Raiser.

1. **Entrevista comportamental**

Conforme dissemos, nos primeiros anos da Amazon não havia uma instrução formal ou orientação sobre como conduzir uma entrevista. Gerentes e entrevistadores faziam todas as perguntas que acreditavam fazer algum sentido.

Por fim, os objetivos mais importantes do processo de entrevista tornaram-se claros: avaliar o quanto o comportamento anterior de um candidato e suas formas de trabalhar se espelham com os princípios de liderança da Amazon. Gerentes e entrevistadores logo perceberam que as informações básicas sobre o candidato – os detalhes de formação e emprego – não são indicadores confiáveis a respeito da capacidade do candidato de trabalhar de acordo com os princípios da Amazon.

Avaliamos as habilidades funcionais específicas do trabalho usando métodos que provavelmente são bastante comuns, como pedir a um candidato a engenheiro de software para escrever um código de software no quadro branco. No entanto, ao avaliar como um candidato exibe os princípios de liderança da Amazon, adotamos uma técnica chamada "Entrevista comportamental". Essa entrevista envolve atribuir um ou mais dos 14 princípios de liderança a cada membro do painel de entrevista, que, por sua vez, faz perguntas que correspondem ao princípio de liderança atribuído, buscando obter dois tipos de dados. Em primeiro lugar, o entrevistador deseja que o candidato forneça exemplos detalhados de com o que ele contribuiu pessoalmente para resolver problemas difíceis ou de como se saiu em situações de trabalho como as que enfrentará na Amazon. Em segundo lugar, o entrevistador quer saber *como* o candidato atingiu seus objetivos e se os métodos usados para tal estão alinhados com os princípios de liderança da Amazon. Perguntas gerais e abertas, como "Conte-me sobre sua carreira" ou "Conte-me sobre seu currículo", geralmente são uma perda de tempo e não produzirão o tipo de informação específica que você procura. Quando fazemos essas perguntas, a maioria dos candidatos aproveitará a oportunidade para apresentar uma narrativa positiva, talvez até um pouco glorificada, de sua carreira.

Em vez disso, as perguntas são mapeadas de acordo com os princípios atribuídos. Por exemplo, se o entrevistador é responsável pelo princípio "Insista nos padrões mais elevados", ele pode perguntar: "Você pode me dar um exemplo de um momento em que sua equipe propôs lançar um novo produto ou iniciativa e você adiou o plano porque não achou que era bom o suficiente?".

Depois que o candidato responder, o entrevistador investiga mais a fundo. Cada pergunta de acompanhamento é projetada para adquirir informações específicas, que são particularmente importantes para determinar de forma exata que papel o candidato desempenhou em alguma realização anterior. Alguns candidatos confundem ou exageram a importância de seu papel em relação às realizações da equipe em um empreendimento bem-sucedido. Candidatos mais humildes minimizam seu papel porque não querem parecer que estão se gabando. Em ambos os casos, é importante que o entrevistador investigue cuidadosamente a verdade.

O método usado pelos entrevistadores da Amazon para o detalhamento é conhecido pela sigla STAR (Situação, Tarefa, Ação, Resultado):

"Qual era a situação?"

"Qual foi a sua tarefa?"

"Que ações você tomou?"

"Qual foi o resultado?"

Um bom entrevistador continua questionando até sentir que tem um bom entendimento do que o entrevistado realizou pessoalmente e do que a equipe fez. Outras perguntas que podem revelar essas informações incluem: "Se você fosse designado para trabalhar em um projeto diferente em vez do Projeto X, o que teria mudado sobre o Projeto X?" e "Qual foi a decisão mais difícil no Projeto X, e quem a tomou?".

Algumas entrevistas podem se concentrar em habilidades funcionais específicas que são necessárias para a função. Por exemplo, ao entrevistar para uma posição técnica, como um engenheiro de desenvolvimento de software, os entrevistadores podem pedir ao candidato para escrever um código de software, resolver uma questão de design, desenvolver um algoritmo ou demonstrar conhecimento de uma área de assunto relevante.

Os entrevistadores também são treinados para manter o controle da entrevista. Todos nós já estivemos em uma situação em que o candidato, talvez tentando evitar uma pergunta, faz longos desvios planejados para escapar do assunto. Ou, talvez, estejam apenas nervosos, e falar em voz alta é a maneira de acalmar seus nervos. Nesses casos, os entrevistadores sabem que devem interromper educadamente o candidato e passar para a próxima pergunta.

Mencionamos o processo de desenvolvimento de um relacionamento com o entrevistado por telefone. Isso é algo que continua na reunião presencial. Os entrevistadores da Amazon devem ter em mente que todo candidato – seja ele qualificado para o trabalho ou não – é um cliente em potencial da empresa e uma fonte de oportunidades. Suponha que eles irão contar a seus amigos e colegas de trabalho sobre sua experiência de entrevista. Às vezes isso será difícil, especialmente se você decidiu que o candidato não é adequado para a função ou empresa, mas é algo que precisa ser feito.

(Veja o apêndice para dicas sobre o processo.)

2. O Bar Raiser

O Bar Raiser está presente em cada ciclo de entrevistas e garante que o processo seja seguido e que decisões erradas nas contratações sejam evitadas. Eles também estão lá para dar um bom exemplo para os outros entrevistadores. Além de conduzir uma das entrevistas, o Bar Raiser treina outras pessoas em técnicas de entrevista, faz perguntas de sondagem no relatório, garantindo que vieses pessoais não afetem a decisão de contratação, e determina se o candidato está à altura ou ultrapassa o padrão de qualidade definido pela empresa.

Os Bar Raisers são treinados para se tornarem especialistas em todos os aspectos do processo de recrutamento. Existe um grupo de Bar Raisers seniores que gerencia o programa, conhecido como Núcleo Bar Raiser, composto principalmente por VPs e diretores (Bill atuou nesse grupo). Os membros do núcleo geralmente fizeram parte do programa por muitos anos, participaram de centenas de entrevistas, bem como demonstraram seu domínio e habilidade de entrevistar, controlando relatórios, tomando decisões, ensinando e treinando outros membros Bar Raisers.

Potenciais novos Bar Raisers são identificados pelos atuais Bar Raisers e pelos membros da equipe do Núcleo. Eles são revisados pelo grupo principal e, quando provisoriamente aprovados, participam de uma sessão de treinamento que em geral é liderada por um membro principal. Eles são, então, emparelhados com um Bar Raiser que os acompanhará e orientará, e seu trabalho é revisado novamente pelo Núcleo Bar Raiser. Nem todos os candidatos são aprovados. Eles podem não conseguir colocar seu treinamento em prática. Podem não ser qualificados o suficiente para entrevistar e podem não ser capazes de conduzir e facilitar adequadamente a reunião de entrevista.

É importante enfatizar, entretanto, que as habilidades de um Bar Raiser podem ser aprendidas por quase todos. Nem todo mundo é naturalmente um grande entrevistador, mas com uma boa instrução e treinamento as pessoas podem aprender a ser bastante eficazes em fazer perguntas pontuais e sondar acompanhamentos.

Não há pagamento por mérito ou bônus extra por se tornar um Bar Raiser, e você mantém todas as obrigações do seu trabalho diário. O único reconhecimento público que você obtém por ser um Bar Raiser é um ícone ao lado do seu nome no diretório on-line da empresa. Mas trata-se de um papel cobiçado, porque os Bar Raisers participam diretamente do processo que ajuda a garantir que a Amazon contrate os melhores.

Devemos também observar que o Bar Raiser, assim como outros processos da Amazon, passou por uma evolução. Para gerenciar as demandas de contratação para uma empresa de quase um milhão de pessoas, agora existem várias equipes do Núcleo Bar Raiser. Esse é outro exemplo de como os processos da Amazon são projetados em escala, desde o início da empresa.

Relatório de feedback por escrito

Conforme vimos no exemplo anterior da Green Corp., o feedback por escrito é essencial para um processo de contratação eficaz, e isso significa que cada entrevistador deve fazer anotações detalhadas – o mais próximo possível de um registro literal. Alguns entrevistadores criam um documento com as perguntas, que usam para registrar notas. Alguns digitam as impressões em seu computador, enquanto outros as escrevem à mão no papel ou na parte de trás do currículo do candidato. (No início da reunião, você pode explicar ao candidato que vai tomar notas e por quê.) As notas são o registro dos dados que você coleta na entrevista, e você usará essas notas para desenvolver o feedback escrito que entregará aos colegas entrevistadores. Se você não fizer anotações completas e detalhadas, pode esperar por uma visita do seu Bar Raiser.

Espera-se que o feedback por escrito seja específico, detalhado e repleto de exemplos da entrevista para abordar os princípios de liderança atribuídos ao entrevistador. O feedback deve ser escrito logo após o final da entrevista, para garantir que nada de valor seja esquecido. Achamos prudente reservar quinze minutos imediatamente após a entrevista para completar o feedback. A redação deve ser minuciosa e clara o suficiente para que o autor não precise estar presente para que suas conclusões sejam compreendidas. Mais uma vez, esse não é um exercício opcional na Amazon: o feedback oral oferecido no lugar do escrito é simplesmente inaceitável.

O feedback por escrito inclui o voto do entrevistador sobre o candidato. Há apenas quatro opções – fortemente inclinado a contratar, inclinado a contratar, não inclinado a contratar ou fortemente não inclinado a contratar. Não há opção de "indecisão". Ressalvas ou advertências não são permitidas – nada como: "Estou inclinado a contratar, mas a entrevista foi no horário do almoço e não pude ficar até o fim" ou "Estou em cima do muro e quero ouvir o que os outros têm a dizer antes de fazer minha escolha final". Em alguns casos, seria aceitável dizer: "Estou inclinado a contratar o candidato em um nível de gerente sênior, mas não como diretor". Em geral, o cargo específico deve ser estabelecido na descrição do trabalho, mas há circunstâncias em que um gerente de contratação está aberto para contratar vários níveis, e isso deve ser mencionado na DT. Para evitar ideias preconcebidas, o entrevistador não pode ver ou discutir os votos, comentários ou feedbacks de outros membros até que seu próprio feedback seja enviado.

Reunião de avaliação e contratação

Assim que as entrevistas internas estiverem concluídas e o feedback por escrito e os votos forem coletados, os entrevistadores se reúnem pessoalmente ou por videoconferência para discutir e tomar a decisão de contratação. O Bar Raiser lidera a reunião, que deve ser realizada o mais rápido possível, geralmente não mais do que alguns dias após o término das entrevistas. A reunião começa com a leitura dos comentários da entrevista. Depois, o Bar Raiser pode iniciar a reunião perguntando ao grupo: "Agora que todos tiveram a chance de ler todos os comentários, alguém gostaria de mudar seu voto?". A razão para isso é que cada entrevistador submeteu seu voto com base apenas nos dados que reuniu em sua entrevista. Em um ciclo de entrevista com cinco pessoas, isso significa que o voto inicial é proferido estando em posse de apenas um quinto dos dados. Agora que cada entrevistador leu todas as transcrições e comentários da entrevista, eles têm quatro vezes mais informações para basear sua decisão. Esses dados adicionais podem confirmar o voto inicial ou levar a uma mudança de voto. Qualquer um dos resultados é válido e apropriado. Não há vergonha alguma em mudar seu voto diante da presença de dados adicionais.

Outro método para ajudar a iniciar a reunião do Bar Raiser é criar uma lista de duas colunas em um quadro com os princípios de liderança, onde o candidato pontua em uma coluna e falha na outra. A reunião de contratação é mais do que apenas contagem de votos, caso contrário, não seria necessária, a menos que houvesse um empate. O Bar Raiser eficaz usa o método socrático, fazendo perguntas que impulsionam o processo de pensamento crítico, a fim de liderar e orientar o diálogo com o objetivo de que todos, ou pelo menos a maioria, cheguem à mesma conclusão sobre o candidato. A reunião é encerrada com a decisão do gerente de contratação (validada pelo Bar Raiser) de contratar ou não contratar. Se o gerente de contratação ou o Bar Raiser sentem que não têm informações suficientes para tomar uma decisão, então houve uma falha no processo (por exemplo, um ou mais dos entrevistadores não conseguiram avaliar adequadamente os candidatos em um ou mais dos princípios de liderança que lhes foram atribuídos).

É extremamente raro um Bar Raiser exercer seu poder de veto. Sabemos disso por experiência própria e por uma pesquisa informal com entrevistadores que, coletivamente, conduziram cerca de quatro mil entrevistas ao longo de quinze anos. Só conseguimos identificar três casos em que o poder de veto foi exercido. Um deles aconteceu durante os primeiros dias do processo, em 1999. Os outros dois envolveram gerentes de contratação que eram novos na Amazon e ainda não haviam se adaptado à organização. Em vez disso, um Bar Raiser eficaz compartilha os exemplos certos das transcrições das entrevistas e faz as perguntas de sondagem certas ao painel de entrevistas e ao gerente de contratação para ajudá-los a ver por que um candidato não está apto ao trabalho.

Pode levar algum tempo para se acostumar com o processo do Bar Raiser e, em particular, com o relatório de avaliação – testemunhamos inúmeras reuniões de contratação em que um novo gerente de contratação fica visivelmente desconfortável em sua primeira reunião com um Bar Raiser. Estão acostumados com uma abordagem mais convencional, na qual eles (como gerente de contratação) ou o recrutador conduzem a reunião. Além disso, o impulso de um novo gerente de contratação é mostrar sua opinião a respeito de um candidato. Na Amazon, o gerente de contratação logo descobre que não lidera a reunião e que sua opinião não deve se sobrepor à dos outros entrevistadores. O papel dos entrevistadores é ajudar o gerente de contratação a coletar dados e tomar uma decisão informada, não impedir a contratação. A melhor prática para o gerente de contratação é ouvir, aprender e falar com pouca frequência. O processo é projetado para evitar que a urgência e as ideias preconcebidas afetem negativamente a decisão, o que pode resultar em perda de tempo e meses de agonia.

Vale a pena notar que muitas empresas não têm uma reunião de avaliação. Em vez disso, o recrutador e a pessoa que toma a decisão de contratação revisam o feedback por escrito e o discutem entre si. A reunião de avaliação da Amazon é uma oportunidade para cada entrevistador aprender com os outros e desenvolver sua capacidade de avaliar talentos. Como dissemos, um dos papéis do Bar Raiser é ensinar e treinar outros entrevistadores em cada ciclo. Se o Bar Raiser observar algo de errado com o processo, espera-se que ele forneça orientação e feedback em tempo real e ajude a colocar as coisas nos trilhos. Um bom

Bar Raiser às vezes passa mais tempo treinando e ensinando em uma reunião de esclarecimento do que avaliando o candidato.

Verificação de referências

A verificação de referências não foi enfatizada no processo Bar Raiser atual, uma vez que raramente afetou uma decisão de contratação, mas para completar a descrição abordaremos brevemente como foi implementada no início. Quando o painel de entrevistas decide que o candidato pode ser contratado, o processo ainda não está completo. O gerente de contratação ou recrutador pede em seguida que o candidato forneça quatro ou cinco referências. Idealmente, as referências devem incluir ex-gerentes, colegas, subordinados e outras pessoas que trabalharam de forma direta com o candidato, possivelmente por muitos anos.

O gerente de contratação, não o recrutador, então liga para as referências para averiguar e confirmar as habilidades do candidato e seu desempenho no trabalho anterior. Uma pergunta que geralmente obtém uma resposta reveladora é: "Se tivesse a chance, você contrataria essa pessoa novamente?". Outra pergunta importante é: "Em comparação com as pessoas que você gerenciou ou com quem trabalhou, qual nota você atribuiria a esse candidato?".

As referências devem validar a decisão de contratação e possibilitar ao gerente uma melhor compreensão da pessoa com quem irá trabalhar e com a qual contará para ajudar o grupo a atingir seus objetivos importantes de trabalho.

Oferta de contratação

O que acontece quando a equipe decide oferecer o emprego ao candidato? Em muitas empresas, o gerente de contratação pede que o recrutador faça a oferta. Esse é outro erro. O gerente de contratação deve fazer pessoalmente a oferta e convencê-lo da função e da empresa. Você pode ter escolhido o candidato, mas isso não significa que o candidato o escolheu. Você deve supor que bons funcionários estão sendo ativamente procurados por outras empresas, incluindo o empregador atual. Há sempre o risco de perder o candidato. Nada é certo até o dia em que se apresentam para trabalhar no escritório.

É por isso que o gerente de contratação e os membros da equipe devem permanecer envolvidos nessa parte do processo. É importante manter o candidato animado, não apenas com a empresa, mas também com os membros da equipe com quem trabalhará. Eles passarão a maior parte de seus dias com aquela equipe, possivelmente por vários anos. A equipe ainda pode agir para garantir que o investimento feito até o momento da oferta tenha valido a pena.

Depois que a oferta é feita, um membro da equipe deve falar com o candidato pelo menos uma vez por semana até que ele tome uma decisão final. O contato pode ser tão simples quanto um e-mail dizendo o quanto você está animado com a entrada do candidato na equipe. Às vezes, mandávamos um kit de livros para um candidato – uma pilha de livros que imaginamos que gostariam de receber – ou um punhado de seus DVDs favoritos. Poderia ser um café ou um almoço. O importante é que seja um gesto sincero e pessoal.

O objetivo nessa fase final é conhecer melhor o candidato e descobrir quais fatores-chave afetarão sua decisão sobre a oferta. Às vezes, você vai se surpreender com o que vai descobrir. O candidato pode ter sido convencido pelo cargo e remuneração, mas seu cônjuge ou parceiro pode ter reservas sobre alguns aspectos do trabalho. Se você está contratando um recém-formado na faculdade, seus pais podem ter voz ativa na decisão. Na sua conversa com o candidato depois de fazer a oferta, procure descobrir quais questões o estão levando a ponderar o convite, então procure abordá-las e resolvê-las.

Pode ser útil contatar outras pessoas para ajudar a fechar o negócio. Talvez você tenha um funcionário atual que veio da mesma empresa do candidato, que frequentou a mesma escola, que conhece alguém que superou dúvidas semelhantes ou que teve as mesmas dúvidas sobre remuneração, estilo de trabalho ou o que quer que esteja deixando o candidato receoso. Não tenha medo de pedir ao seu vice-presidente ou CEO para se envolver, fazendo contato de alguma forma. Um e-mail ou uma ligação rápida de uma pessoa de fora da equipe de contratação, especialmente uma pessoa no topo da organização, podem ajudar a fechar a contratação.

VARIAÇÕES NO BAR RAISER

Como acontece com muitos dos processos da Amazon que discutimos neste livro, o Bar Raiser evoluiu. Embora os elementos principais tenham permanecido os mesmos à medida que a Amazon cresceu, muitas equipes ajustaram partes do processo para resolver problemas específicos. Não tenha medo de fazer o mesmo.

Por exemplo, quando uma equipe na Amazon precisou contratar vários engenheiros de desenvolvimento de software de nível inicial, descobriu que a porcentagem de candidatos que obtiveram uma decisão negativa de contratação após o ciclo de entrevistas excedeu a de outras equipes da Amazon. Eles teorizaram que isso aconteceu porque muitos candidatos estavam sendo convidados a continuar o processo depois de completar com sucesso a etapa da ligação telefônica. Para testar a teoria, decidiram realizar *duas* ligações telefônicas antes de levar um candidato a Seattle para o ciclo de entrevistas. Independentemente de essa abordagem ter melhorado o processo, a motivação foi correta: a equipe percebeu um problema com o processo, com base na comparação de métricas de contratação com outras equipes da Amazon.

Em outro caso, um simples ajuste no processo Bar Raiser gerou resultados surpreendentemente positivos. Um diretor quis aumentar a diversidade de gênero da equipe. Nos trimestres seguintes, os esforços foram tão bem-sucedidos que foram percebidos fora do departamento. Quando questionada sobre como havia conseguido isso, a equipe revelou uma solução muito simples: todo currículo feminino recebido era automaticamente encaminhado para a etapa da ligação telefônica. É importante dizer que essa solução não diminuiu o padrão da contratação, nem favoreceu candidatos não qualificados com base no gênero. Se a candidata não passasse na etapa do telefone, ela não avançaria para a etapa seguinte.

Essa técnica deixou claro que, quando o nome de um candidato indicava o gênero feminino, um preconceito inconsciente estava afetando a triagem daquele currículo. O resultado foi que candidatas bem qualificadas estavam aparentemente sendo rejeitadas no início do processo. A solução perspicaz desse diretor fornece um ótimo exemplo de como ajustes simples no processo de contratação podem melhorar os resultados sem danificar os princípios fundamentais que foram projetados para proteger. Também é um bom lembrete para estarmos sempre atentos aos lugares onde o preconceito pode passar despercebido e prejudicar seus resultados.

BAR RAISER E DIVERSIDADE

No momento da conclusão deste livro (junho de 2020), o movimento Black Lives Matter (vidas negras importam) está colocando questões de racismo, diversidade, equidade e inclusão no primeiro plano de nossas conversas nacionais de maneira sem precedentes. Alcançar uma força de trabalho diversificada que opere de maneira equitativa e inclusiva tornou-se uma das metas mais importantes para qualquer empresa ou instituição nos dias atuais. Como não há processo comprovado ou roteiro conhecido para alcançar esse objetivo, não pretendemos oferecer uma solução para essa questão neste livro. Gostaríamos de sugerir, no entanto, que o processo Bar Raiser pode ser um componente eficaz de um plano mais abrangente de longo prazo para alcançar diversidade, equidade e inclusão.

O processo Bar Raiser é projetado para minimizar o viés pessoal e maximizar a tomada de decisões de contratação com base em dados substanciais do trabalho de cada candidato e de como esse trabalho corresponde a um conjunto de princípios. Conforme discutido anteriormente neste capítulo, vieses pessoais surgem naturalmente em uma entrevista não estruturada e no processo de contratação. As etapas do processo Bar Raiser, como preparar um conjunto de perguntas comportamentais antes da entrevista, insistir nas transcrições escritas da entrevista, reler a transcrição pós-entrevista (antes de fazer uma avaliação), conduzir reuniões de avaliação baseadas nas transcrições das entrevistas e fazer avaliações baseadas em princípios bem compreendidos, são etapas que buscam eliminar vieses individuais. Ter um grupo diversificado de pessoas envolvidas no processo obviamente reduz a chance de um viés inconsciente se infiltrar.

Isso não quer dizer que o Bar Raiser seja a receita para que sua organização alcance uma força de trabalho diversificada. Fazer isso requer pensamento abrangente e de longo prazo, começando com os princípios da sua organização e reexaminando cada etapa do processo de contratação, incluindo a seleção de candidatos, a linguagem em suas descrições de trabalho, a composição do grupo que entrevista candidatos e seus princípios ou critérios para contratação. Se uma força de trabalho diversificada é o resultado desejado, você precisará de um processo para garantir que isso seja alcançado, e o Bar Raiser pode ser um componente desse processo.

EMPREGUE E APRIMORE OS MAIS QUALIFICADOS

O processo Amazon Bar Raiser foi fundamental para reforçar um princípio de liderança importante da Amazon: "Empregue e aprimore os mais qualificados". Provou ser uma forma escalável de identificar e atrair líderes que se tornaram essenciais no crescimento e expansão da Amazon em todo o mundo.

De grande importância, o processo de contratação da Amazon tem um efeito bumerangue – ele traz vantagens cada vez maiores quanto mais é usado. Idealmente, o nível de exigência continua a ser elevado, tanto que, eventualmente, os funcionários devem ser capazes de dizer a si mesmos: "Estou feliz por ter entrado quando entrei. Se eu fosse entrevistado para um trabalho hoje, não sei se seria contratado!".

Capítulo 3

Organização:
liderança separável, de segmento único

Por que a coordenação aumenta e a produtividade diminui enquanto as organizações crescem? Como a Amazon combateu essa tendência mudando para "lideranças separáveis com segmento único". Por que criar uma organização com essas equipes pode demorar, especialmente em uma grande empresa? Como diminuir a dependência para que as equipes possam trabalhar de forma independente.

* * *

"A melhor maneira de falhar em inventar algo é fazer disso o trabalho de meio período de alguém."[14]

Cena: uma sala de reuniões. Jeff e vários membros do S-Team sentam-se à mesa diante da equipe de liderança de uma grande unidade de negócios

---

14. Jeff Dyer e Hal Gregersen, "How Does Amazon Stay at Day One?", *Forbes*, 8 de agosto de 2017, https://www.forbes.com/sites/innovatorsdna/2017/08/08/how-does-amazon-stay-at--day-one/#efef8657e4da.

da Amazon, incluindo seu vice-presidente, dois outros vice-presidentes subordinados a ele e vários de seus diretores. É hora da revisão trimestral de negócios, e eles estão discutindo uma iniciativa que ficou parada com o "status vermelho" nos últimos dois trimestres. Alguém pergunta: "O que está impedindo o progresso dessa iniciativa?".

DIRETOR X (*a pessoa com mais conhecimento sobre a nova iniciativa*): Como vocês sabem, esse projeto tem muitas frentes. Até agora, identificamos cinco questões não resolvidas que estão nos atrasando. Elas são...

JEFF (*interrompendo*): Antes de chegarmos a essas questões, alguém poderia me dizer quem é o líder mais antigo para essa iniciativa?

LÍDER DA UNIDADE DE NEGÓCIOS (*após uma pausa longa e desconfortável*): Sou eu.

JEFF: Mas você está no comando de toda a unidade de negócios. Quero que você se concentre no desempenho de todo o seu grupo, e isso inclui muito mais do que apenas uma iniciativa.

VP 1 (*tentando arrastar a sardinha para o seu lado*): Então acho que, nesse caso, sou eu.

JEFF: Então, é nisso que você e sua equipe trabalham todos os dias?

VP 1: Na verdade, não. A única pessoa que trabalha nisso em tempo integral é um de nossos gerentes de produto, mas temos muitas outras pessoas ajudando em tempo parcial.

JEFF (*impaciente agora*): Algum GP (gerente de produto) tem todas as habilidades, autoridade e pessoas em sua equipe para fazer isso?

VP 1: Na verdade, não, é por isso que estamos pensando em contratar um diretor para cuidar disso.

JEFF: Quantas chamadas telefônicas e entrevistas internas vocês conduziram até agora para a contratação desse novo diretor?
VP 1: Bem, ainda não iniciamos a seleção. Ainda precisamos completar a descrição do trabalho. Então a resposta é zero.
JEFF: Então estamos nos enganando. Essa iniciativa não ficará "verde" até que o novo líder esteja ocupando o cargo. Esse é o verdadeiro obstáculo que essa iniciativa enfrenta. Vamos removê-lo antes de qualquer coisa.
O VP 1 envia um e-mail conciso ao recrutador principal, intitulado "Inicie o recrutamento para a função de diretor para o projeto X..."

* * *

Aceleração, ou, mais precisamente, a velocidade, que mede a aceleração e o sentido do movimento, é algo essencial nos negócios. Com todas as outras coisas iguais, a organização que se destaca na velocidade naturalmente irá inovar mais, simplesmente porque será capaz de realizar um número maior de experimentos por unidade de tempo. Ainda assim, muitas empresas encontram obstáculos em seus próprios entraves burocráticos, que aparecem na forma de camadas e mais camadas de autorizações, propriedade e responsabilidade, todas trabalhando contra o progresso rápido e decisivo.

Muitas vezes somos questionados sobre como a Amazon conseguiu contrariar essa tendência, inovando tão rapidamente, sobretudo em tantos negócios ao mesmo tempo – varejo on-line, computação na nuvem, produtos digitais, dispositivos, lojas interativas e muitos mais –, enquanto passava de menos de dez funcionários para quase um milhão. Como a empresa conseguiu se manter ágil, sem precisar lutar para encontrar um consenso, como acontece com a maioria das empresas desse porte?

A resposta está em uma inovação da Amazon chamada "liderança de segmento único", na qual uma única pessoa, livre de outras responsabilidades, comanda uma única iniciativa e lidera uma equipe separável e amplamente autônoma para cumprir seus objetivos. Neste capítulo, explicaremos o que esses termos significam, como surgiram e por que estão no cerne da abordagem da Amazon à inovação e à tomada de decisões rápidas.

O modelo de liderança de segmento único surgiu no final de uma longa jornada de tentativas e erros. Fizemos algumas perguntas difíceis e, em seguida, respondemos com pensamento crítico ousado, experimentação e autocrítica implacável. Isso nos ajudou a redobrar as ideias de sucesso e descartar as falhas. Você não encontrará um "insight" neste capítulo. O caminho percorrido desde aquela primeira pergunta difícil até a liderança de segmento único levou quase uma década, em grande parte porque foi preciso nos desligar da arquitetura de software ultrapassada e das estruturas organizacionais que haviam crescido ao lado dela. Depois, passo a passo, substituímos ambas por sistemas projetados para apoiar a inovação rápida.

O CRESCIMENTO MULTIPLICOU OS NOSSOS DESAFIOS

Primeiramente, um pouco de contexto. De 1997 a 2001, a receita da Amazon cresceu mais de 21 vezes, de US$ 148 milhões para mais de US$ 3,1 bilhões.[15] O crescimento do número de funcionários, clientes e praticamente todos os outros setores teve trajetória semelhante. As

---

15. Estatísticas derivadas das demonstrações financeiras públicas da Amazon de 1997 e 2001, https://press.aboutamazon.com/news-releases/news-release-details/amazoncom-announces-fnancial-results-fourth-quarter-and-1997; https://press.aboutamazon.com/news-releases/news-release-details/amazoncom-announces-4th-quarter-profit-exceeds-sales-and-profit.

inovações também estavam sendo lançadas em um ritmo frenético. A Amazon rapidamente se transformou de uma pequena empresa que vendia apenas livros – e apenas nos Estados Unidos – em uma multinacional com operações de logística em cinco países, vendendo quase tudo que se pudesse comprar on-line.

Nessa fase, tomamos conhecimento de outra tendência, não tão positiva: nosso crescimento acelerado estava diminuindo o ritmo da inovação. Estávamos gastando mais tempo coordenando e menos tempo construindo. Mais recursos significavam mais software, desenvolvido e mantido por mais engenheiros de software. Portanto, tanto a base de código quanto a equipe técnica cresceram continuamente. Naquela época, os engenheiros de software eram livres para modificar qualquer seção de todo o código-base para desenvolver, testar e implementar de forma imediata quaisquer novos recursos no site. Mas, à medida que o número de engenheiros de software crescia, o trabalho se sobrepunha, até que muitas vezes era difícil para as equipes concluírem seu trabalho independentemente.

Cada sobreposição criou algum tipo de *dependência*, que descreve algo que a equipe precisa, mas não pode conseguir por si mesma. Se o trabalho da minha equipe exige um esforço da sua – seja para criar algo novo, participar ou revisar –, você é uma das minhas dependências. Por outro lado, se sua equipe precisa de algo da minha, também vive um processo de dependência.

Gerenciar dependências requer coordenação – duas ou mais pessoas sentadas para discutir uma solução –, e coordenação leva tempo. Conforme a Amazon crescia, percebemos que, apesar de nossos esforços, estávamos gastando muito tempo coordenando e pouco tempo construindo. Isso porque, embora o crescimento de funcionários tenha sido linear, o número de suas possíveis linhas de comunicação cresceu de modo exponencial. Independentemente da forma que a dependência assuma – e discutiremos as diferentes formas com mais detalhes em breve –, cada dependência cria certo atraso. O número crescente de relações de dependências na Amazon retardou os resultados, aumentou a frustração e diminuiu a autonomia das equipes.

DEPENDÊNCIAS – UM EXEMPLO PRÁTICO

Vamos voltar a março de 1998, quando eu (Colin) comecei a trabalhar na Amazon, para mostrar como as relações de dependência já haviam se proliferado. Naquela época, a empresa tinha duas grandes divisões corporativas, uma para negócios e outra para desenvolvimento de produtos. A divisão de negócios foi organizada em grupos operacionais definidos por função – varejo, marketing, gerenciamento de produtos, atendimento, cadeia de suprimentos, atendimento ao cliente, e assim por diante. Cada um dos grupos operacionais do lado comercial solicitaria recursos técnicos ao departamento de desenvolvimento de produto, principalmente engenheiros de software e uma pequena equipe de gerentes de programa técnico (TPMs, na sigla em inglês para *team of technical program managers*), na qual eu estava incluído.

Tive uma noção do problema da dependência na Amazon em minha primeira semana de trabalho. Nosso grupo, conduzido por Kim Rachmeler, era responsável pela gerência do projeto e do programa para grandes iniciativas que exigiam a coordenação das atividades entre várias equipes a fim de atingir um objetivo de negócios importante. Os projetos que esse grupo executou incluíram o lançamento de nossos negócios de música (CDs) e vídeo (VHS/DVD), o lançamento de novos sites no Reino Unido e na Alemanha, e alguns outros grandes projetos internos.

Minha primeira tarefa foi trabalhar no Programa de Associados da Amazon, que até então não tinha recebido a devida atenção da equipe de desenvolvimento de produtos. Esse programa permitia que terceiros, geralmente chamados de afiliados, colocassem links para produtos da Amazon em seus sites. Por exemplo, um site sobre alpinismo poderia incluir uma lista selecionada de livros recomendados sobre o tema com links para a loja da Amazon. Quando um visitante clica em um dos links no site afiliado, ele é redirecionado à página de detalhes do livro no site da Amazon. Se o visitante comprasse aquele produto, o proprietário do site afiliado receberia uma taxa – conhecida como taxa de redirecionamento. A Amazon foi uma das pioneiras em marketing de afiliados, e, quando entrei nesse projeto, ainda estávamos tentando descobrir exatamente como seria esse novo programa e quão grande poderia se tornar. Embora estivesse crescendo, ainda não era considerado o núcleo do negócio. Suponho que seja por isso que eu, como novato, recebi a tarefa.

À medida que aprendi mais sobre o Programa de Associados, logo percebi que ele tinha potencial para ser um negócio muito lucrativo. Na época, já havia trinta mil afiliados, e o programa estava crescendo rapidamente. Os afiliados estavam usando a criatividade por meio de um conjunto básico de ferramentas que demos a eles e estavam gerando uma porcentagem cada vez maior do tráfego geral e de vendas na Amazon. Eu acreditava que o Programa de Associados poderia aumentar sua participação nos negócios, mas seria necessário realizar várias mudanças no programa para concretizar seu enorme potencial.

Preparando-se para entrar de cabeça

Minha primeira tarefa foi gerenciar uma iniciativa para melhorar um aspecto básico do programa: o processo que usávamos para rastrear e pagar as comissões dos afiliados. Na época, a taxa de referência era paga apenas sobre o item específico vinculado no site associado. Nossa ideia era alterar o programa de associados para remunerar todos os produtos comprados pelo visitante naquela sessão de compra. Tomamos essa decisão já que links dos associados estavam redirecionando muitos clientes para a Amazon que não compravam o item recomendado, mas acabavam escolhendo outro produto durante a visita. Portanto, recompensar os associados por essas vendas parecia justo – fortaleceria nosso relacionamento com eles e os encorajaria a se vincular ainda mais à Amazon. Não parecia uma tarefa muito complicada. No início, minha avaliação do projeto foi que faríamos rapidamente pequenas alterações no software e no banco de dados do site para implementar esse recurso, mas a maior parte do esforço seria nos relatórios, contabilidade, alterações no software de pagamento e no trabalho de marketing e comunicação para anunciar o recurso aos nossos associados.

Eu estava errado. Foi nesse momento que pude ver em primeira mão a extensão das dependências internas na Amazon – nesse caso, dependências técnicas. Naquela época, o software do site da Amazon era monolítico, o que significa que sua funcionalidade dependia de um único programa executável chamado Obidos. Seu nome é uma homenagem a uma vila no Brasil ao longo do trecho mais rápido do rio Amazonas. À medida que o Obidos crescia em tamanho e complexidade para suportar um conjunto cada vez maior de recursos e funcionalidades, ele começou a exibir o outro lado da analogia. Óbidos é o trecho mais rápido do rio Amazonas porque também é o mais estreito. O site inteiro estava baseado em um bloco de códigos enorme e crescente que apresentava dependências cada vez maiores. Na verdade, Obidos havia se tornado o gargalo da Amazon.

Dependência técnica número um: pegadinhas no código compartilhado

Cada equipe cujas características também se conectavam à criação de uma página de produto, colocação do produto no carrinho de compras, finalização de um pedido, acompanhamento de uma devolução e assim por diante representava uma dependência técnica para a equipe dos associados. Era preciso coordenar cada pequeno passo com cada equipe, pois um único erro da nossa parte poderia afetar o trabalho deles ou, ainda mais catastrófico, poderia criar um bug que derrubaria todo o site. Da mesma forma, tivemos que dedicar tempo para revisar as alterações *deles* nessa parte do código e garantir que nossas próprias funções não fossem afetadas.

Dependência técnica número dois: proteção da base de dados

O código do software não foi o único tipo de dependência técnica que enfrentamos. Também foi preciso fazer alterações no banco de dados relacional subjacente (um banco de dados estruturado para identificar as relações entre as informações armazenadas, como clientes, pedidos e remessas), do qual todas as operações da Amazon dependiam. O banco de dados foi denominado acb, a abreviação de amazon.com books. Se o acb algum dia saísse do ar, a maioria das operações da empresa pararia – sem compras, sem pedidos, sem reposição de estoque – até que pudéssemos reverter a situação e reiniciar.

Como uma salvaguarda vital, estabelecemos um grupo direto para revisar todas as alterações propostas para a acb, aprovar as propostas (ou rejeitá-las) e, em seguida, descobrir o melhor momento para implementá-las. Esse grupo era conhecido, informalmente, como "DB Cabal" e era formado por três executivos seniores – o CTO, o chefe da equipe de administração de banco de dados e o chefe da equipe de dados.

Os revisores do grupo protegiam o acb e fizeram um bom trabalho na supervisão desse importante ativo da empresa. Qualquer um que quisesse fazer alguma alteração no acb teria que passar por uma revisão intimidante, embora bem-intencionada. Dado o estado de confusão em nossa arquitetura técnica, os riscos eram imensos e muitas coisas poderiam dar errado, então precisávamos desses guardiões hábeis e cautelosos.

Para obter a aprovação deles, você teria que demonstrar que a mudança proposta era de baixo risco, o design era sólido e o esforço valia a pena. No final da revisão, o grupo Cabal poderia aprovar o pedido ou exigir algumas alterações. Neste último caso, você teria que fazer as modificações, voltar para a fila e retornar para outra revisão. O tempo do ciclo era absurdamente lento, já que o órgão de revisão geralmente se reunia apenas algumas vezes por mês, e porque havia muitos outros grupos na fila esperando por suas próprias modificações.

O projeto foi lançado com sucesso. Mas percebi que, nas áreas em que tínhamos maior controle sobre nosso destino – ou seja, nos relatórios, contabilidade e nas alterações de pagamento, bem como no plano de marketing –, fomos capazes de agir com rapidez. E nas áreas onde tivemos que fazer pequenas alterações em Obidos e acb, avançamos muito lentamente. Por que isso acontece? Dependências.

As variações nas dependências técnicas são infinitas, mas cada uma acaba amarrando as equipes, transformando uma corrida rápida em uma corrida de sacos, em que apenas os que desenvolverem maior coordenação cruzarão a linha de chegada. Quando uma arquitetura de software inclui um grande número de dependências técnicas, diz-se que ela está *fortemente acoplada*, algo ruim que frustra todos os envolvidos quando se está tentando dobrar ou triplicar o tamanho da equipe de software. O código da Amazon foi projetado de tal forma que foi se tornando mais fortemente acoplado com o passar do tempo.

DEPENDÊNCIAS ORGANIZACIONAIS

Dessa maneira, a dependência entre as partes acabou gerando trabalho extra, forçando as equipes a trabalhar arduamente com pessoas de diferentes níveis na organização para garantir a aprovação, priorização e alocação de recursos compartilhados necessários para a entrega de um projeto. Essas dependências organizacionais eram tão debilitantes quanto as técnicas.

O organograma havia aumentado à medida que criávamos equipes para cada nova categoria de produto, localização geográfica e função (por exemplo, Eletrônicos, Amazon Japão, Design Gráfico). Quando a empresa era menor, você podia pedir ajuda ou resolver possíveis conflitos apenas perguntando – todos geralmente se conheciam muito bem. Em grande escala, a mesma tarefa tornou-se longa e trabalhosa. Você teria que descobrir com quem precisava falar, se o escritório deles ficava no seu prédio e a quem eles se reportavam. Talvez você mesmo pudesse rastreá-los, mas com frequência teria que perguntar ao seu gerente, que por sua vez perguntaria aos gerentes deles ou seus colegas – e cada um desses passos levava tempo. Isso o conectaria com alguma pessoa (ou seu gerente) a quem você pediria para ouvir seu argumento e indicar recursos para o projeto. Muitas vezes, esses funcionários estariam fazendo a mesma coisa, ao mesmo tempo, para seus próprios projetos. De qualquer forma, eles poderiam relutar em diminuir a velocidade de seus projetos para ajudá-lo. Você frequentemente teria que fazer a mesma coisa diversas vezes para determinado projeto, e muitas vezes sem sucesso.

Se sua equipe tivesse os recursos de que outras pessoas precisavam, esses pedidos também poderiam chegar até você – às vezes, vários na mesma semana. Você teria que equilibrar cada uma dessas demandas com suas prioridades prévias e, em seguida, decidir quais (se houvesse) poderia ajudar com base em seu próprio julgamento sobre a necessidade. Para se ter uma noção do quanto essas dependências organizacionais estavam retardando os projetos da Amazon, é preciso multiplicar esse esforço por cinco ou dez vezes. Assim como nosso software, muitas de nossas estruturas organizacionais haviam se tornado bastante dependentes e estavam nos atrapalhando.

O excesso de qualquer tipo de dependência não apenas diminui o ritmo da inovação, mas também cria um efeito desanimador de segunda ordem: equipes sem poder de decisão. Quando uma equipe recebe a tarefa de resolver um problema específico e é julgada por sua solução, ela deve contar com as ferramentas e a autoridade para concluir o trabalho. O sucesso deve ser uma fonte de orgulho para a equipe. Mas a arquitetura de software e a estrutura organizacional da Amazon altamente dependente muitas vezes faziam com que os proprietários ficassem muito dependentes de equipes externas, sobre as quais tinham pouca influência. Poucas equipes estavam totalmente no controle de seu próprio destino, e muitas ficavam frustradas com o ritmo lento de resolução que estava além de seu controle. Trabalhadores sem autoridade ficavam cada vez mais desencorajados, incapazes de buscar ideias inovadoras diante de tanta resistência estrutural.

UMA MELHOR COORDENAÇÃO NÃO ERA A RESPOSTA CERTA

Resolver uma dependência geralmente requer coordenação e comunicação. E quando suas dependências continuam crescendo, exigindo cada vez mais coordenação, é natural tentar acelerar as coisas melhorando a comunicação. Existem inúmeras abordagens para gerenciar a coordenação entre equipes, desde práticas formalizadas até a contratação de coordenadores dedicados a isso – e parece que examinamos todas elas.

Por fim, percebemos que toda essa comunicação entre as equipes não precisava de nenhum refinamento – precisava ser eliminada. Onde está escrito que todo projeto deve envolver tantas entidades separadas? A questão não era apenas que tivéssemos a solução errada em mente. Em vez disso, estávamos tentando resolver o problema errado. Ainda não tínhamos encontrado uma solução, mas finalmente entendemos qual era o problema: o custo cada vez maior de coordenação entre as equipes. Essa mudança em nosso pensamento foi, obviamente, incentivada por Jeff. Em meu período na Amazon, eu o ouvi dizer muitas vezes que, se quiséssemos que a Amazon fosse um lugar onde os construtores pudessem construir, precisávamos eliminar a comunicação, não a incentivar. Quando você enxerga uma comunicação eficaz entre grupos como um "defeito", as soluções para seus problemas começam a parecer bem diferentes das tradicionais. Jeff sugeriu que cada equipe de software deveria criar e documentar claramente um conjunto de interfaces de programas de aplicativos (APIs) para todos os seus sistemas/serviços. Uma API é um conjunto de rotinas, protocolos e ferramentas para criar aplicativos de software e definir como os componentes de software devem interagir. Em outras palavras, a visão de Jeff era que precisávamos nos concentrar na interação pouco dependente por meio de máquinas e APIs bem definidas, e não na forma tradicional por meio de e-mails e reuniões. Isso liberaria cada equipe para agir de forma autônoma e se mover com mais rapidez.

NPI: UMA RESPOSTA ÀS DEPENDÊNCIAS ORGANIZACIONAIS

Enquanto isso, não nos faltaram boas ideias de negócios. Na verdade, tínhamos muito mais ideias do que podíamos apoiar ou executar – só era possível assumir alguns projetos grandes a cada trimestre. Tentar priorizar quais ideias executar nos deixava loucos. Era preciso encontrar uma maneira de garantir que nossos recursos escassos, que consistiam principalmente nas equipes de engenharia de software, estivessem trabalhando nas iniciativas que causariam o maior impacto nos negócios.

Isso deu origem a um processo denominado New Project Initiatives (NPI, novas iniciativas de produtos), cuja função era buscar a prioridade global dos projetos. Global não no sentido de expansão geográfica, mas sim na comparação de todos os projetos pendentes para decidir quais estavam aptos a serem executados imediatamente e quais poderiam esperar. Essa priorização global provou ser algo muito difícil. O que é mais importante? Lançar um projeto de redução de custos para centros de distribuição, adicionar um recurso que pode impulsionar as vendas na categoria de vestuário ou eliminar codificações de software antigas, das quais não podemos prescindir, para estender sua vida útil? Havia muitas incógnitas e tantas projeções de longo prazo para comparar. Poderíamos ter certeza do alcance da economia de custos? Saberíamos quanto as vendas poderiam aumentar com a adição de um novo recurso? Como poderíamos estimar o retorno financeiro da reestruturação de um código ou o custo de um número desconhecido de interrupções se o código antigo começasse a falhar? Cada projeto trazia riscos próprios, e a maioria competia pelo mesmo conjunto de recursos escassos.

FAZENDO UM RANKING DAS NOSSAS OPÇÕES

NPI era nossa melhor solução na época para classificar nossas opções de projetos de forma inteligente e escolher os principais. Ninguém gostou disso, mas era um mal necessário dentro da nossa organização na época.

O NPI funcionava da seguinte maneira: uma vez a cada trimestre, as equipes apresentavam projetos que consideravam valiosos e que exigiriam recursos de fora da própria equipe – o que basicamente significava quase todos os projetos de tamanho razoável. Demorava um pouco para preparar e enviar uma solicitação de NPI. Você precisava escrever "uma página", um resumo escrito da ideia, com a estimativa inicial de quais equipes seriam afetadas, um modelo de adoção do consumidor, se aplicável, um P&L (demonstrativo de lucros e perdas) e uma explicação de por que era estrategicamente importante para a Amazon apoiar essa iniciativa de imediato. Apenas para propor a ideia era necessário um empreendimento com uso intensivo de recursos.

Um pequeno grupo examinaria todos os envios de NPI. Um projeto poderia ser cortado na primeira rodada se não fosse bem explicado, não atendesse a uma meta principal da empresa, não apresentasse uma relação custo/benefício aceitável ou, obviamente, se não passasse na avaliação. As ideias mais promissoras passariam para uma próxima rodada com análises técnica e financeira mais detalhadas. Essa etapa normalmente acontecia em tempo real em uma sala de reuniões onde um líder de cada área principal poderia revisar o envio do projeto, fazer quaisquer perguntas de esclarecimento e fornecer uma estimativa de quantos recursos de sua área seriam necessários para concluir o projeto. Normalmente, trinta ou quarenta participantes estavam presentes para revisar uma lista completa de projetos, o que significava reuniões muito, muito longas – eca!

Posteriormente, um grupo NPI menor ajustaria as estimativas de recursos e retorno e, em seguida, decidiria quais projetos realmente seguiriam adiante. Após o encontro do grupo, cada líder de equipe de projeto receberia um e-mail sobre a submissão, que poderia vir de três modos. Do melhor ao pior, poderiam ser:

"Meus parabéns, seu projeto foi aprovado! As outras equipes de que precisa para ajudar a concluir seu projeto também estão prontas para começar."

"A má notícia é que seu projeto não foi escolhido, mas a boa notícia é que nenhum dos projetos NPI aprovados necessita de sua ajuda."

"Lamentamos que nenhum de seus projetos tenha sido aprovado, e, provavelmente, você estava contando com eles para atingir as metas de sua equipe. No entanto, existem projetos NPI aprovados para outras equipes que exigem recursos de sua equipe. Você deve alocar uma equipe completa para esses projetos NPI antes de recrutá-los para qualquer um de seus projetos internos. Boa sorte."

Escolhendo nossas prioridades

Muitos projetos NPI foram apresentados com estimativas vagas – ou seja, uma ampla gama inútil de custos potenciais e de retorno previsto. "Prevemos que esse projeto gerará algo entre US$ 4 milhões e US$ 20 milhões e que necessite de vinte a quarenta pessoas por mês para ser desenvolvido." Não é fácil comparar projetos com estimativas assim.

A tarefa mais difícil para muitas equipes de projeto era prever com precisão o comportamento do consumidor. Por vezes seguidas, aprendemos que os consumidores se comportavam de maneiras totalmente inesperadas em relação ao que havíamos imaginado durante a fase de desenvolvimento – sobretudo em relação a recursos ou produtos totalmente novos. Mesmo os modelos mais rigorosos usados para prever a aceitação do consumidor poderiam estar errados, levando a debates longos e acalorados que pareciam nunca chegar a uma conclusão. (Veja, por exemplo, a história do Fire Phone na introdução à Parte 2. Não foi como se pensássemos: "Aqui está um fracasso, mas vamos lançá-lo de qualquer maneira". Tínhamos grandes expectativas para esse produto no qual investimos muito tempo e dinheiro!)

Em um esforço para melhorar nossas previsões, estabelecemos um ciclo de feedback para medir o quanto as estimativas de uma equipe correspondiam aos resultados finais, adicionando mais um nível de controle. Jeff Wilke recolheu cópias em papel das propostas aprovadas pelo NPI para que pudesse comparar as previsões com os resultados reais mais tarde. A transparência e a prestação de contas ajudaram a trazer as estimativas da equipe para mais perto da realidade, mas no final não foi o suficiente. Poderia se passar um ano ou mais entre a primeira apresentação e os resultados mensuráveis, o que é muito tempo para saber quais ajustes são necessários.

Em resumo, o processo NPI não foi um sucesso. Se você mencionar o NPI para qualquer amazoniano que passou por esse processo, é provável que ele faça uma careta e talvez conte uma ou duas histórias de aversão. Às vezes você dava sorte, seu projeto era aprovado e podia seguir em frente sem problemas. Porém, muitas vezes, seus planos iam por água abaixo. Em vez de realizar algum trabalho importante em um projeto próprio, você seria realocado para apoiar o projeto de outra equipe enquanto ainda cuidava de todas as suas obrigações normais. "Ser pego pelo NPI", como dizíamos, significava que sua equipe estava literalmente trabalhando a mais por nada.

O processo NPI estava diminuindo o estado de ânimo dos funcionários. Mas descobrir como "elevá-lo" não é uma ideia muito difundida na Amazon. Outras empresas têm projetos e grupos que visam aumentar o estado de ânimo dos colaboradores, com nomes como "Clube de diversão" e "Comitê de cultura". Essa questão é vista como um problema a ser resolvido por meio de entretenimento patrocinado pela empresa e interação social. A abordagem da Amazon em relação ao estado de ânimo era no sentido de atrair os maiores talentos para inovar e criar produtos que encantassem os clientes – e não se pode fazer isso se a cada trimestre algum processo anônimo como o NPI impossibilita a concretização das suas melhores ideias.

No Capítulo 6, discutiremos a crença da Amazon de que focar sua atenção em métricas de entrada controláveis, em vez de métricas de saída, leva a um crescimento significativo. O estado de ânimo, em certo sentido, é uma métrica de saída, enquanto a liberdade de inventar e construir é uma métrica de entrada. Se você eliminar os obstáculos a um empreendimento, a confiança da equipe tomará conta de si mesma.

Nossa pergunta era: "Como faremos isso?". Não é que os participantes do NPI – ou da DB Cabal para essa questão – careciam de profissionalismo ou tinham motivos nefastos. Todos eram pessoas incríveis, talentosas e trabalhadoras, que lutavam fortemente contra o alto grau de dependência dentro da empresa. Se você se depara com um desafio que cresce exponencialmente, enfrentá-lo de frente com força igual, mas oposta, apenas o prende a um custo crescente também exponencial – uma estratégia sem saída. Precisávamos encontrar uma maneira de conter a maré de desafios, e, finalmente, percebemos que a maneira mais eficaz de fazer isso era reconhecer que nossas suposições estavam incorretas. No final das contas, a Amazon inventou uma maneira de contornar o problema, eliminando as dependências na fonte.

PRIMEIRA SOLUÇÃO PROPOSTA: EQUIPE DE DUAS PIZZAS

Ao perceber que nossas melhores soluções de curto prazo não seriam suficientes, Jeff propôs que, em vez de encontrar maneiras novas e melhores de gerenciar as dependências, descobríssemos como removê-las. Isso poderia ser feito, disse ele, reorganizando os engenheiros de software em equipes menores que seriam essencialmente autônomas, conectadas frouxamente a outras equipes e apenas quando fosse necessário. Essas equipes independentes poderiam fazer seu trabalho em paralelo. Em vez de coordenar melhor, elas poderiam coordenar menos e criar mais.

Agora vem a parte difícil – como exatamente poderíamos implementar tal mudança? Jeff designou o CIO, "Rick Dalzell", para descobrir como fazê-lo. Rick solicitou ideias de pessoas de toda a empresa e as sintetizou, depois voltou com um modelo claramente definido, sobre o qual as pessoas falariam nos anos seguintes: a *equipe de duas pizzas*, assim chamada porque as equipes não seriam maiores do que o número de pessoas que poderia ser alimentado por duas pizzas grandes. Com centenas de equipes de duas pizzas finalmente montadas, Rick acreditava que iríamos inovar em um ritmo frenético. O experimento começaria na organização de desenvolvimento de produto e, se funcionasse, se espalharia por toda a empresa. Ele expôs as definições do projeto, fluxo de trabalho e gerenciamento da seguinte maneira:

Uma equipe de duas pizzas deveria:

- **Ser pequena.** Não ter mais do que dez pessoas.
- **Ser autônoma.** Eles não devem ter necessidade de coordenar-se com outras equipes para fazer seu trabalho. Com a nova arquitetura de software baseada em serviço em vigor, qualquer equipe poderia simplesmente consultar as interfaces de programação de

Obsessão pelo cliente

aplicativos (APIs) publicadas para outras equipes. (Falaremos mais sobre a nova arquitetura de software a seguir.)
- **Ser avaliada por uma categoria bem definida de "função de adequação".** Essa é a soma de uma série de métricas. Por exemplo: uma equipe encarregada de adicionar seleções em determinada categoria de produto pode ser avaliada em:
  a. Quantos novos itens distintos foram adicionados no período (50% de relevância)
  b. Quantas unidades desses novos itens distintos foram vendidas (30% de relevância)
  c. Quantas visualizações de página esses itens distintos receberam (20% de relevância)
- **Ser monitorada em tempo real.** A pontuação em tempo real de uma equipe em sua função de adequação seria exibida em um painel ao lado de todas as pontuações das demais equipes de duas pizzas.
- **Ser a proprietária do negócio.** A equipe será responsável por todos os aspectos de sua área de foco, incluindo design, tecnologia e resultados de negócios. Essa mudança de paradigma elimina as desculpas que muitas vezes ouvimos, como "Nós fizemos o que o pessoal da empresa nos pediu, eles apenas pediram o produto errado" ou "Se a equipe de tecnologia tivesse realmente entregado o que pedimos e fizemos pontualmente, teríamos atingido a nossa meta".
- **Ser conduzida por um líder multidisciplinar.** O líder deve ter profundo conhecimento técnico, saber como contratar engenheiros de software e gerentes de produto de primeira classe e ter um excelente tino comercial.
- **Ser autossuficiente.** O trabalho da equipe deve se pagar.

- **Ser aprovada antecipadamente pelo S-Team.** O S-Team deve aprovar a formação de cada equipe de duas pizzas.

Como acontece com qualquer grande inovação na Amazon, esse plano foi apenas o começo. Alguns de seus princípios resistiram, alguns evoluíram e alguns foram eliminados com o passar dos anos. As adaptações mais importantes serão exploradas aqui com mais detalhes.

Derrubando monólitos

"Seja autônomo." Parece simples, não é? Na verdade, seria difícil descrever o esforço necessário para libertar essas equipes das restrições que as tornavam tão dependentes no início. O esforço exigiria grandes mudanças na maneira como escrevemos, criamos, testamos e implantamos nosso software, como armazenamos nossos dados e como monitoramos os sistemas para mantê-los funcionando 24 horas por dia, sete dias por semana. Os detalhes são muitos e interessantes à sua própria maneira, mas a maioria escapa ao alcance deste livro. No entanto, vale a pena relatar um grande esforço com alguns detalhes, porque foi vital e extremamente difícil de ser realizado.

Enquanto as equipes de duas pizzas substituíram uma única grande organização por algo mais rápido e flexível, uma reorganização comparável seria necessária em grande parte da arquitetura de software da Amazon para que fosse possível alcançar o objetivo de autonomia visualizado por Rick. Em uma entrevista de 2006 para Jim Gray, o CTO da Amazon, Werner Vogels, relembrou outro momento divisor de águas:

> Passamos por um período de grande introspecção e concluímos que uma arquitetura orientada aos serviços nos daria o nível de isolamento que permitiria construir muitos compo-

nentes de software de forma rápida e independente. A propósito, isso foi muito antes de "orientado a serviços" se tornar um termo da moda. Para nós, orientação a serviços significa sintetizar os dados com a lógica de negócios que os opera, com um único acesso por meio de uma interface de serviço publicada. Nenhum acesso direto ao banco de dados é permitido de fora do serviço e não há compartilhamento de dados entre os serviços.[16]

Isso pode ser um tanto complexo para quem não trabalha com engenharia de softwares, mas a ideia básica é a seguinte: se várias equipes têm acesso direto a um bloco compartilhado de código de software ou a alguma parte de um banco de dados, todos acabam ficando mais lentos. Seja porque têm permissão para alterar a forma como o código funciona, alterar a forma como os dados são organizados ou simplesmente criar algo que use o código ou os dados compartilhados, todos estarão em risco se alguém fizer uma alteração. Gerenciar esse risco requer muito tempo gasto em coordenação. A solução é encapsular o código, isto é, atribuir a posse de determinado bloco do código ou de parte de uma base de dados a uma equipe. Qualquer outra pessoa que queira algo daquela área isolada deve fazer uma solicitação de serviço bem documentada por meio de uma API.[17]

Pense nisso como um restaurante. Se você estiver com fome, você não entra na cozinha e pega o quer. Você pede para olhar o cardápio e então escolhe o seu pedido. Se você quiser algo que não está nesse menu, você pode perguntar ao garçom, que irá transmitir o pedido ao

---

16. Jim Gray, "A Conversation with Werner Vogels", *acmqueue* 4, no. 4 (30 de junho de 2006), https://queue.acm.org/detail.cfm?id=1142065.
17. Tom Killalea, "Velocity in Software Engineering", *acmqueue* 17, no. 3 (29 de julho de 2019), https://queue.acm.org/detail.cfm?id=3352692.

cozinheiro. Mas não há nenhuma garantia de que você conseguirá o que quer. O que acontece dentro da área restrita em questão está nas mãos da equipe que a controla, contanto que eles não alterem a forma como as informações podem ser trocadas. Se alguma alteração for necessária, os proprietários publicam um conjunto revisado de regras – um novo menu, se preferir –, e todos aqueles que dependem delas são notificados.

Esse novo sistema foi um grande avanço em relação ao vale-tudo de antes. Para os propósitos deste livro, basta dizer que implementar essa melhoria significou substituir Obidos, acb e muitas outras peças-chave de nossa infraestrutura de software, peça por peça, ao mesmo tempo que tocávamos os negócios sem descanso. Isso exigiu um grande investimento em recursos de desenvolvimento, planejamento de arquitetura de sistemas e muito cuidado para garantir que o monólito continuasse de pé até que sua última função fosse substituída por outro serviço. A regeneração contínua da maneira como criamos e implantamos a tecnologia foi uma aposta ousada, um investimento caro que se estendeu por vários anos de trabalho intenso e delicado.

Hoje as vantagens de uma arquitetura baseada em microsserviços são bem compreendidas, e essa abordagem foi adotada por muitas empresas de tecnologia. Os benefícios incluem maior agilidade, produtividade do desenvolvedor, escalabilidade e uma melhor capacidade de resolver e se recuperar de quedas e falhas. Além disso, com os microsserviços, torna-se possível estabelecer equipes pequenas e autônomas que podem assumir um nível de propriedade sobre seu código que não seria possível com uma abordagem monolítica. A mudança para microsserviços removeu os grilhões que impediam as equipes de software da Amazon de se moverem rapidamente e possibilitou a transição para equipes pequenas e autônomas.

As primeiras equipes autônomas

As equipes autônomas foram criadas para privilegiar a velocidade. Quando estão alinhadas em direção a um destino comum, podem percorrer um longo caminho em pouco tempo. Mas, quando estão mal alinhadas, podem se desviar do curso com a mesma rapidez. Portanto, elas precisam caminhar na direção certa e ter ferramentas para corrigir o curso rapidamente quando necessário. É por isso que, antes da aprovação de qualquer equipe de duas pizzas, era preciso se reunir com Jeff e seu gerente S-Team – com frequência mais de uma vez – para discutir a composição da equipe, o estatuto e a função de adequação.

Por exemplo, a equipe de planejamento de estoque deveria se reunir com Jeff, Jeff Wilke e comigo para garantir que eles atendessem aos seguintes critérios:

1. A equipe deve ter um propósito bem definido. Por exemplo, a equipe pretende responder à pergunta: "Quanto de um determinado produto a Amazon deve ter em estoque e quando devemos comprá-lo?".
2. Os limites de propriedade devem ser bem compreendidos. Por exemplo, a equipe pergunta à equipe de previsão qual será a demanda de determinado produto em determinado momento, e, em seguida, usa a resposta como uma sugestão para tomar uma decisão de compra.
3. As métricas usadas para medir o progresso são um consenso. Por exemplo, páginas de produtos em estoque divididas pelo total de páginas de produtos dariam um total de 60%. E o custo de manutenção de estoque, um total de 40%.

É importante ressaltar que os detalhes de como a equipe proposta atingiria seu objetivo não seriam discutidos na reunião. Isso era responsabilidade da própria equipe.

Essas reuniões eram um exemplo clássico do princípio de liderança "Vá fundo" (*Dive Deep*). Participei de todas as reuniões de alinhamento de função de adequação para o primeiro conjunto de equipes de duas pizzas, que avaliaram itens como previsão, avaliações do cliente e ferramentas de atendimento ao cliente. Questionamos todas as métricas de todos os ângulos, sondando como esses dados seriam coletados e como os resultados seriam usados para conduzir a equipe com precisão em direção a seus objetivos. Esses encontros estabeleciam claramente as expectativas e confirmavam a prontidão da equipe. Tão importante quanto, os encontros também geraram confiança entre Jeff e a nova equipe, reforçando sua autonomia – e, portanto, sua velocidade.

Começamos com um pequeno número de equipes de duas pizzas para que pudéssemos entender o que funcionava melhor e refinar o modelo antes de uma adoção generalizada. Uma lição importante ficou evidente: cada equipe começou com sua própria parcela de dependências que as atrapalharam até serem eliminadas, e eliminar dependências era um trabalho árduo com pouco ou nenhum retorno imediato. As equipes mais bem-sucedidas investiram bastante tempo na eliminação de dependências e na construção da "instrumentação" – nosso termo para a infraestrutura usada para medir todas as ações importantes – antes de começarem a inovar, ou seja, adicionar novos recursos.

Por exemplo, a equipe de Seleção tinha um software que direcionava os funcionários nos centros de distribuição para encontrar itens nas prateleiras. Eles passaram grande parte de seus primeiros nove meses identificando e removendo sistematicamente dependências de áreas upstream, como recebimento de estoque de fornecedores, e áreas downstream, como embalagem e remessa. Eles também criaram sistemas para rastrear cada evento importante que acontecia em sua área de maneira detalhada e em tempo real. Seus resultados de negócios não melhoraram muito enquanto trabalhavam nisso, mas, depois que removeram dependências, desenvolveram sua função de adequação e instrumentalizaram os sistemas, tornaram-se um exemplo de quão rápido uma equipe de duas pizzas poderia inovar e entregar resultados. Eles se tornaram defensores dessa nova forma de trabalhar.

No entanto, outras equipes deixaram de lado o trabalho nada glamoroso de remover suas dependências e instrumentalizar seus sistemas. Em vez disso, se concentraram cedo demais no trabalho mais sofisticado de desenvolver novos recursos, o que lhes permitiu fazer algum progresso inicial satisfatório. Entretanto, as dependências permaneceram, e a contínua resistência logo se tornou aparente conforme as equipes perdiam velocidade.

Uma equipe de duas pizzas bem equipada tinha outro benefício poderoso. Ela tinha facilidade para fazer correções de curso — detectando e corrigindo erros à medida que surgiam. Na carta aos acionistas de 2016, embora ele não estivesse falando explicitamente sobre equipes de duas pizzas, Jeff sugeriu que "a maioria das decisões provavelmente deve ser feita com algo em torno de 70% das informações que você gostaria de ter. Se você esperar até ter 90%, na maioria dos casos, provavelmente está sendo muito lento. Além disso, de qualquer forma, você precisa ter a habilidade de reconhecer e corrigir más decisões rapidamente. Se você souber corrigir o curso da situação, errar pode custar menos do que imagina, ao passo que a lentidão certamente terá um alto custo".[18]

---

18. Jeff Bezos, "Carta aos acionistas", 2016, Day One, https://www.sec.gov/Archives/edgar/data/1018724/000119312517120198/d373368dex991.htm.

Bons exemplos como o da equipe de Seleção demonstram como o pensamento de longo prazo, na forma de seus investimentos iniciais, gerou retornos maiores com o passar do tempo. As equipes posteriores seguiram esse exemplo. Às vezes, é melhor começar devagar para depois acelerar.

Embora seja fácil confiar que uma série de equipes autônomas, frouxamente acopladas, sempre faria as melhores escolhas táticas para atingir os objetivos estratégicos da empresa, isso às vezes pode ser uma ilusão – mesmo se tratando das melhores equipes. O processo OP1 que descrevemos no Capítulo 1 ainda moldava a autonomia dessas equipes alinhando-as com a estratégia da empresa, dando-lhes uma orientação inicial para as metas anuais.

E percebemos que outros limites à autonomia também precisariam permanecer, com cada equipe ainda ligada às outras por vários níveis de dependência. Enquanto cada equipe de duas pizzas elaborava sua própria visão de produto e roteiro de desenvolvimento, dependências inevitáveis podiam surgir na forma de projetos multifuncionais ou iniciativas de cima para baixo que abrangiam várias equipes. Por exemplo, uma equipe de duas pizzas que trabalha em algoritmos de separação para os centros de distribuição também pode ser chamada para ajudar com a robótica que está sendo implementada para mover produtos nos depósitos.

Achamos útil pensar nesses projetos multifuncionais como uma espécie de imposto, um pagamento que uma equipe deveria fazer para apoiar o progresso geral da empresa. Tentamos minimizar essas intromissões, mas não é possível evitá-las completamente. Algumas equipes, não por culpa própria, acabam pagando mais impostos do que outras. As equipes de Pedidos e Pagamentos, por exemplo, tiveram que se envolver em quase todas as novas iniciativas, mesmo que isso não estivesse descrito em seus estatutos originais.

ALGUNS DESAFIOS AINDA PERMANECERAM

As equipes de duas pizzas eram um tópico muito discutido na Amazon, mas, conforme definido originalmente, elas não se espalharam pela empresa da mesma forma que algumas outras novas ideias. Embora tenham demonstrado grande potencial para melhorar a forma como a Amazon trabalhava, elas também exibiram algumas deficiências que limitaram seu sucesso e aplicabilidade mais ampla.

Equipes de duas pizzas funcionavam melhor no desenvolvimento de produtos

Não tínhamos certeza de até onde levar o conceito de equipe de duas pizzas, e, no início, ele foi planejado apenas como uma reorganização do desenvolvimento de produto. Observando seu sucesso inicial em acelerar a inovação, nos perguntamos se ele também poderia funcionar no varejo, jurídico, RH e outras áreas. A resposta acabou sendo não, porque essas áreas não sofriam com as dependências que impediam o desenvolvimento de produtos na Amazon. Portanto, implementar equipes de duas pizzas nessas organizações não aumentaria a velocidade.

As funções de adequação eram realmente piores do que suas métricas de componentes

As equipes de duas pizzas foram criadas para aumentar a velocidade de desenvolvimento de produtos, com funções de adequação personalizadas servindo como componente direcional da velocidade de cada equipe. Ao colocar cada equipe na direção certa e alertá-las antecipadamente caso se desviassem do curso, as funções de adequação deveriam alinhar a equipe exclusivamente com seus objetivos. Nós as testamos por mais de um ano, mas as funções de adequação não cumpriram o que prometeram por alguns motivos importantes.

Primeiro, as equipes gastaram muito tempo lutando para criar a função de adequação mais apropriada. A fórmula deve ser 50% para a métrica A, mais 30% para a métrica B, mais 20% para a métrica C? Ou deveria ser 45% para a métrica A, mais 40% para a métrica B, mais 15% para a métrica C? Você pode imaginar como é fácil se perder nesses debates. As discussões se tornaram menos úteis e, em última análise, mais dispersas – apenas mais uma discussão sem fim.

Em segundo lugar, algumas dessas funções excessivamente complicadas combinavam sete ou mais métricas, algumas das quais eram números compostos desenvolvidos a partir de suas próprias submétricas. Quando representados graficamente ao longo do tempo, eles poderiam descrever uma linha de tendência que subia para a direita. Mas o que isso significava? Que era impossível discernir o que a equipe estava fazendo certo (ou errado) e como deveria reagir à tendência. Além disso, os pesos relativos poderiam mudar com o tempo, à medida que as condições de negócios mudassem, obscurecendo as tendências por completo.

Por fim, voltaríamos a confiar diretamente nas métricas subjacentes, em vez de na função de adequação. Depois de experimentar durante muitos meses com muitas equipes, percebemos que, contanto que fizéssemos o trabalho inicial para acertar as métricas específicas para cada equipe e concordássemos com as metas específicas para cada métrica de entrada, isso seria suficiente para garantir que a equipe iria se mover na direção certa. Combiná-las em um único indicador unificador foi uma ideia muito inteligente que simplesmente não funcionou.

Grandes líderes de equipe de duas pizzas são uma raridade

A ideia original era criar várias pequenas equipes, cada uma sob o comando de um gerente experiente e multidisciplinar, organizadas em um organograma hierárquico tradicional. O gerente se sentiria à vontade para atuar em áreas que variavam desde desafios técnicos até modelagem financeira e desempenho de negócios. Embora tenhamos identificado alguns desses gerentes brilhantes, eles se mostraram notoriamente difíceis de encontrar em número suficiente, mesmo na Amazon. Isso limitou muito o número de equipes de duas pizzas que poderíamos efetivamente implantar, a menos que relaxássemos a restrição de forçar as equipes a se reportarem diretamente a esses líderes raros.

Em vez disso, descobrimos que as equipes de duas pizzas também poderiam operar com sucesso em um modelo de organização matricial, em que cada membro da equipe teria um relacionamento de subordinação sólida a um gerente funcional que correspondesse à descrição de seu cargo – por exemplo, diretor de desenvolvimento de software ou diretor de gerenciamento de produtos – e um relacionamento de subordinação mais tênue com o gerente de sua equipe de duas pizzas. Isso significava que os gerentes individuais das equipes poderiam liderar com sucesso mesmo sem experiência prévia em todas as disciplinas exigidas por sua equipe. Essa matriz funcional acabou se tornando a estrutura mais comum, embora cada equipe ainda concebesse suas próprias estratégias para escolher e priorizar seus projetos.

Às vezes você precisa de mais de duas pizzas

Todos concordavam desde o início que uma equipe menor funcionaria melhor do que uma equipe maior. Mais tarde, porém, percebemos que o maior preditor do sucesso de uma equipe não era o seu tamanho, mas se tinha um líder com habilidade, autoridade e experiência necessárias para formar e gerenciar uma equipe cujo único foco era entregar o trabalho feito.

Agora livre de seus limites de tamanho iniciais, a equipe de duas pizzas precisava claramente de um novo nome. Não tínhamos nada atraente em mente, então, a partir do nosso universo geek, escolhemos o termo da ciência da computação "single-threaded", o que significa que você só trabalha em uma coisa de cada vez. Assim, nasceram os "líderes de segmento único" e as "equipes separáveis e de segmento único".

MAIOR E MELHOR AINDA – O LÍDER DE SEGMENTO ÚNICO

Mesmo que o modelo de equipes de duas pizzas não tenha se enraizado tão rapidamente quanto tínhamos planejado, nem se espalhado pela organização tanto quanto esperávamos, o experimento mostrou ser suficientemente promissor para que Jeff e o S-Team tivessem paciência e disciplina para perseverar. Aprendemos à medida que avançávamos, adaptando e refinando a ideia de equipes de duas pizzas até que, no final, tínhamos algo muito mais eficaz.

O que foi originalmente conhecido como um líder de equipe de duas pizzas (2PTL) evoluiu para o que agora é conhecido como líder de segmento único (STL). O STL estende o modelo básico de equipes separáveis para entregar seus principais benefícios em qualquer escala exigida pelo projeto. Hoje, apesar do sucesso inicial, poucas pessoas na Amazon ainda falam sobre equipes de duas pizzas.

Dizemos que o STL é maior e melhor, mas melhor que o quê? Sem dúvida é uma versão melhorada da equipe de duas pizzas, da qual evoluiu, mas é melhor do que outras alternativas também? Para responder a essa pergunta, vamos analisar uma abordagem mais comum para desenvolver algo novo.

Normalmente, um executivo, designado para conduzir alguma inovação ou iniciativa, recorreria a um de seus subordinados – possivelmente um diretor ou gerente sênior – que poderia ser responsável por cinco das 26 iniciativas totais daquele executivo. O executivo pediria ao diretor que identificasse um desses subordinados diretos – digamos, um gerente de projeto – que adicionaria o projeto à sua lista de tarefas pendentes. O gerente de projeto, por sua vez, conversaria com um diretor de engenharia para ver se uma de suas equipes de desenvolvimento poderia incluir o trabalho em sua programação de desenvolvimento. O vice-presidente de dispositivos da Amazon, Dave Limp, resumiu muito bem o que poderia acontecer a seguir: "A melhor maneira de falhar na criação de algo é fazer disso o trabalho de meio período de alguém".[19]

A Amazon aprendeu da maneira mais difícil como a falta de um líder de segmento único pode atrapalhar o lançamento de novas iniciativas. Um exemplo é o Fulfillment by Amazon (FBA). Inicialmente conhecido como Self-Service Order Fulfillment (SSOF), seu objetivo era oferecer serviços de depósito e remessa da Amazon aos comerciantes. Em vez de lidar com o estoque, a coleta, a embalagem e o envio dos produtos sozinhos, os comerciantes enviariam os produtos para a Amazon e nós cuidaríamos da logística de lá. Os executivos das equipes de varejo e operações acharam que seria uma ideia interessante, grande, mas por bem mais de um ano ela não mostrou resultados significativos. Sempre estava "chegando em breve", mas nunca realmente chegou.

Finalmente, em 2005, Jeff Wilke pediu a Tom Taylor, então vice-presidente, que abandonasse suas outras responsabilidades e deu-lhe aprovação para contratar e formar uma equipe. Só então o SSOF de-

---

19. Dyer and Gregersen, "How Does Amazon Stay at Day One?".

colou, finalmente se transformando em Fulfillment by Amazon (FBA). O FBA foi lançado em setembro de 2006 e se tornou um grande sucesso. Os vendedores terceirizados adoraram porque, ao oferecer espaço de armazenamento para seus produtos, a Amazon transformou o armazenamento em um custo variável para eles, em vez de um custo fixo. O FBA também permitiu que os vendedores terceirizados colhessem os benefícios da participar do Prime, o que, por sua vez, melhorou a experiência do cliente também. Como Jeff disse em uma carta aos acionistas: "Apenas no último trimestre de 2011, o Fulfillment by Amazon despachou dezenas de milhões de itens em nome dos vendedores".[20]

Os líderes que estavam tentando tirar esse serviço do papel antes de Tom Taylor assumi-lo eram pessoas excepcionalmente capazes, mas, enquanto estavam cuidando de todas as suas outras responsabilidades, simplesmente não tinham a capacidade necessária para gerenciar os inúmeros detalhes que o FBA implicava. O FBA teria sido, na melhor das hipóteses, muito mais lento e difícil de lançar se Jeff Wilke não tivesse autorizado Tom a se concentrar apenas nesse projeto. O conceito de líder de segmento único ainda não havia sido formalizado na Amazon, mas Tom se tornou um precursor da ideia.

O outro componente crucial do modelo STL é uma equipe *separável e de segmento único* que é dirigida por um líder de segmento único como Tom. Como Jeff Wilke explica: "Separável significa quase tão separável organizacionalmente quanto as APIs são para os softwares. De segmento único significa que eles não trabalham em nenhum outro projeto".[21]

---

20. Jeff Bezos, "Carta aos acionistas", 2011, https://www.sec.gov/Archives/edgar/data/1018724/000119312512161812/d329990dex991.htm.
21. Taylor Soper, "Leadership Advice: How Amazon Maintains Focus While Competing in So Many Industries at Once", Geek Wire, 18 de julho de 2017, https://www.geekwire.com/2017/leadership-advice-amazon-keeps-managers-focused-competing-many-industries/.

Obsessão pelo cliente

Essas equipes têm propriedade clara e inequívoca de recursos ou funcionalidades específicas e podem gerar inovações com um mínimo de dependência ou impacto sobre outras equipes. Nomear um líder de segmento único é necessário, mas não é suficiente. É muito mais do que uma simples mudança no organograma. As equipes separáveis e de segmento único têm menos dependências organizacionais do que as equipes convencionais. Elas demarcam os limites daquilo por que são responsáveis e onde os interesses de outras equipes começam e terminam. Como o ex-vice-presidente da Amazon Tom Killalea observou com propriedade, uma boa regra para ver se uma equipe tem autonomia suficiente é o momento da implementação – a equipe pode criar e implantar suas alterações sem conexão, coordenação e aprovações de outras equipes? Se a resposta for não, então uma solução é extrair um pequeno pedaço de funcionalidade que pode ser autônomo e repetir a pergunta.

Um líder de segmento único pode liderar uma pequena equipe, mas também pode liderar o desenvolvimento de algo tão grande como o Amazon Echo ou Digital Music. Por exemplo, no caso do Amazon Echo e da Alexa, não fosse pelo fato de Greg Hart, vice-presidente da Amazon, ter sido designado para ser o líder de segmento único, haveria uma pessoa responsável pelo hardware e outra responsável pelo software para todos os dispositivos – mas ninguém cujo trabalho seria criar e lançar o Amazon Echo e a Alexa como um todo. Ao contrário, um líder de segmento único do Amazon Echo e da Alexa tinha liberdade e autonomia para avaliar os novos problemas do produto que precisavam ser resolvidos, decidir de quais e quantas equipes eles precisavam, como as responsabilidades deveriam ser divididas entre as equipes e o tamanho de cada equipe. E, o que é crucial, uma vez que o problema das dependências técnicas tinha sido resolvido, o líder não precisava mais lidar com um número proibitivamente grande de pessoas a cada mudança de software que precisava fazer.

O RETORNO

Levamos algum tempo para chegar à abordagem de líderes de segmento único e equipes separáveis e de segmento único, e passamos por várias soluções ao longo do caminho que, no final das contas, não duraram muito – como NPIs e equipes de duas pizzas. Mas valeu a pena, porque nosso destino final é uma abordagem à inovação tão sólida e adaptável que perdura na Amazon até hoje. Essa jornada também é um ótimo exemplo de outra frase que você ouvirá na Amazon: seja insistente em sua visão, mas flexível nos detalhes.

O STL oferece inovação de alta velocidade, o que, por sua vez, torna a Amazon ágil e diligente, mesmo em uma escala muito maior. Livres do obstáculo de dependências excessivas, os profissionais inovadores em todos os níveis podem experimentar e inovar mais rápido, levando a produtos mais definidos e a um nível mais alto de engajamento para seus criadores. A propriedade e a responsabilidade são muito mais fáceis de estabelecer no modelo STL, mantendo as equipes devidamente focadas e alinhadas com precisão às estratégias da empresa. Embora todos esses resultados positivos fossem possíveis antes da criação da primeira equipe autônoma de segmento único, agora eles se tornaram a consequência natural e esperada desse modelo de inovação muito amazoniano.

Capítulo 4

Comunicação:
narrativas e o relatório de seis páginas

O silêncio assustador no início das reuniões da Amazon. A proibição do PowerPoint e a mudança para as narrativas. Como as narrativas produzem pensamento claro e estimulam discussões valiosas? Como escrever um relatório de seis páginas eficaz? A recompensa: o "multiplicador de informações narrativas".

* * *

Se perguntasse aos funcionários recém-contratados da Amazon sobre o que mais os surpreendeu em seu tempo na empresa até então, uma resposta certamente estaria no topo da lista: "O silêncio assustador nos primeiros vinte minutos de muitas reuniões".

Na Amazon, após uma breve troca de cumprimentos e bate-papo, todos se sentam à mesa e a sala fica completamente silenciosa. Silenciosa tipo nenhum pio. O motivo do silêncio? Um documento de seis páginas que todos devem ler antes do início da discussão.

A Amazon confia muito mais na palavra escrita para desenvolver e comunicar ideias do que a maioria das empresas, e essa diferença representa uma enorme vantagem competitiva. Neste capítulo, falaremos sobre como e por que a Amazon fez a transição do uso do PowerPoint (ou qualquer outro software de apresentação) para narrativas escritas e como isso beneficiou a empresa – e pode beneficiar a sua também.

A Amazon utiliza duas formas principais de narrativa. A primeira é conhecida como "six-pager" (seis páginas). É usada para descrever, revisar ou propor qualquer tipo de ideia, processo ou negócio. A segunda forma narrativa é o PR/FAQ. Essa narrativa está especificamente ligada ao processo Working Backwards (de trás para a frente) para desenvolvimento de novos produtos. Neste capítulo, vamos nos concentrar na narrativa de seis páginas e, no capítulo seguinte, dar uma olhada no PR/FAQ.

O FIM DO POWERPOINT NAS REUNIÕES DO S-TEAM

Uma das minhas funções (Colin) como a sombra de Jeff no início da empresa era gerenciar a agenda da reunião semanal do S-Team, que acontecia todas as terças-feiras e normalmente durava cerca de quatro horas. Cerca de 80% do tempo era dedicado à execução, ou seja, discutir como a empresa estava progredindo em relação aos objetivos do S-Team. Na reunião do S-Team, selecionávamos entre dois e quatro objetivos do S-Team para analisar profundamente seu progresso. A reunião custava caro: entre a preparação e a realização, consumia pelo menos metade de um dia de cada semana dos principais líderes da empresa. Considerando os tipos de decisões tomadas na reunião, o risco era alto.

Naquela época, cada análise profunda começaria com a equipe em discussão apresentando o status de seu trabalho em relação às metas. Normalmente, isso envolvia uma apresentação oral por um ou mais membros da equipe com o apoio de slides do PowerPoint. Muitas vezes, descobrimos, essas apresentações não serviam ao propósito a que se destinavam. O formato muitas vezes tornava difícil avaliar o progresso real e impedia que as apresentações continuassem conforme planejado. As análises profundas eram, em suma, frustrantes, ineficazes e sujeitas a erros tanto para o apresentador quanto para o público.

Jeff e eu frequentemente discutíamos maneiras de melhorar as reuniões do S-Team. Pouco depois de uma apresentação particularmente difícil no início de 2004, tivemos alguns momentos de tranquilidade em um voo de negócios (ainda sem Wi-Fi nos aviões), então lemos e discutimos um ensaio chamado *The Cognitive Style of PowerPoint: Pitching Out Corrupts Within* (O estilo cognitivo do PowerPoint: eliminando os corruptos), de Edward Tufte, um professor de Yale que era autoridade no campo de visualização de informação.[22] Tufte definiu em uma frase o problema que estávamos enfrentando: "À medida que a análise se torna mais causal, multivariada, comparativa, baseada em evidências e intensa em resolução", escreve ele, "mais prejudicial se torna a lista de marcadores". Essa descrição se enquadra em nossas discussões nas reuniões do S-Team: complexo, interconectado, exigindo muitas informações para explorar, com consequências cada vez maiores ligadas às decisões. Esse tipo de análise não se adéqua à progressão linear de slides, um estilo de apresentação que dificulta a concatenação de ideias, pedaços de texto esparsamente redigidos que não expressam uma ideia na totalidade e efeitos visuais que causam mais distração do que esclarecimento. Em vez de tornar as coisas claras e simples, o PowerPoint pode eliminar nuances importantes da discussão. Em nossas reuniões, mesmo quando um apresentador incluía informações de apoio nas anotações ou em áudio, a apresentação em PowerPoint nunca era suficiente.

---

22. Edward R. Tufte, "The Cognitive Style of PowerPoint: Pitching Out Corrupts Within", https://www.edwardtufte.com/tufte/powerpoint (acessado em 19 de maio de 2019).

Além disso, os executivos experientes e com pouco tempo a perder estavam sempre ansiosos para chegar ao cerne da questão o mais rápido possível. Eles faziam muitas perguntas ao apresentador e pressionavam para chegar ao ponto, independentemente do fluxo de slides. Às vezes, as perguntas não serviam para esclarecer um ponto ou impulsionar a apresentação, mas, em vez disso, afastavam todo o grupo da discussão principal. Ou algumas perguntas poderiam ser feitas antes da hora, sendo respondidas em um slide posterior, forçando o apresentador a repassar o mesmo assunto duas vezes.

Em seu ensaio, Tufte propôs uma solução. "Para apresentações sérias", escreveu ele, "será útil substituir os slides do PowerPoint por papéis com textos, números, gráficos de dados e imagens. Folhetos de alta resolução permitem que os leitores contextualizem, comparem, narrem e reformulem as evidências. Em contraste, exibições com pouca quantidade de dados tendem a tornar o público ignorante e passivo, bem como diminuem a credibilidade do apresentador."

Tufte ofereceu conselhos sábios sobre como começar. "Fazer essa transição em grandes organizações requer uma ordem executiva direta: *De agora em diante, o seu software de apresentação é o Microsoft Word, não o PowerPoint. Acostumem-se.*" Isso é basicamente o que fizemos.

Embora o ensaio de Tufte não tenha sido o único motivo por trás da mudança para as narrativas, ele foi uma cristalização do que pensávamos. Em 9 de junho de 2004, os membros do S-Team receberam um e-mail com o seguinte título: "A partir de agora, nenhuma apresentação de PowerPoint no S-Team".[23] A mensagem era simples, direta e surpreenden-

---

23. O texto foi retirado de uma versão redigida de um e-mail que Colin viu cerca de catorze anos depois, ao aconselhar outra empresa. Madeline Stone, "A 2004 Email from Jeff Bezos Explains Why PowerPoint Presentations Aren't Allowed at Amazon", *Business Insider*, 28 de julho de 2015, https://www.businessinsider.com/jeff-bezos-email-against-powerpoint-presentations-2015-7 (acessado em 19 de maio de 2019).

te: daquele dia em diante, os membros do S-Team seriam obrigados a escrever narrativas curtas descrevendo suas ideias para apresentação nas reuniões do S-Team. O PowerPoint foi banido desde então.

Eu (ainda Colin) enviei o e-mail – sob a orientação de Jeff, é claro, já que ele era a única pessoa na empresa que poderia decidir uma mudança tão significativa. Me senti muito bem depois de enviá-lo. Finalmente encontramos uma maneira de melhorar significativamente a eficácia das reuniões do S-Team, então achei que o e-mail seria bem recebido. Como estava enganado! O e-mail se espalhou pelo gerenciamento da Amazon, e a reação instantânea e quase universal foi basicamente: "Você deve estar brincando". Naquela noite e nos dias seguintes, recebi uma enxurrada de telefonemas e um dilúvio de e-mails perguntando sobre a mudança. As reclamações foram particularmente intensas por parte dos membros do S-Team que estavam programados para apresentar nas duas semanas seguintes. Eles tiveram que entender rapidamente o novo processo narrativo e aprender a usar com eficácia as ferramentas à sua disposição. E o destino de uma nova ideia que pode ter levado meses em desenvolvimento dependia do resultado da reunião.

Provavelmente não deveríamos ter ficado surpresos com essa reação. Até aquele dia de junho de 2004, o PowerPoint tinha sido a ferramenta padrão para a comunicação de ideias em muitas reuniões na Amazon, assim como era e ainda é em muitas empresas. Todo mundo conhecia suas dores e delícias. O que poderia ser melhor do que ouvir um executivo carismático fazer uma apresentação empolgante apoiada por frases engraçadas, clip-arts dançantes e transições de slides bacanas? E daí se você não conseguisse se lembrar dos detalhes alguns dias depois? E o que poderia ser pior do que sofrer com uma apresentação mal organizada usando um modelo monótono e um texto em uma fonte muito pequena para ler? Ou, pior ainda, contorcendo-se enquanto um apresentador nervoso tropeçava e vacilava slide após slide?

O risco real de usar o PowerPoint da maneira como fazíamos, entretanto, era o efeito que isso poderia ter na tomada de decisões. Um apresentador dinâmico poderia levar um grupo a aprovar uma ideia ruim. Uma apresentação mal organizada poderia confundir as pessoas, produzir discussões divagantes e sem foco e privar as boas ideias da apreciação séria que merecem. Uma apresentação entediante pode entorpecer o cérebro tão completamente que as pessoas desligam ou começam a verificar seus e-mails, perdendo a chance de apreciar uma boa ideia escondida sob uma voz monótona e um design pouco inspirador.

Levaria tempo até que as pessoas se acostumassem com as narrativas. Primeiro, não havia regras codificadas sobre como a narrativa deveria ser, e Jeff ofereceu uma breve explicação do motivo por trás da mudança.

> Escrever um memorando de quatro páginas é mais difícil do que "escrever" um PowerPoint de vinte páginas porque a estrutura narrativa de um bom memorando nos força a pensar melhor e a ter uma melhor compreensão do que é mais importante e como as coisas se relacionam.
>
> Apresentações no estilo PowerPoint, de alguma forma, dão permissão para encobrir ideias, nivelar qualquer senso de importância relativa e ignorar a interconexão de ideias.[24]

As primeiras narrativas eram bem precárias quando avaliadas segundo os padrões atuais. Algumas equipes ignoravam o limite de tamanho, que pretendia manter as narrativas curtas o suficiente para que pudessem ser lidas na própria reunião. Equipes entusiasmadas, que achavam que sua ideia não poderia ser expressa de forma adequada em um espaço tão limitado, chegavam com trinta ou quarenta páginas de

---

24. Ibid.

narrativa. Quando os autores entenderam que levamos a sério o limite de páginas, passaram a comprimir o máximo possível de texto em cada página, usando fontes minúsculas, reduzindo a largura das margens e colocando espaçamento simples. Queríamos ter de volta os benefícios da escrita, mas não a aparência de um documento do século 16.

Gradualmente, estabelecemos um formato padrão. Tamanho máximo: seis páginas, sem truques desesperados de formatação, por favor. Apêndices com informações adicionais ou detalhes de apoio poderiam ser anexados, mas não teriam leitura obrigatória na reunião.

COMO ESCREVER UM RELATÓRIO DE SEIS PÁGINAS EFICAZ

As narrativas de seis páginas variam muito, então, em vez de tentar criar um guia de estilo completo (impossível), escrevemos uma em um estilo que poderíamos enviar hoje, como se estivéssemos recomendando pela primeira vez o uso de narrativas em vez de PowerPoint nas reuniões do S-Team – uma narrativa de seis páginas sobre as narrativas de seis páginas. Parte disso é uma versão reduzida do que você acabou de ler, o que pode ajudá-lo a ver como espremerrmos grandes ideias no formato de uma verdadeira narrativa de seis páginas. (Observação: este exemplo caberia facilmente em seis páginas de papel tamanho carta [21,59 × 27,94 centímetros], com espaçamento simples em fonte de onze pontos, mas a reprodução neste livro pode ficar maior em virtude das diferenças de formatação.)

Caro Powerpoint: não é você, somos nós

Nosso processo de tomada de decisão simplesmente não acompanhou o rápido crescimento no tamanho e na complexidade de nossos negócios. Portanto, defendemos que, a partir de agora, não vamos mais usar o PowerPoint nas reuniões do S-Team e passaremos a usar narrativas de seis páginas.

O que há de errado em usar o PowerPoint?

As reuniões do S-Team normalmente começam com uma apresentação em PowerPoint (PP) que descreve alguma proposta ou análise de negócios para consideração. O estilo varia de equipe para equipe, mas todas compartilham as restrições impostas pelo formato PowerPoint. Não importa quão complexos ou cheios de nuances sejam os conceitos subjacentes, eles são apresentados como uma série de pequenos blocos de texto, listas curtas com marcadores, ou gráficos.

Mesmo os fãs mais fervorosos do PP reconhecem que muita informação realmente acaba sendo perdida na apresentação. O livro mais vendido da Amazon sobre o PowerPoint descreve três categorias de slides:

1. Setenta e cinco palavras ou mais: um denso documento de discussão que não é adequado para uma apresentação – é melhor se for distribuído com antecedência e lido antes da reunião.
2. Cinquenta palavras aproximadamente: uma muleta para o apresentador que usa o PowerPoint como um teleprompter, muitas vezes se afastando do público enquanto lê em voz alta.

3. Ainda menos palavras: uma verdadeira apresentação de slides, usada para reforçar visualmente o conteúdo falado. O apresentador deve investir tempo para desenvolver e ensaiar esse tipo de conteúdo.[25]

Uma regra geral amplamente aceita, a chamada Regra 6×6, define no máximo seis marcadores, cada um com no máximo seis palavras. Outras diretrizes sugerem limitar o texto a no máximo quarenta palavras por slide, e as apresentações a no máximo vinte slides. Os números específicos de cada diretriz variam, mas o tema – limitação da quantidade de informação – é uma constante. Vistas como um todo, essas práticas apontam para um consenso: há certo número de informações que alguém pode transmitir em uma apresentação de PP sem confundir ou perder o público. O formato força os apresentadores a condensar suas ideias, de forma que informações importantes são omitidas.

Pressionado contra essa limitação funcional, mas precisando transmitir com profundidade e amplitude o trabalho de sua equipe, o apresentador – tendo passado um tempo considerável removendo o conteúdo até que se encaixasse no formato PP – *busca compensar a falta de espaço verbalmente*. Como resultado, as habilidades de oratória do apresentador e a experiência em artes gráficas por trás de sua apresentação de slides têm um efeito indevido – e altamente variável – sobre o quão bem suas ideias são compreendidas. Não importa quanto trabalho uma equipe invista no desenvolvimento de

---

25. Nancy Duarte, *Slide:ology: The Art and Science of Creating Great Presentations* (Slideologia: a arte e a ciência de criar ótimas apresentações) (Sebastopol, CA: O'Reilly Media, 2008), p. 7.

uma proposta ou de negócios, seu sucesso final pode, portanto, depender de fatores irrelevantes para o problema em questão.

Todos nós já presenciamos apresentadores serem interrompidos e questionados no meio da apresentação, e então lutarem para recuperar o controle, dizendo coisas como: "Vamos resolver isso em alguns slides". O fluxo da apresentação fica instável, o público frustrado, o apresentador confuso. Todos nós queremos nos aprofundar em pontos importantes, mas temos que esperar pelo final da apresentação antes de sabermos que nossas perguntas não serão respondidas em hora alguma. Em praticamente todas as apresentações de PP, temos que fazer anotações manuscritas para registrar as informações que compensam a falta de dados suplementares. O conjunto de slides sozinho geralmente é insuficiente para transmitir ou servir como um registro do argumento completo em mãos.

Nossa inspiração

A maioria de nós já conhece Edward Tufte, autor do livro (e best-seller da Amazon) *The Visual Display of Quantitative Information* (A exibição visual de informações quantitativas). Em um ensaio intitulado *The Cognitive Style of PowerPoint: Pitching Out Corrupts Within* (O estilo cognitivo do PowerPoint: eliminando os corruptos), Tufte descreve nossas dificuldades com precisão: "À medida que a análise se torna mais causal, multivariada, comparativa, baseada em evidências e de difícil resolução", escreve ele, "mais prejudicial se torna a lista de marcadores".

Essa descrição se enquadra em nossas discussões nas reuniões do S-Team: complexas, interconectadas, exigindo muitas informações para explorar, com consequências cada vez maiores conectadas às decisões. Esse tipo de análise não se adéqua à progressão linear de slides, um estilo de apresentação que dificulta a concatenação de ideias, pedaços de texto esparsamente redigidos que não expressam uma ideia na totalidade e efeitos visuais que causam mais distração do que esclarecimento. Em vez de tornar as coisas claras e simples, o PowerPoint pode eliminar nuances importantes da discussão.

O ensaio de Tufte propõe uma solução. "Para apresentações sérias", escreveu ele, "será útil substituir os slides do PowerPoint por papéis com textos, números, gráficos de dados e imagens. Folhetos de alta resolução permitem que os leitores contextualizem, comparem, narrem e reformulem as evidências. Em contraste, exibições com pouca quantidade de dados tendem a tornar o público ignorante e passivo, bem como diminuem a credibilidade do apresentador."

Ele continua: "Para apresentações sérias, substitua o PP por softwares de processamento de texto ou layout de página. Fazer essa transição em grandes organizações requer uma ordem executiva direta: De agora em diante, o seu software de apresentação é o Microsoft Word, não o PowerPoint. Acostumem-se". Nós levamos essa recomendação a sério e agora nos propomos a seguir seu conselho.

A nossa proposta: banir o PP em favor de narrativas

Propomos que paremos de usar o PowerPoint nas reuniões do S-Team imediatamente e o substituamos por um único documento narrativo. Essas narrativas podem às vezes incluir gráficos e listas com marcadores, que são essenciais para a brevidade e clareza, mas deve-se enfatizar: meramente reproduzir uma apresentação de PP na forma escrita NÃO será aceitável. O objetivo é introduzir um tipo de apresentação completa e independente que somente a forma narrativa torna possível. **Abrace essa ideia.**

Nosso princípio: as ideias são mais importantes, não os apresentadores

Uma mudança para narrativas coloca as ideias e o raciocínio da equipe no centro do palco, nivelando o campo de jogo ao remover a variação natural nas habilidades de oratória e na experiência em design gráfico que hoje desempenham um papel muito importante no sucesso das apresentações. Toda a equipe pode contribuir para a elaboração de uma narrativa contundente, revisando-a até que esteja na sua melhor versão. Nem é preciso dizer que decisões acertadas se baseiam em ideias, não em habilidades de desempenho individual.

Agora o tempo gasto na criação de apresentações de slides bonitos e graficamente elegantes pode ser recuperado e usado para coisas mais importantes. Podemos devolver o tempo e a energia desperdiçados em ensaiar o tempo de apresentação e aliviar um grande e desnecessário fator de estresse para muitos líderes de equipe. Não importa se o apresentador é um grande orador, um completo introvertido, um recém-contratado após a faculdade ou um VP com vinte anos de experiência, o que importa estará escrito na página.

Por último, o documento narrativo é portátil e escalável. É fácil colocá-lo em circulação. Qualquer pessoa pode ler a qualquer momento. Você não precisa de notas escritas à mão ou de uma trilha vocal gravada durante a grande apresentação para entender seu conteúdo. Qualquer um pode editar ou fazer comentários no documento original, e eles podem ser facilmente compartilhados na nuvem. O documento serve como seu próprio registro.

A vantagem do leitor: densidade de informação e interconexão de ideias

Uma métrica útil para comparação é o que chamamos de *multiplicador de informações narrativas* (meus cumprimentos ao ex-vice-presidente da Amazon Jim Freeman, por cunhar esse termo). Um documento Word típico, com texto em fonte Arial 11, contém de três a quatro mil caracteres por página. Para efeito de comparação, analisamos as últimas cinquenta apresentações de PP do S-Team e descobrimos que elas continham uma média de apenas 440 caracteres por página.

Isso significa que uma narrativa escrita conteria de ***sete a nove vezes mais informações*** do que uma típica apresentação de PowerPoint. Se você levar em consideração algumas das outras limitações do PowerPoint discutidas acima, esse multiplicador apenas aumentará.

Tufte estima que as pessoas leem três vezes mais rápido do que um apresentador típico pode falar, o que significa que podem absorver muito mais informações enquanto leem uma narrativa do que assistindo a uma apresentação PP. Uma narrativa, portanto, fornece muito mais informações em muito menos tempo.

O *multiplicador de informações narrativas* é por si mesmo multiplicado quando levamos em consideração o número de reuniões de que os membros do S-Team participam em um único dia. A mudança para esse formato mais denso permitirá que os importantes tomadores de decisão tenham acesso a uma quantidade muito maior de informações em determinado período de tempo do que com a abordagem do PowerPoint.

As narrativas também permitem que argumentos não lineares e interconectados se desdobrem naturalmente – algo que a linearidade rígida do PP não permite. Essa interconexão define muitas de nossas oportunidades de negócios mais importantes. Além disso, pessoas mais bem informadas tomam decisões melhores e podem fornecer feedbacks mais detalhados sobre os planos táticos e estratégicos das equipes. Se nossos executivos estiverem mais bem informados, em um nível mais profundo, sobre uma gama mais ampla de iniciativas empresariais importantes, teremos uma vantagem competitiva substancial sobre os executivos em outras empresas que contam com métodos tradicionais de comunicação (por exemplo, o PP).

A vantagem dos apresentadores: forçar uma maior clareza de pensamento

Sabemos que escrever narrativas provavelmente será mais trabalhoso do que criar apresentações no PP. Mas isso é realmente positivo. O ato de escrever forçará o escritor a pensar e sintetizar melhor do que faria no ato de elaborar uma apresentação de PP. A ideia no papel será mais bem elaborada, especialmente depois que toda a equipe do autor a tiver revisado e oferecido feedback. É uma tarefa difícil reunir todos os fatos relevantes e todos os argumentos importantes em um documento coerente e compreensível – **e deveria ser.**

Obsessão pelo cliente

Nosso objetivo como apresentadores não é meramente apresentar uma ideia, mas demonstrar que ela foi cuidadosamente avaliada e analisada à exaustão.

Ao contrário de uma apresentação de PP, uma narrativa consistente pode – e deve – demonstrar como seus muitos fatos e análises, muitas vezes díspares, estão interconectados. Embora uma apresentação de PP ideal possa fazer isso, a experiência mostra que isso raramente acontece na prática.

Uma narrativa completa também deve antecipar as prováveis objeções, preocupações e pontos de vista alternativos que esperamos ouvir de nossa equipe. Os escritores serão forçados a antecipar perguntas inteligentes, objeções razoáveis, até mesmo mal-entendidos comuns – e abordá-los de forma proativa em seu documento narrativo. Você simplesmente não pode passar por cima de um tópico importante em uma apresentação narrativa, em especial quando sabe que ela será dissecada por um público cheio de pensadores críticos. Embora isso possa parecer um pouco intimidador no início, apenas reflete nosso compromisso de pensar profunda e corretamente sobre nossas oportunidades.

O velho ditado de redação "Afirme, discorra, conclua" é a base para apresentar um argumento convincente. Narrativas de sucesso irão ligar os pontos para o leitor e, assim, criar um argumento persuasivo, em vez de apresentar um fluxo desconexo de marcadores e gráficos que deixam o público fazer todo o trabalho. Escrever de forma persuasiva exige e reforça a clareza de pensamento, que é ainda mais vital quando várias equipes colaboram em uma ideia. A forma narrativa exige que as equipes estejam em sincronia ou, caso não estejam, que indiquem claramente no documento em quais questões ainda não estão alinhadas.

Edward Tufte resume os benefícios das narrativas sobre o PP com sua maneira franca: "O PowerPoint se torna feio e impreciso porque nossos pensamentos são tolos, mas com o desleixo do PowerPoint fica mais fácil ter pensamentos tolos".

Como conduzir uma reunião nesse novo formato

As narrativas são distribuídas no início de cada reunião e lidas por todos os presentes durante o tempo normalmente gasto pela apresentação de slides – aproximadamente os primeiros vinte minutos. Muitos vão querer fazer anotações durante esse período. Depois que todos sinalizam que estão prontos, a discussão sobre o documento começa.

Sabe-se que as pessoas leem informações complexas em uma média aproximada de três minutos por página, o que, por sua vez, define a duração funcional de uma narrativa escrita como cerca de seis páginas em uma reunião de sessenta minutos. Nossa recomendação é, portanto, que as equipes respeitem o máximo de seis páginas. Sem dúvida, haverá momentos em que parecerá difícil condensar uma apresentação completa nesse tamanho, mas a mesma limitação – que na verdade é a duração das reuniões – também afeta os apresentadores de PP. Acreditamos que seis páginas devem ser suficientes, mas iremos analisar essa questão ao longo do tempo e revisá-la se necessário.

Conclusão

O PowerPoint só poderia nos levar até certo ponto, e estamos gratos por seu serviço, mas chegou a hora de seguir em frente. As narrativas escritas transmitem nossas ideias de uma maneira mais profunda, mais substancial e eficaz, ao mesmo tempo que acrescentam um benefício importante: elas acabam forçando a criação de análises mais nítidas e completas. Narrativas de seis páginas também são uma comunicação muito mais inclusiva, precisamente porque a interação entre o apresentador e o público é zero durante a leitura. Nenhum viés está acima da clareza do raciocínio. Essa mudança fortalecerá não apenas o argumento, mas o produto – e a empresa – também.

Perguntas frequentes (FAQ)

Pergunta: A maior parte das empresas de nosso porte usa PowerPoint. Por que precisamos ser diferentes, e o que aconteceria se essa opção fosse uma escolha errada?

Resposta: Nos termos mais simples, encontramos uma maneira melhor. A Amazon difere de outras grandes empresas de maneiras que nos destacam, incluindo nossa disposição de seguir na direção indicada pelos dados e buscar maneiras novas de fazer coisas rotineiras. Se essa mudança não funcionar, faremos o que sempre fazemos – analisar e refinar ou voltar atrás totalmente, caso os dados apontem que essa é a melhor solução.

Pergunta: Por que não distribuir a narrativa antes da reunião para que estejamos prontos?

Resposta: O curto espaço de tempo entre a distribuição e a reunião pode não dar a todos os participantes tempo suficiente para aquela tarefa. Além disso, quando a narrativa substitui o PP, não há tempo perdido quando nos dedicamos a essa fase da reunião para a leitura silenciosa da narrativa, que informa a todos antes do início das perguntas e respostas. Por último, mas certamente não menos importante, isso dá a cada equipe o máximo de tempo possível para concluir e refinar sua apresentação.

Pergunta: Minha equipe provou ser muito boa em apresentações de PP – TEMOS que mudar?

Resposta: SIM. O perigo de uma apresentação de PP muito boa é que a presença de palco ou o charme do apresentador podem, às vezes, de forma não intencional, cegar a audiência para questões ou preocupações mais importantes. Gráficos elegantes podem distrair muito bem também. Mais importante, mostramos que mesmo o melhor uso do PP simplesmente não se compara à completude e sofisticação que as narrativas podem fornecer.

Pergunta: E se colocarmos nossa apresentação em PP no formato impresso e adicionarmos alguns comentários adicionais para fortalecer e estender o conteúdo das informações?

Resposta: NÃO. A reprodução do PP no papel também reproduz seus pontos fracos. Não há nada que se possa fazer no PP que não possa ser feito de forma mais completa, embora às vezes menos atraente, em uma narrativa.

Pergunta: Ainda podemos usar gráficos ou tabelas em nossas narrativas?

Resposta: SIM. As questões mais complexas derivam percepções importantes de dados, e esperamos que alguns desses dados possam ser mais bem representados na forma de um gráfico ou diagrama. No entanto, não esperamos que os gráficos por si sós possam tornar o caso atraente e completo como em uma verdadeira narrativa escrita. Inclua-os se for necessário, mas não deixe que os gráficos predominem.

Pergunta: Apenas seis páginas parece pouco. Quanto podemos colocar em uma página?

Resposta: O limite de seis páginas atua como uma baliza que nos força a discutir apenas as questões mais importantes. Também reservamos vinte minutos para a leitura e esperamos que cada participante possa ler o documento inteiro durante esse tempo. Não caia na tentação de mexer nas margens ou no tamanho da fonte para espremer mais palavras no documento. Deixar o texto mais espremido para ficar abaixo do limite de seis páginas vai contra seu objetivo, e os escritores tendem a se desviar para temas menos importantes.

Pergunta: Como podemos medir o sucesso dessa mudança?

Resposta: Ótima pergunta. Não fomos capazes de identificar um método quantitativo para medir a qualidade de uma série de decisões do S-Team hoje, nem estamos propondo uma métrica neste momento. Comparar as duas abordagens será um exercício qualitativo. Propomos implementar narrativas para os próximos três meses e, em seguida, consultar o S-Team para perguntar se eles estão tomando decisões mais bem informadas.

AS NARRATIVAS DE SEIS PÁGINAS VARIAM EM ESTRUTURA E CONTEÚDO

No modelo de seis páginas acima, incluímos duas seções opcionais que muitos apresentadores da Amazon consideraram úteis. A primeira é destacar um ou mais princípios fundamentais nos quais nossa proposta se baseia – um elemento fundamental do raciocínio que nos levou a fazer essa recomendação. Os princípios fornecem ao leitor um ponto de apoio a partir do qual podem avaliar o resto. Se o próprio princípio estiver em disputa, é mais fácil abordá-lo diretamente do que seguir todas as etapas lógicas que derivam dessa posição.

A segunda seção opcional, talvez a mais usada, é a inclusão de FAQ. Os bons profissionais de seis páginas não apenas defendem seu argumento, mas também antecipam contra-argumentos, pontos de discordância ou frases que podem ser facilmente mal interpretadas. Adicionar FAQ para abordar essas questões economiza tempo e dá ao leitor um ponto focal útil para verificar a profundidade do pensamento dos autores. (Consulte o Apêndice B para perguntas frequentes adicionais e exemplos de princípios.)

Devemos também observar que algumas narrativas de seis páginas têm um número maior de páginas, porque incluem dados de apoio ou documentação nos apêndices – dados que geralmente não são lidos durante a reunião.

Narrativas de seis páginas podem assumir muitas formas. Nosso modelo fornece um exemplo, criado especificamente para o nosso tópico. Normalmente não esperaríamos ver uma seção com o título "Nossa inspiração", por exemplo, embora ela tenha um propósito útil nessa narrativa. Títulos e subtítulos, gráficos ou tabelas de dados e outros elementos de design serão específicos para a narrativa individual.

Uma revisão trimestral de negócios da Amazon, por exemplo, pode ser dividida assim:

Introdução
Princípios
Realizações
Erros
Propostas para o próximo período
Número de funcionários
P&L
FAQ
Apêndices (inclui itens como dados de suporte em forma de planilhas, tabelas, gráficos e protótipos)

A narrativa de seis páginas pode ser usada para explorar qualquer argumento ou ideia que você deseja apresentar a um grupo de pessoas – um investimento, uma aquisição potencial, um novo produto ou recurso, uma atualização mensal ou trimestral de negócios, um plano operacional ou mesmo uma ideia de como melhorar a alimentação no refeitório da empresa. É preciso prática para dominar a arte de escrever essas narrativas. Os escritores de primeira viagem farão bem em revisar e aprender com os exemplos de sucesso.

O NOVO FORMATO DE REUNIÃO

Quando o tema da reunião é descrito por uma narrativa, a melhor opção é que a audiência leia a narrativa, na sala, no início da reunião. O silêncio pode ser perturbador no início, mas, depois de passar pelo processo algumas vezes, ele se torna rotina. Mesmo que você não possa ouvir, com uma narrativa bem escrita há uma quantidade enorme de informações úteis sendo transmitidas nesses vinte minutos.

Mencionamos anteriormente a velocidade de leitura estimada de três minutos por página, o que definiu o limite de seis páginas. Se a sua reunião for de trinta minutos, uma narrativa de três páginas seria, portanto, mais apropriada. Nosso objetivo era reservar dois terços do tempo da reunião para discutir o que tínhamos lido.

Ainda assim, as pessoas leem em velocidades diferentes. Alguns irão revisar os apêndices, outros não. Alguns participantes farão comentários em um documento on-line compartilhado, como Bill faz, para que todos os participantes da reunião possam ver os comentários. Eu (Colin) prefiro o jeito antigo, fazer comentários no papel para poder me dedicar ao documento. Isso também me ajuda a evitar o viés de confirmação que poderia surgir se eu lesse os comentários adicionados por outros em tempo real ao documento compartilhado. Além disso, sei que em breve ouvirei a opinião de todos.

Quando todos tiverem lido o documento, o apresentador entra em cena. Os apresentadores de primeira viagem geralmente começam dizendo: "Deixe-me guiá-los verbalmente pelo documento". **Resista a essa tentação**. Provavelmente será uma perda de tempo. O objetivo do documento escrito é apresentar claramente o raciocínio e evitar os perigos da apresentação ao vivo. Os participantes já estão familiarizados com a discussão.

Alguns grupos na Amazon circulam pela sala, pedem feedbacks de alto nível e, em seguida, examinam o documento linha por linha. Outros grupos pedem o feedback sobre o documento a um único indivíduo e, em seguida, pedem à próxima pessoa na reunião que faça o mesmo. Basta escolher um método que funcione para você – não há uma única abordagem correta.

Em seguida, começa a discussão, o que significa essencialmente que os membros da reunião fazem perguntas à equipe apresentadora. Eles buscam esclarecimentos, sondam intenções, oferecem ideias e sugerem refinamentos ou alternativas. A equipe apresentadora dedicou muito cuidado e reflexão à narrativa, e os membros da audiência têm a responsabilidade de levá-la a sério. No fim das contas, o principal objetivo da reunião é buscar a verdade sobre a ideia ou tema propostos. Queremos que essa ideia seja aprimorada ao máximo como resultado de quaisquer ajustes que fizermos em conjunto com a equipe apresentadora.

Durante a fase de discussão, também é importante que as anotações sejam feitas em nome de todo o público, de preferência por alguém com conhecimento sobre o assunto e que não seja o apresentador principal. O apresentador geralmente está muito envolvido em responder às perguntas para conseguir tomar notas ao mesmo tempo. Se eu não vir ninguém fazendo anotações na fase de discussão, irei educadamente pausar a reunião e perguntar quem será responsável por isso. É vital que os pontos principais da discussão sejam registrados, pois esses comentários se tornam parte do processo narrativo.

FEEDBACK COMO COLABORAÇÃO

Fornecer feedback e informações valiosas pode ser tão difícil quanto escrever a própria narrativa. Dois dos presentes mais queridos que eu (Colin) recebi durante minha carreira foram canetas, presenteadas por pessoas cujas narrativas li e comentei. (Eu normalmente entregava uma cópia impressa da narrativa com minhas anotações manuscritas aos apresentadores após a reunião.) As duas pessoas disseram que meus comentários desempenharam um papel fundamental no sucesso de seus projetos. Digo isso não para me gabar, mas para fornecer evidências de que, quando o leitor leva o processo narrativo tão a sério quanto o escritor, os comentários podem ter um impacto real, significativo e duradouro. Você não está apenas fazendo comentários sobre um documento, está ajudando a moldar uma ideia e, assim, tornando-se um membro-chave da equipe para aquele negócio.

Como exemplos de excelentes narrativas de seis páginas são bastante comuns em toda a empresa, e como as expectativas sobre sua natureza e qualidade são bem compreendidas pelos funcionários, raramente vemos uma equipe apresentar uma narrativa abaixo do padrão esperado. Certa vez, recebi uma narrativa que não estava à altura. A equipe que a escreveu estava tendo sérios problemas com chavões. Devolvi a narrativa, educadamente, dizendo-lhes que não estava pronta para ser discutida, encerrei a reunião e sugeri que usassem o tempo para trabalhar no aprimoramento dela. Mas, como eu disse, esses cenários são extremamente raros. Na maior parte dos casos, trata-se de ajudar a equipe fornecendo um feedback de qualidade. Jeff tem uma habilidade incrível de ler uma narrativa e perceber coisas que ninguém viu, mesmo que estivéssemos todos lendo a mesma narrativa. Depois de uma reunião, perguntei como ele conseguia fazer isso. Ele respondeu com uma dica simples e útil que jamais esqueci: ele presume que cada frase que lê esteja errada até que possa provar o contrário. Ele está desafiando o conteúdo da frase, não os motivos do escritor. Por falar nisso, Jeff costumava ser o último a terminar a leitura.

Essa abordagem de pensamento crítico desafia a equipe a questionar se a narrativa está correta ou se há verdades adicionais a serem descobertas, bem como se estão alinhadas com os princípios de liderança da Amazon. Por exemplo, digamos que uma narrativa afirme: "Nossa política de devolução amigável ao cliente permite devoluções em até sessenta dias a partir do momento da compra, em comparação com os trinta dias normalmente oferecidos pela concorrência". Um executivo ocupado que faz uma leitura superficial e já está pensando em sua próxima reunião pode se contentar com essa declaração e seguir adiante. No entanto, um leitor crítico contestaria a suposição implícita que está sendo feita, a saber, que a maior duração da política de devolução torna-a mais amigável ao cliente. A política pode ser melhor do que a do concorrente, mas é *realmente* amigável ao cliente? Então, durante a discussão, o leitor crítico pode perguntar: "Se a Amazon é realmente obcecada pelo cliente, por que penalizamos 99% dos clientes que são honestos e querem devolver um item, fazendo-os esperar até que nosso departamento de devolução receba o item para ter certeza de que é o item certo e que não está danificado?". Esse tipo de pensamento – no qual você presume que há algo errado com a frase – levou a Amazon a criar a política de devolução sem complicações, que especifica que o cliente deve obter um reembolso antes mesmo que a Amazon receba as mercadorias devolvidas. (O reembolso é revertido para a pequena porcentagem de pessoas que não devolvem o item.) Aqui está outra situação em que você não precisa "ter um Jeff" para adotar esse estilo exigente de pensamento crítico às ideias em sua empresa.

CONCLUSÕES FINAIS SOBRE NARRATIVAS

As narrativas são projetadas para aumentar a quantidade e a qualidade da comunicação eficaz em sua organização – em uma ordem de magnitude em relação aos métodos tradicionais. Criar tais narrativas sólidas exige trabalho árduo e a aceitação de alguns riscos. As boas narrativas levam muitos dias para serem escritas. A equipe que está escrevendo a narrativa se debruça sobre o tema, produz um primeiro rascunho, o distribui, revisa, reitera, repete e então, finalmente, dá o salto no escuro de dizer para sua gerência e colegas: "Aqui está o melhor que pudemos fazer. Diga-nos o que pode ser aprimorado". A princípio, essa exposição pode ser assustadora.

Mas, como vimos, esse modelo também impõe deveres e expectativas ao público. Este deve avaliar a ideia de maneira objetiva e profunda, não a equipe ou a forma da narrativa, e sugerir maneiras de aprimorá-la. O produto final do trabalho da reunião é um esforço conjunto do apresentador e de sua audiência – todos estão ali para ajudar. O silêncio na fase de discussão equivale a concordar com o que está sendo apresentado, mas tem o mesmo peso de uma crítica.

Dessa forma, o apresentador e a audiência tornam-se substancialmente vinculados ao sucesso ou fracasso subsequente da iniciativa, ou à correção ou imprecisão da análise de negócios de uma equipe. Ao olhar para qualquer uma das grandes vitórias da Amazon, lembre-se de que todo grande sucesso passou por várias análises narrativas. É provável que tenha sido fruto de várias contribuições significativas da audiência, bem como da equipe. Por outro lado, para cada iniciativa ou análise fracassada, certamente houve líderes que olharam para ela e pensaram: "Isso faz sentido" ou "Sim, deve funcionar". De qualquer maneira, se o processo narrativo funcionar em seu potencial máximo, vocês estarão nisso juntos.

Capítulo 5

Working Backwards
Comece com a experiência desejada pelo cliente

Comece com o cliente e trabalhe de trás para a frente – por mais difícil que pareça, é um caminho claro para inovar e cativar os clientes. Uma ferramenta útil para o método Working Backwards: redigir um comunicado à imprensa (PR) e as perguntas frequentes (FAQ) antes de desenvolver o produto.

* * *

A maioria dos principais produtos e iniciativas da Amazon desde 2004 tem uma coisa muito amazoniana em comum – foi criada por meio de um processo chamado *Working Backwards* (de trás para a frente). O processo é tão importante para o sucesso da empresa que o usamos como título de nosso livro[26]. Working Backwards é uma forma sistemática de analisar ideias e criar novos produtos. Seu princípio-chave é começar definindo a experiência do cliente e, em seguida, trabalhar repetitivamente de trás para a frente a partir desse ponto até que a equipe tenha certeza

---

26. Em inglês, o título do livro é Working Backwards. (N.E.)

do que deve ser produzido. Sua ferramenta principal é um segundo tipo de narrativa escrita chamada de PR/FAQ, abreviação de *press release* (comunicado à imprensa) e *frequently asked questions* (perguntas frequentes).

Nós dois pudemos testemunhar seu nascimento. Colin estava trabalhando como a sombra de Jeff quando o processo Working Backwards foi lançado e participou de todas as revisões apresentadas a Jeff nos doze meses seguintes. E a experiência de Bill foi forjada aplicando e refinando o conceito Working Backwards nos estágios iniciais do processo que levou ao desenvolvimento de todos os produtos de mídia digital.

TENTATIVA E ERRO, ENTÃO SUCESSO

Trabalhar como a sombra de Jeff era um pouco como beber água de uma mangueira usada para apagar incêndios. Um desafio surpreendente do trabalho que eu (Colin) percebi logo no início foi o quanto a troca de contexto acontecia a cada dia. Toda semana Jeff – e, portanto, eu – tinha três reuniões recorrentes: a reunião de quatro horas do S-Team discutida no capítulo anterior, uma Revisão Semanal de Negócios (Capítulo 6) e um café da manhã informal do S-Team na segunda-feira, perto do escritório. Além disso, de vez em quando, nos reuníamos com duas a quatro equipes de produtos e passávamos entre uma e duas horas profundamente imersos em novos produtos e recursos. Some-se isso às atualizações ocasionais do varejo, finanças e operações, além de um ou dois exercícios de simulação de incêndio que requerem atenção imediata, e você terá uma semana típica.

As reuniões da equipe de produtos geralmente ocupavam várias horas disponíveis na semana. Jeff e eu precisaríamos acelerar de onde paramos com qualquer equipe, de modo que a primeira parte de cada reunião do produto pudesse ser uma retomada do assunto. Em seguida, discutiríamos o progresso feito desde nossa última reunião, faríamos uma sessão de perguntas, discussão de novas questões ou problemas e chegaríamos a um acordo sobre as próximas etapas que precisavam ser abordadas antes de nos encontrarmos com a equipe novamente. Apesar de todos estarem bem-intencionados, as reuniões costumavam ser ineficazes. Às vezes, o "tempo para retomar o assunto" consumia muito da reunião: as equipes, orgulhosas de suas últimas realizações, queriam falar sobre elas à custa das decisões importantes que precisávamos conhecer, então, quando a equipe terminava de recapitular o progresso, não havia mais tempo suficiente para o que realmente precisava ser feito. Outras vezes, descobriríamos, tarde demais, que a equipe não estava alinhada com Jeff e havia se desviado das recomendações do último encontro. Quando isso acontecia, era extremamente frustrante para todos, sem falar na perda de tempo valioso.

Como mencionei antes, parte do meu papel como sombra de Jeff era ajudá-lo a ser o mais eficaz possível. Era preciso melhorar cada etapa dessas reuniões de produto. Precisávamos coletar as informações importantes rapidamente no início da reunião. Em seguida, passaríamos a nos concentrar nas questões mais importantes do futuro. Por fim, era preciso traçar uma trajetória clara para as equipes seguirem entre a reunião atual e a seguinte. Se pudéssemos fazer tudo isso, seria uma grande vitória para todos. Seríamos mais eficientes ao lidar com os problemas difíceis, o que nos ajudaria a tomar melhores decisões com mais rapidez. Com esse aumento na velocidade da tomada de boas decisões, Jeff seria capaz de se conectar profundamente com um número maior de equipes.

Enquanto eu tentava ajudar a resolver tudo isso, Jeff estava gastando muito tempo na transformação digital da Amazon e no que viria a ser o primeiro conjunto de serviços de computação em nuvem da Amazon.

Portanto, não era fácil atingir nosso objetivo. Foram necessárias muitas tentativas e erros ao longo de muitos meses. Jeff tentou muitas ideias diferentes, algumas delas aparentemente malucas, como iniciar uma proposta de projeto escrevendo um manual do usuário ou um guia técnico de API, contando apenas com protótipos e outras abordagens para visualizar o resultado de um projeto. Lembro-me de receber ligações frenéticas de gerentes de produtos não técnicos dizendo: "Colin, vou me encontrar com Jeff na próxima semana. Você pode me enviar um bom exemplo de manual do usuário? Além disso, preciso escrever algo chamado guia de API, mas não tenho ideia do que seja!". Nós não estávamos comprometidos com nenhum desses formatos experimentais e paramos de usá-los quando percebemos que eram contraproducentes.

No final das contas, a melhor solução foi confiar em nosso princípio de "Obsessão pelo cliente" e numa maneira simples, mas flexível, de escrever narrativas. Esses dois elementos formam o processo Working Backwards – começar com a experiência do cliente e retroceder a partir dela, escrevendo um comunicado à imprensa que literalmente anuncia o produto como se estivesse pronto para ser lançado e um FAQ que antecipa as perguntas difíceis. Embora a próxima seção descreva a evolução do Working Backwards do ponto de vista de uma equipe digital, algumas outras equipes passaram por um processo semelhante. Reunir a experiência dessas equipes nos permitiu aprimorar e refinar a forma final do Working Backwards.

ONDE ESTÃO OS MODELOS?
BILL E O LANÇAMENTO DIGITAL

Em 2004, eu (Bill) fui um dos líderes selecionados para criar e comandar a organização de mídia digital da Amazon. Estava ansioso para lançar novas lojas de música digital, filmes e programas de TV. Também precisava renovar nossa loja de e-books, que estava on-line desde o ano 2000 e era, então, um pequeno negócio, já que os e-books só podiam ser lidos em um PC e eram mais caros do que a edição impressa.

Obsessão pelo cliente

Imaginei que o processo de lançamento de mídia digital seria essencialmente o mesmo que foi para outros novos negócios da Amazon – brinquedos, eletrônicos e ferramentas, por exemplo – que eram conhecidos como "expansões de categoria". Para esses lançamentos, o processo era bem simples. A equipe coletaria os dados para elaborar um catálogo de itens, estabelecer relações com fornecedores para obtê-los, definir preços, criar conteúdo para páginas de categoria e, em seguida, lançá-los. Não era fácil, mas também não estávamos criando uma nova loja ou experiência do cliente a partir do zero.

Como vim a perceber mais tarde, o processo de criação de um negócio de mídia digital seria bem diferente porque havia muito mais a ser feito do que simplesmente adicionar uma nova categoria de varejo ao site da Amazon.

A primeira parte do processo correu normalmente. Nossa equipe de três ou quatro pessoas desenvolveu planos usando os métodos testados e aprovados do estilo MBA da época. Recolhemos dados sobre a magnitude da oportunidade no mercado. Criamos modelos financeiros projetando nossas vendas anuais em cada categoria, assumindo, é claro, uma participação cada vez maior nas vendas digitais. Calculamos certa margem supondo os custos de nossos fornecedores. Projetamos uma margem operacional com base no tamanho da equipe necessária para dar suporte ao negócio. Especificamos os acordos que faríamos com empresas de mídia. Esboçamos parâmetros de preços. Descrevemos como o serviço funcionaria para os clientes. Reunimos tudo em slides de PowerPoint (ainda vários meses antes da mudança para narrativas) e planilhas de Excel detalhadas.

Tivemos várias reuniões com Jeff para apresentar nossas ideias. A cada uma, ele ouvia atentamente o que tínhamos a dizer. Ele fazia muitas perguntas e estudava as finanças. Mas nunca pareceu satisfeito ou convencido. Jeff considerou nossas propostas incompletas em relação aos detalhes de como o serviço funcionaria para os clientes. Por fim, inevitavelmente, ele perguntaria: "Onde estão os modelos?".

Jeff estava se referindo às representações visuais que mostrariam exatamente como o novo serviço seria no site da Amazon. Os modelos devem ser detalhados, mostrando toda a experiência do cliente, desde a página de destino até a compra – design da tela, botões, texto, a sequência de cliques, tudo. Para criar uma representação significativa e informativa, você deve pensar em cada elemento que o serviço irá oferecer, qual será a experiência do cliente, como os recursos funcionarão na página. É preciso muito trabalho para pensar em todo o negócio e muito mais trabalho para criar e refinar a parte visual.

Nós não tínhamos feito nenhum modelo. Queríamos apenas vender a ideia a Jeff, mostrar a ele que os negócios de mídia digital poderiam ser grandes, definir um orçamento e obter sinal verde para começar a montar a equipe. Cuidaríamos da experiência do cliente e de outros detalhes assim que ele nos desse o seu aval.

Mas se Jeff quer ver modelos, você deve fazer modelos.

Algumas semanas depois, estávamos de volta com modelos rudimentares em mãos. Jeff ouviu nossa apresentação com atenção e começou a fazer perguntas detalhadas sobre cada botão, palavra, link e cor. Sobre o departamento de música, ele perguntou como nosso serviço seria melhor do que o iTunes. Sobre os livros digitais, Jeff quis saber quanto custaria um e-book. Ele perguntou se as pessoas poderiam ler seus e-books em um tablet ou telefone, assim como faziam no PC.

Respondemos como na reunião anterior. Não havíamos pensado em todas essas questões! Só precisávamos de sua aprovação básica para montar a equipe, começar a negociar acordos com empresas de mídia e lançar algo. Essa resposta não foi bem recebida. De jeito nenhum. Jeff queria saber exatamente o que iríamos criar e como isso seria melhor para os clientes do que o produto da concorrência. Ele queria que estivéssemos alinhados em todos esses detalhes antes de começar a montar uma equipe, estabelecer parcerias com fornecedores ou elaborar qualquer coisa.

Ficou claro que modelos incompletos não eram melhores do que nenhum modelo. Para Jeff, um modelo incompleto era uma evidência de pensamento incompleto. E ele dizia isso de maneira clara e rápida, frequentemente usando palavras fortes para evidenciar a sua opinião. Jeff queria que soubéssemos que não poderíamos seguir pelo primeiro caminho disponível e mais conveniente para alcançar essa oportunidade. Precisávamos pensar o nosso plano em detalhes.

Então voltamos ao trabalho. Quanto mais estudávamos o assunto, mais evidente ficava que a mídia digital seria diferente de qualquer outro negócio da Amazon. A diferença óbvia era que não iríamos enviar caixas de papelão para os clientes, mas entregar bits digitais por meio de fios. Essa era a parte menos complicada. Também era preciso desenvolver uma ótima maneira de o cliente gerenciar, ler, ouvir ou assistir a esses bits uma vez que os tivesse em mãos. Isso exigiria aplicativos e hardware personalizados.

À medida que continuamos a nos encontrar com Jeff, tentamos vários tipos de planilhas e slides de PowerPoint para apresentar e explorar nossas ideias, mas nenhum parecia satisfatório. A certa altura, não me lembro exatamente quando, Jeff sugeriu uma abordagem diferente para a reunião seguinte. Esqueça as planilhas e slides, disse ele. Em vez disso, cada membro da equipe deveria escrever um documento narrativo. Nele, descreveriam sua melhor ideia para um dispositivo ou serviço para o negócio de mídia digital.

A reunião seguinte chegou e todos nós aparecemos com nossas narrativas. (Como mencionamos, a nossa equipe era uma entre várias equipes envolvidas nas primeiras experiências com narrativas na empresa. Elas ainda não eram a política oficial da Amazon.) Nós as distribuímos, lemos em voz baixa e depois discutimos o conteúdo de cada uma. Uma propôs um leitor de e-book que usaria a nova tecnologia de tela E Ink. Outro descreveu uma nova abordagem para o MP3 player. Jeff escreveu sua própria narrativa sobre um dispositivo que chamou de Puck Amazon. Ele ficaria na sua bancada e poderia responder a comandos de voz como: "Puck, por favor, peça um galão de leite". Puck então faria o pedido na Amazon.

A grande revelação desse processo não foi nenhuma dessas ideias de produto. Como descrevemos no Capítulo 4, a inovação foi a própria narrativa. Tínhamos nos libertado das demandas quantitativas do Excel, da sedução visual do PowerPoint e do efeito distrativo do desempenho pessoal. A ideia deveria ser apresentada por escrito.

Escrever nossas ideias era um trabalho árduo. Exigia um esforço diligente e preciso. Era necessário descrever recursos, preços, como o serviço funcionaria e por que os consumidores o desejariam. Uma estratégia incompleta era mais difícil de disfarçar na página escrita do que em slides de PowerPoint. Não poderia ser disfarçada por meio do carisma em uma apresentação.

Depois que começamos a usar as narrativas, nossas reuniões mudaram. Havia uma quantidade maior de dados e detalhes para discutir, então as sessões ficaram mais animadas e mais longas. Não estávamos tão focados no P&L (lucros e perdas) e nas projeções de participação do segmento no mercado. Conversamos longamente sobre o serviço em si, a experiência e quais produtos e serviços seriam mais atraentes para o cliente.

Depois de muitas tentativas e erros nessa direção entre muitas equipes envolvidas no experimento narrativo, Jeff levou a ideia adiante. E se pensássemos na narrativa do conceito do produto como um comunicado à imprensa? Normalmente, em uma organização convencional, um comunicado à imprensa é escrito no final do processo de desenvolvimento do produto. Os engenheiros e gerentes de produto concluem seu trabalho, que, em seguida, é passado para o pessoal de marketing e vendas, que analisa o produto do ponto de vista do cliente, geralmente pela primeira vez. São eles que escrevem o comunicado à imprensa, que descreve os recursos principais e os benefícios fantásticos do produto. O comunicado à imprensa é projetado para criar um frisson, chamar atenção e, acima de tudo, fazer os clientes pularem de suas cadeiras para comprar o novo produto.

Nesse processo padrão, a empresa trabalha para a frente. Os líderes apresentam um produto ou negócio que é ótimo para a empresa e, então, tentam encaixá-lo para atender às necessidades dos clientes.

Jeff acreditava que essa abordagem poderia levar a alguns resultados indesejáveis. Para provar seu argumento, ele usou a Sony como exemplo hipotético. Suponha que a Sony decida lançar uma nova TV. O grupo de vendas e marketing fez uma pesquisa sobre as preferências do cliente e as tendências de mercado (mas não necessariamente sobre a experiência do cliente) e determinou que a Sony deveria oferecer uma TV de 44 polegadas a um preço de US$ 1.999. A equipe de engenharia, no entanto, está trabalhando na nova TV há algum tempo e seu foco tem sido a qualidade da imagem, o que significa uma resolução mais alta, então não estão especialmente preocupados com o preço. A TV que eles estão desenvolvendo custará US$ 2 mil apenas para ser fabricada. Portanto, é impossível chegar a um preço de varejo de US$ 1.999.

Se as duas organizações tivessem iniciado o processo escrevendo um comunicado à imprensa, teriam que concordar quanto aos recursos, custo, experiência do cliente e preço. Em seguida, elas poderiam ter trabalhado de trás para a frente para descobrir o que criar, enfrentando os desafios inerentes ao desenvolvimento e fabricação de produtos.

O COMUNICADO À IMPRENSA DO KINDLE

O Kindle foi o primeiro produto oferecido pelo grupo de mídia digital e, juntamente com vários produtos da AWS, foi um dos primeiros a ser criado usando a abordagem de comunicado à imprensa.

O Kindle foi uma grande inovação em várias dimensões. Foi desenvolvido com uma tela de E Ink. O cliente poderia pesquisar, comprar e baixar livros diretamente do dispositivo – sem necessidade de se conectar a um PC ou ao Wi-Fi. O Kindle ofereceu mais e-books do que qualquer outro dispositivo ou serviço disponível na época e tinha o preço mais baixo. Hoje, esse conjunto de recursos parece ser o padrão. Em 2007, era um produto pioneiro.

Mas nem sempre foi assim. Nos estágios iniciais de seu desenvolvimento – antes de começarmos com a abordagem do comunicado à imprensa e quando ainda estávamos usando PowerPoint e Excel –, não havíamos descrito um dispositivo que pudesse fazer todas essas coisas a partir da perspectiva do cliente. Tínhamos nos concentrado nos desafios de tecnologia, restrições de negócios, projeções financeiras e de vendas, além de oportunidades de marketing. Estávamos trabalhando para a frente, tentando desenvolver um produto que fosse bom para a Amazon, para a empresa, não para o cliente.

Quando escrevemos um comunicado à imprensa do Kindle e começamos a trabalhar de trás para a frente, tudo mudou. Em vez disso, nos concentramos no que seria bom para os clientes. Uma tela excelente para uma ótima experiência de leitura. Um processo de escolha que facilitaria a compra e o download de livros. Uma seleção enorme de títulos. Preços acessíveis. Jamais teríamos alcançado os avanços necessários para esse produto se não fosse pelo processo de comunicado à imprensa, que forçou a equipe a inventar várias soluções para os problemas do cliente. (Contamos toda a história do Kindle no Capítulo 7.)

À medida que nos tornamos mais adeptos do processo Working Backwards, refinamos o documento de comunicado à imprensa e adicionamos um segundo elemento: o FAQ, as perguntas mais frequentes e, claro, suas respostas.

A seção de FAQ, conforme se desenvolvia, incluía questões externas e internas. Perguntas frequentes externas são aquelas que você esperaria ouvir da imprensa ou dos clientes. "Onde posso comprar um novo Amazon Echo?" ou "Como a Alexa funciona?".

Perguntas frequentes internas são as perguntas que sua equipe e a liderança executiva farão. "Como podemos fazer uma TV de 44 polegadas com tela HD que possa ser vendida por US$ 1.999 com uma margem de 25%?" ou "Como faremos um leitor Kindle que se conecte às redes de operadoras para baixar livros sem que os clientes tenham que assinar um contrato com uma operadora?" ou "Quantos novos engenheiros de software e cientistas de dados precisamos contratar para essa nova iniciativa?"

Em outras palavras, a seção de FAQ é onde o redator compartilha os detalhes do plano do ponto de vista do consumidor e aborda os vários riscos e desafios de operações internas, técnicas, produtos, marketing, jurídico, desenvolvimento de negócios e questões financeiras.

O documento Working Backwards ficou conhecido como PR/FAQ.

OS RECURSOS E BENEFÍCIOS DO PR/FAQ

O ponto principal do processo é migrar de uma perspectiva interna/empresarial para a perspectiva do cliente. Os clientes são constantemente apresentados a novos produtos. Como esse novo produto será suficientemente atraente para que os clientes queiram comprá-lo? Uma pergunta comum feita por executivos ao revisar os recursos do produto no comunicado à imprensa é: "E daí?". Se o comunicado à imprensa não descreve um produto significativamente melhor (mais rápido, mais fácil, mais barato) do que o que já existe, ou resulta em alguma mudança gradual na experiência do cliente, então não vale a pena levar o projeto adiante.

O comunicado à imprensa dá ao leitor os destaques da experiência do cliente. O FAQ fornece todos os detalhes importantes da experiência do cliente, bem como uma avaliação clara dos custos e dos desafios para a empresa construir o produto ou criar o serviço. E por isso não é incomum que uma equipe da Amazon escreva dez rascunhos de PR/FAQ ou mais, e se reúna com seus líderes cinco vezes ou mais para repetir, debater e refinar a ideia.

O processo de PR/FAQ cria uma estrutura para decisão rápida e incorporação de feedback, assim como reforça um método de tomada de decisão detalhado, orientado por dados e baseado em fatos. Descobrimos que ele pode ser usado para desenvolver ideias e iniciativas – uma nova política de remuneração, por exemplo –, bem como para produtos e serviços. Depois que sua organização aprende a usar essa ferramenta valiosa, ela se torna indispensável. As pessoas começam a usá-la para tudo.

Com o tempo, refinamos e padronizamos as especificações para o PR/FAQ. A parte do comunicado à imprensa (PR) tem alguns parágrafos, sempre menos de uma página. As perguntas mais frequentes (FAQ) devem ter cinco páginas ou menos. Não há prêmios para páginas extras ou mais palavras. O objetivo não é explicar todo o excelente trabalho que você fez, mas sim compartilhar as conclusões que surgiram a partir desse trabalho.

Pessoas que ganham a vida escrevendo comunicados à imprensa, ou mesmo qualquer um que tenha feito isso profissionalmente, sabem a importância de reduzir as coisas o máximo possível, mas as pessoas no desenvolvimento de produtos nem sempre entendem isso. Nos primeiros dias do PR/FAQ, um erro comum era presumir que mais significa melhor. Eles produziam documentos longos, anexavam página após página de narrativa, inserindo gráficos e tabelas em um apêndice. A virtude dessa abordagem, pelo menos da perspectiva do escritor, é que ela mostra todo o seu trabalho e permite que se evitem decisões difíceis sobre o que é importante e o que não é – deixando isso para o grupo. No entanto, restringir a extensão do documento é, para usar um termo que surgiu ao descrever as narrativas, uma função de imposição – vimos que ela desenvolve melhores pensadores e comunicadores.

A criação do PR/FAQ começa com a pessoa que originou a ideia ou o projeto escrevendo um rascunho. Quando é possível compartilhar informações, essa pessoa marca uma reunião de uma hora com as partes interessadas para revisar o documento e obter feedback. Na reunião, distribui-se o PR/FAQ em cópia eletrônica ou impressa, e todos leem em voz baixa. Quando terminam, o redator pede um feedback geral. Os participantes mais antigos tendem a falar por último, a fim de evitar influenciar os outros.

Uma vez que todos tenham dado suas respostas de alto nível, o redator pede comentários específicos, linha por linha, parágrafo por parágrafo. Essa discussão dos detalhes é a parte crítica da reunião. As pessoas fazem perguntas difíceis. Elas iniciam um intenso debate e discussão das ideias-chave e da maneira como estão expressas. Elas apontam pontos que devem ser omitidos ou coisas que estão faltando.

Após a reunião, o redator distribui as atas da reunião a todos os participantes, incluindo notas sobre o feedback. Em seguida, eles começam a trabalhar na revisão, incorporando respostas ao feedback. Quando está pronto, apresentam-no aos líderes executivos na empresa. Haverá mais feedback e discussão. Mais revisões e outras reuniões podem ser necessárias.

O processo de revisão de PR/FAQ pode ser estressante, não importa quão construtivo e imparcial seja o feedback. Lacunas serão encontradas! Um PR/FAQ sob consideração séria para implementação normalmente exigirá vários rascunhos e reuniões com a liderança. Gerentes seniores, diretores e líderes executivos que supervisionam os autores de PR/FAQs tornam-se avaliadores e colaboradores qualificados para o processo. Quanto mais PR/FAQs leem e quanto mais produtos são criados e lançados usando o processo PR/FAQ, mais capazes se tornam de identificar as omissões e falhas no pensamento do autor. E assim, o próprio processo cria um nível de avaliadores qualificados à medida que analisa e fortalece a ideia e alinha todos os envolvidos no projeto, desde o colaborador individual até o CEO. E também aumenta a probabilidade de um projeto ser aprovado e financiado. Você deve planejar fazer muitas revisões no documento PR/FAQ, mesmo após o projeto ter sido formalmente iniciado, para refletir mudanças e novos elementos.

Exemplo: Blue Corp. anuncia o lançamento de Melinda, a caixa postal inteligente

Melinda é a caixa de correio física projetada para receber e manter seguras todas as suas entregas de e-commerce e supermercados.

PR Newswire, Atlanta, GA, 5 de novembro de 2019

Hoje a Blue Corp. anunciou o lançamento de Melinda, uma caixa de correio inteligente que garante entrega e armazenamento seguros e devidamente refrigerados para suas mercadorias e mantimentos comprados on-line. Com Melinda, você não precisa mais se preocupar em ter as encomendas roubadas de sua porta ou mantimentos estragados. Além disso, você será notificado assim que seus pacotes forem entregues. Produzida com tecnologia inteligente, Melinda custa apenas US$ 299.

Hoje 23% dos compradores on-line relatam ter pacotes roubados da entrada de suas casas, e 19% reclamam que as entregas de mantimentos acabam estragando. Sem uma solução para esses problemas, os clientes desistem e param de fazer pedidos on-line.

Melinda, com sua tecnologia inteligente e isolamento, faz as embalagens roubadas e mantimentos estragados serem coisa do passado. Cada Melinda inclui uma câmera e um alto-falante. Quando um entregador chega em sua casa, Melinda diz a ele para escanear o código de barras do pacote, segurando-o contra a câmera. Se o código for válido, a porta da frente se abre e Melinda instrui o mensageiro a colocar o pacote dentro e fechar a porta com segurança. A balança embutida na base de cada Melinda verifica se o peso do pacote corresponde ao peso do(s) item(ns) que você encomendou. O entregador recebe uma confirmação de voz, e sua compra está segura e protegida. Melinda envia uma mensagem avisando que seu item chegou junto com um vídeo do mensageiro fazendo a entrega.

Quando você voltar para casa e estiver pronto para receber sua entrega, basta usar o leitor de impressão digital integrado para destrancar a porta. Melinda pode armazenar e reconhecer até dez impressões digitais salvas, para que todos os membros de sua família possam acessá-la.

Você usa Instacart, Amazon ou Walmart para entrega de alimentos on-line? Em caso afirmativo, você já está cansado de ter mantimentos estragados sob o sol quente? Melinda mantém seus alimentos resfriados e congelados. As paredes de Melinda têm cerca de cinco centímetros de espessura e são feitas com a mesma espuma injetada por pressão usada nos melhores refrigeradores, mantendo suas compras frescas por até doze horas.

Melinda cabe facilmente em sua varanda ou alpendre, ocupando apenas alguns metros de espaço, e você pode escolher entre uma variedade de cores e acabamentos para fazer de Melinda uma adição atraente para a decoração da sua casa.

"Melinda é um avanço em segurança e conveniência para os compradores on-line", diz Lisa Morris, CEO da Blue Corp. "Ao criar Melinda, combinamos uma série das tecnologias mais recentes pelo preço acessível de apenas US$ 299."

"Melinda é um salva-vidas", disse Janet Thomas, uma compradora on-line frequente e cliente da Instacart. "É muito frustrante quando um dos meus pacotes é roubado da minha entrada, e pode ser uma dor de cabeça tentar obter um reembolso. Uso o Instacart todas as semanas para entrega de mantimentos e, muitas vezes, não estou em casa quando minhas compras chegam. Adoro saber que elas estarão seguras na minha Melinda. Selecionei o acabamento de teca natural para a minha Melinda – ficou ótimo na minha varanda."

Para pedir sua Melinda, simplesmente visite keepitcool-melinda.com ou visite amazon.com, walmart.com, lojas Walmart e outros varejistas líderes.

FAQs internas

Pergunta: Qual é a estimativa da demanda do consumidor por Melinda?

Resposta: Com base em nossa pesquisa, estimamos que dez milhões de famílias nos Estados Unidos, Europa e Ásia gostariam de comprar Melinda por um preço de US$ 299.

Pergunta: Por que US$ 299 é o preço certo?

Resposta: Não há produtos para uma comparação direta no mercado atualmente. Um produto semelhante é o Amazon Key, que permite que os entregadores acessem sua casa, garagem ou carro usando a tecnologia de bloqueio inteligente. Outro produto similar é o Ring Doorbell, cujo preço varia de US$ 99 a US$ 499. Baseamos nosso preço em pesquisas com clientes e grupos de foco combinados com o preço necessário para garantir a lucratividade.

Pergunta: Como a Melinda reconhece os códigos de barras nas embalagens?

Resposta: Vamos licenciar a tecnologia de leitura de código de barras da Green Corp. a um custo de US$ 100 mil por ano. Além disso, precisamos desenvolver uma API que nos permitirá vincular uma conta de cliente Melinda a qualquer provedor de e-commerce (Amazon, Walmart, eBay, OfferUp etc.) que nos forneça o número de rastreamento do item do e-commerce ou entrega. Dessa forma, podemos reconhecer o código de barras com o número de rastreamento da embalagem e saber o peso exato ou estimado de cada item.

Pergunta: E se um cliente receber um pedido de um provedor de e-commerce e ainda não tiver vinculado sua conta?

Resposta: Tornamos mais fácil para os clientes vincularem seus pedidos porque ofereceremos um plug-in de navegador para clientes Melinda que detecta quando eles fazem um pedido com um provedor de e-commerce, que então vincula a conta e os detalhes do pedido à sua Melinda.

Pergunta: Por que os provedores de e-commerce, como Amazon e Walmart, estariam dispostos a compartilhar esses detalhes de entrega conosco? O que eles ganham com isso?

Resposta: Acreditamos que podemos convencê-los de que os benefícios da experiência do cliente permitirão que aumentem suas vendas. Além disso, trabalharemos em estreita colaboração com seus grupos comerciais e jurídicos para garantir que trataremos os dados de seus clientes de maneira que atendam a seus requisitos rigorosos. Como alternativa, ofereceremos uma interface de usuário simples para que os clientes copiem e colem cada número de rastreamento de seu provedor de e-commerce no aplicativo Melinda.

Pergunta: O que acontece se um cliente receber mais de uma entrega por dia?

Resposta: Melinda pode aceitar várias entregas por dia até que a unidade esteja cheia.

Pergunta: E se o pacote for grande demais para Melinda?

Resposta: Pacotes que excedam 2'×2'×4' não cabem em Melinda. Melinda ainda pode registrar o entregador e escanear o código de barras, mas o item ficará armazenado fora de Melinda.

Pergunta: Como Melinda pode evitar que um mensageiro roube itens de um pedido anterior que já estão guardados dentro dela?

Resposta: Há diversas maneiras. A primeira é que a câmera frontal registra qualquer atividade ou acesso à Melinda. A segunda é que existe uma balança na base da unidade que detecta o peso da remessa e verifica se ele corresponde ao(s) item(ns) solicitado(s). Se uma segunda entrega for feita em um dia, Melinda sabe o peso da primeira entrega e o peso estimado da segunda entrega, portanto, se o peso líquido for menor, Melinda sabe que o mensageiro retirou algo e soará um alarme.

Pergunta: Qual é a lista de materiais estimada ou custo de fabricação de cada Melinda, e quanto lucro teremos por unidade?

Resposta: A lista de materiais estimada é de US$ 250 para cada Melinda, o que significa que nosso lucro bruto por unidade é de US$ 49. As peças mais caras em cada Melinda são a estrutura e o isolamento (US$ 115), o leitor de impressão digital (US$ 49) e a balança.

Pergunta: Qual é a fonte de energia da Melinda?

Resposta: Melinda requer uma tomada AC padrão.

Pergunta: Qual é o tamanho da equipe necessária para construir Melinda?

Resposta: Estimamos que precisamos de uma equipe de 77 pessoas a um custo anual de US$ 15 milhões. Existem várias equipes necessárias para construir Melinda, mas elas podem ser divididas em equipes de hardware e software. No que

diz respeito ao hardware, precisamos de uma equipe para cada um dos seguintes:
- Estrutura física, opções de cores e acabamentos (6)
- Integração de vários componentes mecânicos e inteligentes, incluindo o leitor de impressão digital, a câmera, a porta automática (abrir/fechar), o alto-falante e a câmera (12)

No que diz respeito ao software, precisaremos de uma equipe para cada um dos novos serviços. Abaixo está nossa avaliação atual de quais equipes serão necessárias e quantas pessoas devem estar em cada equipe, incluindo gerentes de produto, engenheiros, designers e assim por diante:
- Comandos de voz para mensageiros (10)
- Captura e armazenamento de impressão digital (8)
- Rastreamento de pacote e detalhes de peso do item (11)
- Leitor de código de barras (7)
- API para vincular contas de e-commerce à Melinda (12)
- Plug-in do navegador/interface da web para vinculação de contas (5)
- Aplicativo Melinda para iOS e Android (6)

* * *

Esse PR/FAQ fictício foi elaborado para ilustrar os tipos de pensamento e problemas que o autor e os leitores de um PR/FAQ devem considerar.

O produto em si é uma realidade possível e impossível ao mesmo tempo. O problema de pacotes roubados e alimentos estragados é uma realidade de muitos clientes (embora as pesquisas/estatísticas aqui sejam falsas), e todos os vários componentes e tecnologias já existem. Melinda, conforme descrito, não é realista, pois os custos são quase certamente subestimados (o produto é complexo demais), e o mercado endereçável para o produto é provavelmente muito pequeno.

No entanto, o exemplo nos permite ilustrar as maneiras pelas quais o processo de PR/FAQ ajuda os autores a avaliarem a viabilidade de qualquer novo produto, forçando-os a considerar e documentar todos os elementos e restrições, incluindo (mas não se limitando a) as necessidades do consumidor, mercado total endereçável, custo por unidade e P&L, dependências principais e viabilidade (quão desafiador é construir o produto). Um bom PR/FAQ é aquele em que o autor considerou e abordou cada uma dessas questões, buscando a verdade e a clareza em cada uma delas.

COMPONENTES DO COMUNICADO À IMPRENSA (PR)

Estes são os principais elementos do comunicado à imprensa:

Cabeçalho: Batize o produto de uma forma que o leitor (ou seja, seus clientes-alvo) entenda. Uma frase sob o título.

"A Blue Corp. anuncia o lançamento de Melinda, a caixa postal inteligente."

Subtítulo: Descreva o cliente do produto e quais benefícios ele obterá com o uso. Uma frase apenas abaixo do título.

"Melinda é a caixa postal física projetada para receber e manter em segurança todas as suas encomendas de e-commerce e mantimentos."

Parágrafo de resumo: Comece com a cidade, empresa e a data proposta para o lançamento. Dê um resumo do produto e dos benefícios.

"PR Newswire, Atlanta, GA, 5 de novembro de 2019. Hoje a Blue Corp. anunciou o lançamento de Melinda, uma caixa de correio inteligente que garante a entrega e o armazenamento seguros e devidamente refrigerados para suas mercadorias e mantimentos comprados on-line."

Parágrafo do problema: É aqui que você descreve o problema que seu produto foi projetado para resolver. Certifique-se de escrever este parágrafo a partir do ponto de vista do cliente.

"Hoje 23% dos compradores on-line relatam ter pacotes roubados da entrada de suas casas, e 19% reclamam que as entregas de mantimentos acabam estragando."

Parágrafo(s) da solução: Descreva seu produto com alguns detalhes e como ele resolve o problema do cliente de maneira simples e fácil. Para produtos mais complexos, você pode precisar de mais de um parágrafo.

"Com Melinda, você não precisa mais se preocupar em ter suas compras e entregas on-line roubadas..."

Citações e primeiros passos: Adicione uma citação sua ou do porta-voz de sua empresa e uma segunda citação de um cliente hipotético, na qual ele descreve os benefícios que obteve com o uso de seu novo produto. Descreva como é fácil adquiri-lo e forneça um link para seu site onde os clientes podem obter mais informações e comprar o produto.

"Melinda é uma inovação em segurança e comodidade para os compradores on-line..."

COMPONENTES DO FAQ

Ao contrário do PR, a seção de FAQ tem uma aparência mais livre – não há perguntas frequentes obrigatórias. A seção de PR normalmente não inclui recursos visuais, porém é mais do que recomendável incluir tabelas, gráficos e imagens nas FAQ. Você deve incluir itens como suas projeções de P&L para um novo negócio ou produto. Se você tiver modelos ou wireframes de alta qualidade, eles podem ser incluídos como um apêndice.

Os FAQs são divididos frequentemente em externos (que focalizam o cliente) e internos (que focalizam sua empresa). Os FAQs externos constituem aquelas perguntas que os clientes e/ou a imprensa farão sobre o produto. Isso incluirá perguntas mais detalhadas sobre como o produto funciona, quanto custa e como/onde comprá-lo. Como essas perguntas são específicas do produto, elas são exclusivas para um PR/FAQ individual. Para os FAQs internos, há uma lista mais padronizada de tópicos que você precisará abranger. Seguem algumas das áreas típicas a serem abordadas.

Necessidades do consumidor e mercado total endereçável (TAM)

- Quantos consumidores têm essa necessidade ou problema?
- Qual é o tamanho da necessidade?
- Para quantos consumidores esse problema é grande o suficiente para que estejam dispostos a gastar dinheiro com isso?
- Se sim, quanto dinheiro eles estariam dispostos a gastar?
- Quantos desses consumidores têm as características/capacidades/restrições necessárias para fazer uso do produto?

Essas perguntas do consumidor permitirão que você identifique os principais clientes, descobrindo aqueles que não atendem às restrições do produto. No exemplo de Melinda, por exemplo, você eliminaria pessoas que:

- não têm espaço suficiente na entrada de casa para abrigar o produto
- não têm um pátio de entrada coberto ou uma área ao ar livre com acesso à rua (por exemplo, a maioria dos moradores de apartamento)
- não têm uma fonte adequada de eletricidade
- não ficariam satisfeitas em ter uma grande caixa de armazenamento/de correio na entrada da casa
- não recebem muitas entregas ou entregas que necessitam de refrigeração
- não moram em áreas onde o roubo de pacotes é um problema
- não têm interesse ou condições de pagar US$ 299 para atender a essa necessidade

Apenas um pequeno número de pessoas passará por todos esses filtros e será identificado como pertencente ao mercado total endereçável.

A pesquisa sobre essas questões (por exemplo, quantas casas independentes existem em determinada área?) pode ajudá-lo a estimar o mercado total endereçável (TAM, do inglês *total addressable market*), mas, como qualquer pesquisa, haverá ampla margem de erro. O autor e os leitores do PR/FAQ terão que decidir sobre o tamanho do TAM com base nos dados coletados e em seu julgamento sobre sua relevância. Com Melinda, é provável que esse processo conduziria à conclusão de que o TAM é consideravelmente pequeno.

Economia e P&L (lucros e perdas)

- Qual é o ganho por unidade desse dispositivo? Ou seja, qual é o lucro bruto esperado e o lucro de contribuição por unidade?
- Qual é a justificativa para a faixa de preço que você escolheu para o produto?
- Quanto teremos que investir para a criação desse produto em termos de pessoas, tecnologia, estoque, espaço de depósito e assim por diante?

Para esta seção do PR/FAQ, o ideal é que um ou mais membros de sua equipe financeira trabalhem em parceria para entender e captar esses custos, a fim de que você possa incluir uma tabela simplificada do custo por unidade e um mini P&L no documento. Um empreendedor ou gerente de produto habilidoso pode fazer esse trabalho sozinho, se não tiver um gerente financeiro ou uma equipe.

Para novos produtos, o investimento inicial é algo importante a se levar em conta. No caso de Melinda, é necessário que 77 pessoas trabalhem no hardware e software, por um custo anual de cerca de US$ 15 milhões. Isso significa que a ideia do produto precisa ter o potencial de ganhar bem mais de US$ 15 milhões por ano em lucro bruto para valer a pena ser construída.

As perguntas do consumidor e a análise econômica têm um efeito sobre o preço do produto; e esse preço, por sua vez, tem um efeito sobre o tamanho do mercado endereçável.

O preço é uma variável importante na criação de seu PR/FAQ. Pode ser que surjam suposições ou considerações especiais que geraram o cálculo do preço – talvez tornando-o relativamente baixo ou inesperadamente alto – que precisem ser destacadas e explicadas. Algumas das melhores propostas de novos produtos estabelecem um limite de preço que força a equipe a inovar dentro dessa restrição e enfrentar as difíceis compensações (trade-offs) desde o início. O(s) problema(s) associado(s) à obtenção desse preço devem ser totalmente explicados e explorados no FAQ. Suponha que sua pesquisa sobre Melinda o leve a concluir que, para atingir o melhor TAM possível, precisa oferecer o produto por no máximo US$ 99. A lista de materiais, entretanto, chega a US$ 250. Agora você tem duas opções. Primeira, alterar as especificações, eliminar recursos ou executar outras ações que irão reduzir os custos de produção para menos de US$ 99. Segunda, criar um plano financeiro que mostre grandes perdas nos primeiros dias do lançamento, mas também mostre que as perdas podem, eventualmente, ser mitigadas com reduções nos custos de produção conforme o produto atinja escala ou possa ser aprimorado com alguma fonte adicional de receita (por exemplo, um serviço ou assinatura associados).

Dependências

- Como convenceremos as transportadoras (USPS, UPS, FedEx, Amazon Fulfillment, Instacart etc.) a realmente usar esse dispositivo em vez de seus métodos de entrega atuais/padrão?
- Como vamos garantir que os entregadores (que não trabalham para você e sobre os quais você não tem controle) usem a interface de usuário da Melinda de forma correta e se disponham a colocar os pacotes nela em vez de apenas deixar o pacote na porta como normalmente fazem?
- Não vai demorar mais tempo (que é preciso) para eles fazerem uma entrega do que atualmente?
- De quais tecnologias de terceiros dependemos para que Melinda funcione conforme prometido?

Um erro comum entre gerentes de produto menos experientes é não considerar por completo como terceiros, que têm suas próprias agendas e incentivos, irão interagir com sua ideia de produto, ou quais possíveis questões regulatórias ou legais podem surgir.

O papel de terceiros é uma questão importante para Melinda, cujo sucesso depende em grande parte de seu envolvimento e execução adequada. Sem os dados corretos de rastreamento de pacotes ou a cooperação das empresas que detêm esses dados e dos entregadores, Melinda (conforme descrito) seria inútil. A única alternativa seria os clientes inserirem manualmente suas informações de rastreamento para cada entrega no aplicativo Melinda, o que é bastante improvável que façam – e, mesmo se o fizessem, ainda seria necessário que os entregadores estivessem dispostos e capazes de usá-lo. Um bom PR/FAQ avalia de forma honesta e precisa essas dependências e descreve os conceitos ou planos específicos para o produto a fim de resolvê-las.

VIABILIDADE

- Quais são os problemas desafiadores de engenharia de produto que precisaremos resolver?
- Quais são os problemas desafiadores na interface de usuário do cliente que precisaremos resolver?
- Quais são as dependências de terceiros que precisaremos resolver?
- Como gerenciaremos o risco do investimento inicial necessário?

Essas perguntas têm como objetivo ajudar o autor a esclarecer para o leitor qual nível de inventividade é necessário e que tipos de desafios estão envolvidos na elaboração desse novo produto. Esses critérios variam de produto a produto, e há diferentes tipos de desafios, desde técnicos e jurídicos até financeiros e de parcerias com terceiros ou de interface de usuário e aceitação do cliente.

Com Melinda, os desafios de engenharia provavelmente são bastante gerenciáveis, uma vez que nenhuma nova tecnologia precisa ser desenvolvida ou empregada. A interface do usuário também é conhecida. Já as dependências de terceiros representam o maior desafio para fazer Melinda funcionar.

SEGUIR ADIANTE?

É importante observar que, durante nosso tempo com a Amazon, a maioria dos PR/FAQs nunca chegou a um estágio em que fossem lançados como produtos reais. Isso significa que um gerente de produto gastará muito tempo explorando ideias de produtos que podem nunca chegar ao mercado. Isso pode acontecer em virtude da intensa competição por recursos e capital entre as centenas de PR/FAQs que são criados e apresentados a cada ano dentro da empresa. Somente os melhores chegarão ao topo da pilha e terão prioridade e recursos, seja de capital proveniente de uma grande empresa como a Amazon, seja de uma startup. O fato de que a maioria dos PR/FAQs não é aprovada é um recurso, não um defeito. Gastar tempo antecipadamente para pensar em todos os detalhes de um produto e para determinar – sem comprometer recursos preciosos de desenvolvimento de software – em quais produtos não se deve investir preserva os recursos da sua empresa para criar produtos que produzirão o maior impacto para os clientes e seus negócios.

Outro dos maiores benefícios de um PR/FAQ escrito é que ele permite que a equipe realmente entenda as restrições e problemas específicos que impediriam uma nova ideia de produto de ser viável e de se alinhar a eles. Nesse ponto, a equipe de liderança ou de produto deve decidir se continuará trabalhando no produto, abordando os problemas e restrições levantados pelo PR/FAQ e desenvolvendo soluções que irão potencialmente tornar o produto viável, ou se irá desistir de sua produção.

No caso do projeto Melinda, o autor e a equipe certamente chegariam à conclusão de que esse não é um produto viável por vários motivos. O TAM pode ser muito pequeno, não importa a faixa de preço do produto. O uso do produto pode ser complicado, mesmo que a funcionalidade em si seja familiar para a maioria dos clientes. Pode ser que Amazon e Walmart não consigam fornecer os dados necessários ou que os entregadores não se deem ao trabalho de usar o produto. O dispositivo pode simplesmente ser muito caro para ser construído e vendido com lucro por US$ 299, mesmo que o TAM venha a aumentar.

Esse processo permite que uma equipe de produto e a liderança da empresa obtenham um entendimento completo da oportunidade e das restrições. A liderança e a gestão muitas vezes estão mais interessadas em decidir o que *não fazer*, em vez de o que *fazer*. Ter clareza sobre os motivos que o levaram a fazer algo geralmente é tão importante quanto ter clareza sobre o que você está fazendo.

Se, após o processo de PR/FAQ, a equipe de liderança ainda acreditar no produto e quiser transformá-lo em realidade, o processo fornecerá um entendimento completo dos problemas que necessitariam ser resolvidos a fim seguir adiante com a ideia. Talvez um problema possa ser resolvido com uma aquisição ou uma parceria. Talvez possa ser resolvido com o passar do tempo – novas tecnologias podem ficar disponíveis ou os custos da tecnologia podem diminuir. Pode ser que a empresa decida que o problema ou restrição são solucionáveis, que a solução demandará riscos e custos e que ela está disposta a assumir esse risco e custo porque o TAM é grande e, portanto, existe a possibilidade de uma grande recompensa.

Esta última consideração surgia com frequência em análises com Jeff, enquanto debatíamos ideias de produtos usando o processo PR/

FAQ. Uma equipe poderia identificar um problema difícil durante uma revisão que não saberíamos como resolver ou mesmo se *conseguiríamos* resolver. Jeff diria algo como: "Não devemos ter medo de enfrentar problemas difíceis se ao resolvê-los podemos gerar um valor substancial".

Acima de tudo, tenha em mente que o PR/FAQ é um documento vivo. Depois de aprovado pela equipe de liderança, é quase certo que ainda será editado e alterado (um processo que deve ser monitorado ou revisado com a equipe de liderança). Não há garantias de que uma ideia expressa em um excelente PR/FAQ avançará e se tornará um produto. Como dissemos, apenas uma pequena porcentagem de ideias receberá um sinal verde. Mas isso não é uma desvantagem. Isso é, na verdade, um grande benefício do processo – um método dedicado, completo e baseado em dados para decidir quando e como investir recursos de desenvolvimento. Gerar e avaliar grandes ideias é o benefício real do processo Working Backwards.

Capítulo 6

Métricas:
gerencie suas entradas, não suas saídas

Por que as métricas se tornam mais importantes à medida que a empresa cresce? O ciclo de vida das métricas. A diferença entre métricas de entrada e métricas de saída. Certifique-se de que suas métricas sejam imparciais. Usando métricas em análises de negócios. As principais armadilhas da reunião de revisão.

* * *

Certa vez, Jeff e eu (Colin) visitamos uma empresa Fortune 500 para um encontro em particular com o CEO. Durante nossa reunião, um assistente entrou correndo e entregou ao chefe uma folha de papel. O CEO olhou para o papel, acenou para nós e disse com orgulho: "Nossas ações subiram trinta centavos esta manhã!". Seu humor melhorou, como se fosse pessoalmente responsável pelo aumento.

No carro, enquanto nos dirigíamos à reunião seguinte, Jeff disse: "Não há nada que o CEO tenha feito para causar aquele aumento de trinta centavos no preço das ações". Concordei e acrescentei que não ficaria surpreso se o assistente tivesse jogado várias impressões na lixeira naquela manhã enquanto não havia um aumento significativo. Teríamos presenciado a mesma cena caso o preço das ações tivesse caído trinta centavos? Exploraremos neste capítulo uma importante lição: o preço das ações é o que a Amazon chama de "métrica de saída". O CEO e as empresas em geral têm muito pouca capacidade de controlar diretamente as métricas de saída. O que realmente importa é focar as "métricas de entrada controláveis", as atividades que você controla de forma direta e que acabam afetando as métricas de saída, como o preço das ações.

Com muita frequência, as empresas prestam atenção aos sinais errados ou não conseguem captar as principais tendências de negócios, mesmo quando têm muitos dados e indicadores à disposição. Neste capítulo, veremos como selecionar e mensurar métricas que colocarão em foco atividades importantes para que seu negócio caminhe na melhor direção. Veremos como a Amazon escolhe suas métricas concentrando-se em métricas de entrada controláveis, que são motores que, quando bem gerenciados, podem levar a um crescimento lucrativo. Falaremos sobre como apresentamos e interpretamos os dados e como a utilização de métricas rigorosas impulsiona a prestação de contas. Também compartilharemos algumas lições difíceis do que aprendemos ao otimizar as métricas erradas e as razões por que às vezes é tão difícil usar os dados de maneira eficaz. Vamos discutir o que pode acontecer se a empresa concentrar a atenção no tipo errado de tendências de dados e descreveremos algumas armadilhas frequentes.

Ao contrário das discussões dos capítulos anteriores, não existe um manual único ou um conjunto de regras escritas sobre como a Amazon utiliza as métricas para conduzir os negócios. O material que discutiremos aqui é baseado em nossas próprias experiências na empresa, bem como nas discussões que tivemos com outros líderes, antigos e atuais, da Amazon.

FICANDO PERTO DOS NEGÓCIOS

Já mencionamos as dores de crescimento da Amazon. Ao longo da trajetória da empresa, chegou um ponto em que Jeff não conseguia mais acompanhar cada parte do processo com os próprios olhos. O contato direto e a experiência pessoal foram substituídos por protocolos em vários níveis de gerenciamento e relatórios predefinidos. Algumas informações cruciais para os negócios, como o número de novos clientes e vendas por categoria, estavam disponíveis e poderiam ser facilmente consultadas. Mas havia outros dados que só poderiam ser acessados com a produção de relatórios ad hoc personalizados. Era difícil responder de forma confiável e rápida à pergunta: "Qual é a tendência dos negócios?".

Esses primeiros anos são fascinantes, e o desenvolvimento de cada métrica tem sua própria história, mas vamos pular para o ano 2000, quando a Amazon atingiu US$ 2,76 bilhões em receita anual e sua famosa cultura baseada em dados prevalecia em toda a empresa. Durante o quarto trimestre – no qual nossas vendas líquidas aumentaram 44% em relação ao quarto trimestre do ano anterior –, havia uma reunião diária na "sala de guerra", na qual os líderes da Amazon analisavam um conjunto de métricas de três páginas para descobrir quais ações teríamos que executar para responder com sucesso às demandas do que se esperava ser um fim de ano com recorde de vendas. Um componente-chave da plataforma era o backlog, um registro dos pedidos recebidos menos os envios feitos. O backlog indicava a quantidade de trabalho necessária para garantir que nossos clientes recebessem seus presentes antes do feriado. Isso exigiria um esforço muito grande. Muitos funcionários corporativos foram recrutados para trabalhar nos centros de distribuição e atendimento ao cliente. Colin trabalhava no turno da noite, das sete da noite às cinco e trinta da manhã, no centro de distribuição de Campbellsville, Kentucky, e trabalhava a distância, do hotel Best Western, para continuar em dia com seus afazeres diurnos. Bill permaneceu em Seattle para manter a sessão de vídeo em funcionamento durante o dia e viajava cinco quilômetros para o sul todas as noites a fim de trabalhar no centro de distribuição de Seattle.

Não sabíamos qual seria o resultado. Se prometêssemos demais, poderíamos arruinar o Natal de um cliente. Se não prometêssemos nada e parássemos de aceitar pedidos, estaríamos basicamente dizendo aos nossos clientes para buscarem outra empresa que atendesse às suas necessidades.

Foi por pouco, mas conseguimos. Pouco depois daquela temporada de férias, fizemos uma autoanálise, da qual nasceu a Weekly Business Review – WBR (Revisão Semanal de Negócios). O objetivo da WBR era fornecer uma visão mais abrangente a respeito dos negócios.

A WBR tem se mostrado muito útil ao longo dos anos e é amplamente adotada em toda a empresa. Vamos detalhar como a WBR está elaborada e implementada para que a Amazon possa acompanhar o desenvolvimento e melhorar a cada semana. A WBR funciona de maneira fractal, o que nos permite adaptar-nos facilmente a diferentes situações, desde pequenos grupos até negócios bilionários. Pequenas equipes, linhas de categoria de negócios e todo o negócio de varejo on-line têm suas próprias WBRs. Além de nossa discussão sobre os benefícios da WBR, apontaremos alguns erros comuns em seu desenvolvimento e execução, incluindo alguns erros graves cometidos por nós. Embora estejamos nos concentrando na WBR neste capítulo, os mesmos princípios e técnicas podem ser aplicados sempre que for preciso examinar os dados para tomar decisões embasadas.

O CICLO DE VIDA DAS MÉTRICAS

Quando as equipes de varejo, operações e finanças começaram a elaborar a WBR inicial, elas se voltaram para um conhecido método de melhoria de processos Six Sigma chamado DMAIC (um acrônimo para *Define-Measure-Analyze-Improve-Control*, que se traduz como: definir, medir, analisar, melhorar e controlar).[27] Se você decidir implementar uma revisão semanal de negócios para a sua empresa, recomendamos seguir também os passos do DMAIC. A ordem das etapas é importante. Progredir no ciclo de vida das métricas seguindo a ordem pode evitar muita frustração e retrabalho, fazendo com que atinja seus objetivos com mais rapidez.

Definir

Primeiro, você precisa selecionar e definir as métricas que deseja medir. Escolher as métricas certas fornecerá uma orientação clara e prática. Uma escolha ruim pode resultar em uma declaração do óbvio, uma apresentação inespecífica de tudo que sua empresa está fazendo. Donald Wheeler, no livro *Understanding Variation* (Compreendendo a variação), explica:

> Antes de tentar melhorar qualquer sistema... você precisa compreender como as entradas afetam as saídas do sistema. Você deve ser capaz de alterar as entradas (e possivelmente o sistema) para obter os resultados desejados. Isso exigirá um

---

[27] "What Is Six Sigma?", https://www.whatissixsigma.net/what-is-six-sigma/.

esforço permanente, propósito constante e um ambiente onde a melhoria contínua seja a filosofia operacional.[28]

A Amazon leva essa filosofia realmente a sério, concentrando a maior parte dos esforços nos indicadores de desempenho futuro (leading indicators) (chamamos a isso de "métricas de entrada controláveis") em vez de indicadores de desempenho passado (lagging indicators) ("métricas de saída"). As métricas de entrada acompanham coisas como seleção, preço ou conveniência – fatores que a Amazon pode controlar por meio de ações como adicionar itens ao catálogo, diminuir o custo para que os preços possam ser reduzidos, ou posicionar o estoque para facilitar a entrega mais rápida aos clientes. Métricas de saída – coisas como pedidos, receita e lucro – são importantes, mas em geral não podem ser diretamente manipuladas de maneira sustentável no longo prazo. As métricas de entrada medem coisas que, se feitas da maneira certa, geram os resultados desejados nas métricas de saída.

Não podemos contar quantas vezes ouvimos as pessoas dizerem, ao falar sobre uma iniciativa lançada pela Amazon: "Vocês podem fazer isso na Amazon porque não se preocupam com os lucros". Isso simplesmente não é verdade. Os lucros são tão importantes para a Amazon quanto para qualquer outra grande empresa. Outras métricas de saída, como receita semanal, total de clientes, assinantes Prime e (no longo prazo) o preço das ações – ou, mais precisamente, fluxo de caixa livre por ação –, são muito importantes para a Amazon. Os primeiros detratores confundiram a ênfase da Amazon nas métricas de entrada com uma falta de interesse nos lucros e declararam que a

---

28. Donald J. Wheeler, *Understanding Variation: The Key to Managing Chaos* (Knoxville, TN: SPC Press, 2000), p. 13.

empresa estava fadada ao fracasso, apenas para se surpreenderem com seu crescimento nos anos seguintes.

1. A ENGRENAGEM: AS MÉTRICAS DE ENTRADA LEVAM ÀS MÉTRICAS DE SAÍDA, E VICE-VERSA

Em 2001, Jeff desenhou o seguinte diagrama simples em um guardanapo para ilustrar o círculo virtuoso da Amazon, também chamado de "engrenagem da Amazon". Esse esboço, inspirado no conceito de engrenagem no livro de Jim Collins *Good to Great* (Do bom ao excelente), é um modelo de como um conjunto de métricas de entrada controláveis impulsiona uma única métrica-chave de saída – nesse caso, o crescimento. Nesse sistema de circuito fechado, conforme você injeta energia em qualquer um dos elementos, ou em todos eles, a engrenagem gira mais rápido:

Como é um ciclo, você pode começar por qualquer entrada. As métricas de Experiência do cliente, por exemplo, podem incluir velocidade de envio, variedade de seleção, riqueza de informações sobre o produto, facilidade de uso e assim por diante. Veja o que acontece quando melhoramos a experiência do cliente:

- Uma melhor experiência do cliente leva a *mais tráfego*.
- Mais tráfego atrai *mais vendedores* que procuram esses compradores.
- Mais vendedores levam a uma *seleção mais ampla*.
- Uma seleção mais ampla aprimora a *experiência do cliente*, completando o círculo.
- O ciclo impulsiona o *crescimento*, que por sua vez *reduz a estrutura de custos*.
- Custos mais baixos levam a *preços mais baixos*, melhorando a *experiência do cliente*, e a engrenagem gira ainda mais rápido.

A engrenagem da Amazon representa o principal aspecto do que torna o departamento de varejo da empresa um sucesso. Portanto, não deve ser surpresa que quase todas as métricas discutidas na WBR podem ser categorizadas em um dos elementos da engrenagem. Na verdade, a primeira página da apresentação WBR tem uma imagem semelhante ao gráfico da engrenagem acima.

2. IDENTIFIQUE AS MÉTRICAS DE ENTRADA CORRETAS E CONTROLÁVEIS

Essa etapa parece fácil, mas pode ser bastante complicada, e os detalhes são importantes. Um erro que cometemos na Amazon quando começamos a expandir dos livros para outras categorias foi escolher métricas de entrada focadas na seleção, ou seja, quantos itens a Amazon oferecia para venda. Cada item é descrito em uma "página de detalhes" que inclui uma descrição do item, imagens, avaliações do cliente, disponibilidade (por exemplo, envio em 24 horas), preço e a caixa ou botão "comprar". Uma das métricas que escolhemos inicialmente para a seleção foi o número de novas páginas de detalhes criadas, supondo que mais páginas significavam uma seleção melhor.

Assim que identificamos essa métrica, ela teve um efeito imediato nas ações das equipes de varejo. As equipes ficaram obcecadas em adicionar novas páginas de detalhes – cada equipe adicionou dezenas, centenas, até milhares de itens às suas categorias que não estavam disponíveis anteriormente na Amazon. Para alguns itens, as equipes tinham que estabelecer relações com novos fabricantes e, muitas vezes, comprar estoques que precisavam ser alojados nos centros de distribuição.

Logo percebemos que esse aumento no número de páginas de detalhes, embora aparentemente melhorasse a seleção, não produziu um aumento nas vendas, a métrica de saída. A análise mostrou que, enquanto buscavam um aumento no número de itens, às vezes as equipes acabavam comprando produtos que não estavam em alta demanda. Essa atividade causou um salto em uma métrica de saída diferente – o custo de manter estoque –, e os itens de baixa demanda ocuparam um espaço valioso nos centros de distribuição que deveria ter sido reservado para itens de alta demanda.

Quando percebemos que as equipes haviam escolhido a métrica de entrada errada – que foi revelada por meio do processo WBR –, mudamos a métrica para refletir a demanda do consumidor. Em várias reuniões WBR, nos perguntamos: "Se alterarmos essa métrica de seleção, conforme definido atualmente, isso trará o resultado desejado?". Conforme coletamos mais dados e observamos o negócio, essa métrica de seleção em particular evoluiu ao longo do tempo a partir de:

- número de páginas de detalhes, que aprimoramos para
- número de visualizações da página de detalhes (você não recebe crédito por uma nova página de detalhes se os clientes não a visualizarem), que então se tornou

- a porcentagem de visualizações da página de detalhes em que os produtos estavam em estoque (você não recebe crédito se adicionar itens mas não puder mantê-los em estoque), que foi finalmente finalizada como
- a porcentagem de visualizações de página de detalhes em que os produtos estavam em estoque e imediatamente prontos para envio em dois dias, o que acabou sendo denominado Fast Track In Stock.

Há um padrão de tentativa e erro com as métricas nos pontos acima, e essa é uma parte essencial do processo. A chave é testar e debater obstinadamente enquanto avança. Por exemplo, Jeff estava preocupado que a métrica Fast Track In Stock pudesse ter um alcance muito restrito. Jeff Wilke argumentou que a métrica produziria amplas melhorias sistemáticas em todo o negócio de varejo. Eles concordaram em testá-la por um tempo, e isso funcionou exatamente como Jeff Wilke havia previsto.

O Fast Track In Stock, combinado com o custo de manutenção, forneceu às equipes um conjunto útil de métricas de entrada para adicionar à seleção de uma forma que geraria lucro nas vendas. Depois de solidificar as métricas, você pode definir um padrão e comparar as equipes em relação a esse padrão. Por exemplo, decidimos que, em cada categoria, queríamos que 95% das visualizações de página de detalhes exibissem um produto que estivesse em estoque e pronto para envio imediato.

Essas novas métricas de entrada criaram uma mudança substancial no trabalho e no comportamento das equipes de categorias. Seu foco mudou para revisar outros sites e lojas de varejo e vasculhar os históricos de pesquisa da Amazon para determinar quais itens estavam sendo mais procurados em cada categoria mas não estavam sendo encontrados na Amazon. A partir disso, poderíamos desenvolver uma lista prioritária de fabricantes para abordar e itens mais importantes para aquisição. Em vez de se concentrar no número absoluto de itens adicionados, eles poderiam adicionar os itens que causariam o maior impacto nas vendas. Parece simples, mas, com as métricas de entrada incorretas ou muito rudimentares, seus esforços podem não ser recompensados com uma melhoria nas métricas de saída. As métricas de entrada corretas fazem com que toda a organização se concentre nas coisas que mais importam. Encontrar exatamente o caminho certo é um processo repetitivo que precisa acontecer com cada métrica de entrada. Nota: a maior parte dos exemplos fornecidos neste capítulo é de empresas grandes e com recursos substanciais. Mas o DMAIC e o processo WBR são totalmente adaptáveis. Seu nível de investimento deve estar de acordo com os recursos que você tem.

Se for uma organização sem fins lucrativos, descubra um número modesto de métricas principais que mostrem de forma confiável como você está indo. Por exemplo, com que frequência você contata sua base de doadores, e como isso afeta seus recursos?

Um grande erro é não começar. A maioria das WBRs começa bem simples e passa por mudanças e melhorias substanciais ao longo do tempo.

Medir

Criar ferramentas para coletar os dados necessários das métricas pode parecer bastante simples, mas, assim como escolher as próprias métricas, descobrimos ser algo que demanda esforço e tempo combinados para acertar as ferramentas de coleta. No Capítulo 2, discutimos como é importante compreender e remover os vieses no processo de entrevista. Remover vieses nas métricas é tão importante quanto. Cada um dos subordinados diretos de Jeff que administrava uma unidade de negócios tendia a escolher métricas e coletar dados que mostrariam tendências positivas no desempenho de suas unidades. Desejar o sucesso é parte da natureza humana.

No início dos anos 2000, Jeff e o CFO, Warren Jenson – que foi substituído em 2002 por Tom Szkutak –, afirmaram o quanto era importante que a equipe financeira descobrisse e relatasse a verdade com imparcialidade. Jeff, Warren e Tom insistiram que, independentemente de os negócios estarem indo bem ou mal, a equipe de finanças não deveria "fazer nada mais do que relatar o que via", com base no que os dados revelavam. Essa mentalidade de busca da verdade permeou toda a equipe de finanças e foi imprescindível, pois garantiu que os líderes da empresa tivessem informações imparciais à sua disposição na tomada de decisões importantes. Ter uma pessoa, ou equipe, independente envolvida com a medição pode ajudá-lo a buscar e eliminar vieses nos resultados dos dados.

A próxima etapa após determinar quais ferramentas usar é coletar os dados e apresentá-los em um formato utilizável. Muitas vezes, os dados que você deseja estarão espalhados por diferentes sistemas e podem exigir alguns recursos de software para compilar, agregar e serem exibidos corretamente. Não faça concessões aqui. Faça o investimento. Do contrário, poderá descobrir que está trabalhando às cegas em relação a algum aspecto importante do seu negócio.

Conforme você desenvolve as ferramentas de coleta, certifique-se de que estão medindo o que realmente acha que estão medindo. Tentar entender exatamente como os dados são coletados ajuda a identificar possíveis problemas. Considere a métrica "em estoque", que tenta responder à pergunta "Qual porcentagem dos meus produtos está disponível para compra e envio imediatos?". Existem muitas maneiras de definir e coletar dados sobre itens em estoque, por exemplo:

- Tiramos uma foto do nosso catálogo todas as noites às 23h, determinamos quais itens estão em estoque e identificamos cada item para rastrear as vendas de produtos por trinta dias. Ou seja, se o produto A vendeu trinta unidades no mês anterior e o produto B vendeu dez unidades e ambos estão fora de estoque no momento da contagem, o produto A terá impacto três vezes maior na métrica de estoque do que o produto B.

- Adicionamos softwares às páginas do produto para executar as ações seguintes. Sempre que um produto é exibido em uma página, adicionamos um à métrica do "número total de páginas de produto exibidas". Se esse produto estiver em estoque quando for exibido, adicionamos um à métrica "número total de páginas de produtos em estoque exibidas". No fim do dia, dividimos o "número total de páginas de produtos em estoque exibidas" pelo "número total de páginas de produto exibidas" para obter nossa métrica em estoque global para o dia. Por exemplo, suponha que você exibiu um milhão de páginas de detalhes no total entre todos os produtos de seu catálogo, e 850 mil páginas de produtos exibiram um produto que estava em estoque. Então, a porcentagem de produtos em estoque em relação à demanda naquele dia seria de 85%. Os produtos mais vistos pelos clientes têm um impacto maior nessa métrica do que os produtos que são raramente vistos.

Cada uma dessas métricas mede o estoque de uma maneira diversa e pode gerar um resultado bastante diferente para o mesmo negócio no mesmo dia. A primeira métrica pode distorcer os dados dependendo da hora do dia em que a empresa recebe a maior parte do seu estoque. Se a maior parte do estoque chegar à noite, o item pode ter ficado fora de estoque durante a maior parte do dia, mas foi reabastecido pouco antes da coleta dos dados. O resultado será que o desempenho em estoque parecerá melhor para a empresa do que a maioria dos clientes realmente experimentou naquele dia. E se um item popular ficar sem estoque por muito tempo, terá menos impacto na métrica a cada dia, pois levam-se em consideração as vendas de trinta dias desse item.

A segunda métrica, embora exija mais recursos para ser coletada (pelo menos no curto prazo), é uma representação mais precisa do comportamento dos clientes naquele dia. Ela captura, do ponto de vista do cliente, a porcentagem de tempo em que a Amazon ficou em estoque para os itens visualizados. A primeira métrica é voltada para dentro e centrada nas operações, enquanto a segunda métrica é voltada para fora e centrada no cliente. Comece com o cliente e trabalhe de trás para a frente, alinhando suas métricas com a experiência do cliente.

Uma peça do quebra-cabeça frequentemente negligenciada é determinar como auditar as métricas. A menos que tenha um processo regular para validar suas métricas de forma independente, suponha que, com o tempo, algo fará com que haja desvios e distorção de números. Se a métrica for importante, descubra uma maneira de fazer uma medição separada ou coletar comentários de clientes para ver se as informações estão de acordo com a métrica que está analisando. Assim, um exemplo recente seriam os testes de Covid-19 por região. Não é suficiente analisar o número de testes positivos em sua região em comparação com outra região com uma população de tamanho semelhante. Também é preciso considerar o número de testes per capita realizados em cada região. Uma vez que o número de testes positivos e o número de testes per capita em cada local continuarão mudando, você precisará manter a atualização da auditoria das medições.[29]

---

29. Se você, como o CEO mencionado no início do capítulo, ainda insiste em ter o preço das ações da empresa entregue em mãos todas as manhãs, deve exigir que esse papel seja impresso exatamente no mesmo horário todos os dias, insistir que o papel tenha um carimbo com a data/hora e, de vez em quando, conferir você mesmo o horário de coleta indicado para checar se corresponde ao que está no papel recebido. Não recomendamos esse processo, mas é melhor do que o que estava sendo feito antes!

Analisar

Esse estágio recebeu muitos nomes diferentes de diversas equipes – reduzir a variação, tornar o processo previsível, manter o processo sob controle, para citar alguns. Mas o estágio Analisar tem a ver com o desenvolvimento de uma compreensão abrangente sobre o que impulsiona suas métricas. Até que você conheça todos os fatores externos que afetam o processo, será difícil implementar mudanças positivas.

O objetivo nesse estágio é distinguir o que é real nos dados e, em seguida, identificar e abordar as causas básicas. Por que somos capazes de escolher cem itens por hora em um centro de distribuição em um turno e trinta itens por hora em outro? Por que podemos exibir páginas em menos de cem milissegundos na maioria das vezes, mas algumas páginas levam dez segundos para serem exibidas? Por que as ligações de atendimento ao cliente são sempre mais numerosas às segundas-feiras do que nos outros dias da semana?

Quando as equipes da Amazon encontram algo inesperado ou algum problema com os dados, trabalham incansavelmente até descobrir a causa. Talvez a técnica mais usada na Amazon para essas situações seja o processo de Correção de Erros (COE), baseado no método dos "Cinco porquês" desenvolvido na Toyota e usado por muitas empresas em todo o mundo. Quando você está diante de uma anomalia, pergunte por que aquilo aconteceu e siga com outro "por quê?" até chegar à raiz do problema. Esse processo COE exige que a equipe afetada escreva um documento descrevendo o problema e analise o que o causou, perguntando e respondendo os vários "porquês" cinco vezes para chegar à verdadeira causa.

Charlie Bell, vice-presidente da AWS e grande guru operacional da Amazon, expressou-se muito bem quando disse: "Quando você encontra um problema, a probabilidade de estar realmente olhando para a verdadeira causa do problema nas primeiras 24 horas é muito próxima de zero, porque por trás de cada problema há uma história muito interessante".

Por fim, se você persistir em identificar as verdadeiras causas básicas da variação e eliminá-las, terá como resultado um processo previsível que poderá ser otimizado.

Melhorar

Depois de desenvolver uma compreensão sólida do funcionamento do processo juntamente com um conjunto robusto de métricas, você poderá dedicar energia à melhoria do processo. Por exemplo, se atingir o ponto em que pode alcançar com segurança uma taxa semanal de estoque de 95%, você pode perguntar: "Que mudanças precisamos fazer para chegar a 98%?".

Se você passou pelas três etapas anteriores (Definir, Medir e Analisar), então suas ações para melhorar as métricas terão uma chance maior de sucesso, porque você estará respondendo a sinais claros, não a aspectos sem importância (ruídos). Se você pular para o estágio Melhorar, estará trabalhando com informações imperfeitas em um processo que provavelmente ainda não entende por completo, e as ações terão uma menor probabilidade de gerar os resultados desejados. No próximo exemplo, mostraremos como um grande departamento da Amazon negligenciou as três primeiras etapas e acabou causando muitos problemas e nenhum resultado significativo.

Depois de realizar uma WBR por um tempo, você pode perceber que uma métrica não está mais produzindo informações úteis. Nesse caso, você pode retirá-la da plataforma.

Controlar

Esse estágio final visa garantir que os processos estejam operando normalmente e que o desempenho não piore com o tempo. À medida que a compreensão fundamental sobre o que impulsiona o negócio melhora, é comum que a WBR se torne uma reunião baseada nas exceções, e não mais uma reunião regular para discutir cada uma das métricas.

Nesse estágio, também pode acontecer a identificação de processos que podem ser automatizados. Uma vez que um processo é bem compreendido e a lógica de tomada de decisão pode ser codificada em software ou hardware, torna-se um candidato potencial para a automação. Previsão e compra são dois exemplos de processos que foram automatizados na Amazon. Foram necessários anos de esforço mútuo entre os compradores da categoria e engenheiros de software – e muitas tentativas e erros – para automatizar a previsão e as decisões de compra em centenas de milhões de produtos no catálogo da Amazon. Mas agora é feita com maior precisão do que mesmo uma grande equipe de compradores poderia fazer manualmente.

A WBR: MÉTRICAS EM AÇÃO

Na Amazon, a Revisão Semanal de Negócios (WBR) é o lugar onde as métricas são colocadas em ação. Falaremos primeiro sobre como a apresentação de dados (principalmente gráfica) é projetada para chamar a atenção dos pontos mais importantes. Em segundo lugar, vamos descrever a reunião em si, como é estruturada para maximizar os resultados, e algumas notas de advertência sobre possíveis falhas.

O deck

Cada reunião começa com a distribuição virtual ou impressa do pacote de dados, que contém imagens semanais de gráficos, tabelas e notas explicativas ocasionais para todas as métricas. Neste livro, usamos o termo "deck" para nos referir a esse conjunto de dados gerais. O software de visualização de dados avançou muito desde o advento do WBR deck. Existem muitas opções excelentes com preços que variam de gratuitos a modestos para organizações menores, enquanto ferramentas mais avançadas estão disponíveis para grandes empresas. Na prática, muitas das organizações atuais não disponibilizam um único WBR deck. Em vez disso, departamentos separados contam com um deck virtual de acesso a essas ferramentas de visualização de dados, onde podem gerar as informações para sua própria área. Mostraremos alguns gráficos de exemplo nas páginas a seguir, mas primeiro vamos revisar alguns dos recursos únicos do deck da Amazon:

> ***O deck representa uma visão de ponta a ponta orientada por dados do negócio.*** Embora os departamentos representados nos organogramas sejam simples e separados, as atividades de negócios geralmente não são. O deck apresenta uma análise detalhada do negócio a cada semana, projetada para acompanhar a experiência do cliente na Amazon. Esse fluxo de um assunto a outro pode revelar a interconexão de atividades aparentemente independentes.
>
> ***Trata-se principalmente de ilustrações, gráficos e tabelas de dados.*** Com tantas métricas para revisar, narrativas escritas ou notas explicativas iriam minar a eficiência da leitura. Uma exceção notável que discutiremos a seguir é como lidar com comentários de clientes.

Quantas métricas você deve revisar? Não existe um número ou fórmula mágicos. Encontrar as métricas corretas leva tempo, e você deve tentar melhorá-las continuamente. Com o tempo, você e sua equipe devem modificar, adicionar e remover métricas com base na força e na qualidade dos resultados de cada uma.

Os padrões revelados são um ponto-chave de foco. A análise de dados individuais pode gerar uma série de informações úteis, especialmente quando comparados a outros períodos. Na WBR, a Amazon analisa as linhas de tendência para destacar os desafios à medida que surgem, em vez de esperar que sejam resumidos em resultados trimestrais ou anuais.

Os gráficos mostram os resultados em comparação com períodos anteriores. As métricas devem apresentar tendências melhores ao longo do tempo. Algumas medidas são tomadas para garantir que os períodos anteriores sejam estruturados para fornecer comparações corretas, de modo a não destacar variações falsas em razão de eventos como feriados ou fins de semana.

Os gráficos mostram duas ou mais linhas do tempo, por exemplo, com seis semanas e doze meses. As linhas de tendência de curto prazo podem ampliar questões pequenas, mas importantes, que são difíceis de detectar quando calculadas em períodos mais longos.

Os comentários e o relatório de exceção são escritos no deck. Uma característica de um WBR deck da Amazon que costuma ser muito comentada é o uso de duas ferramentas: comentários e relatórios de exceção – ou seja, a descrição de um elemento que está fora de algum padrão ou situação usual. Ambas as ferramentas permitem que você investigue exemplos que contêm algo que não segue os padrões naturais ou habituais e que, às vezes, mas não sempre, pode revelar um defeito, um processo interrompido ou um problema inerente à lógica do sistema. O uso de notas e relatórios de exceções permitiu a realização de auditorias em escala de maneira muito detalhada. Essa capacidade de sinalizar, avaliar, examinar, ir a fundo e buscar soluções específicas para uma ampla gama de problemas em uma organização muito grande é uma característica bastante amazoniana e útil para pequenas e grandes empresas. Vamos apontar alguns exemplos.

A reunião

O que acontece dentro de uma WBR é uma execução crítica, que não é vista normalmente fora da empresa. Uma reunião WBR bem-sucedida é definida por um foco intenso no cliente, uma análise profunda de desafios complexos e pela insistência em altos padrões e excelência operacional. Alguém pode se perguntar: em qual nível é permitido que os executivos mudem o foco para as métricas de saída? Afinal, as empresas e seus executivos são geralmente julgados por métricas de saída, como receita e lucro. Jeff sabe muito bem disso, em parte decorrente do tempo que passou trabalhando em uma empresa de investimentos em Wall Street. A resposta é simplesmente que o foco não muda em nenhum nível de gestão. Sim, os executivos conhecem suas métricas de saída de trás para a frente. Mas, se não mantiverem o foco nas entradas, perderão o controle e a visibilidade das ferramentas que geram resultados de saída. Portanto, na Amazon, todos, desde o colaborador individual até o CEO, devem ter conhecimento detalhado das métricas de entrada para saber se a organização está maximizando as saídas.

O deck geralmente é propriedade de alguém das finanças. Ou, mais precisamente, os dados do deck são aferidos e considerados válidos pelo departamento financeiro. No entanto, como várias pessoas na sala são responsáveis por cada seção do deck, ninguém "dirige" a reunião por si só. Na maioria das empresas, excluindo grandes empresas com dezenas de bilhões de receita e várias grandes divisões, o público da WBR se resume ao CEO e o CFO. Os participantes da reunião devem incluir a equipe executiva e seus subordinados diretos, bem como qualquer pessoa que responda por qualquer seção específica do deck ou a ela se reporte. Como a tecnologia agora permite reuniões virtuais, é possível incluir muito mais pessoas na reunião. Adicionar membros juniores da empresa à WBR pode aumentar o envolvimento no negócio e promover seu crescimento e desenvolvimento – permitindo que observem as discussões e pensamentos de líderes mais experientes.

É importante notar aqui que, na Amazon, até mesmo os executivos mais antigos revisam todo o conjunto WBR deck de métricas, incluindo todas as entradas e saídas. Métricas – bem como as experiências do cliente – são as áreas em que o princípio de liderança "Vá fundo" fica mais evidente. Eles examinam cuidadosamente as tendências e mudanças nas métricas, incidentes de auditoria, falhas e experiências de clientes, e analisam se as métricas de entrada devem ser atualizadas para melhorar os resultados.

A WBR é uma personificação de como as métricas são colocadas em ação na Amazon, mas não é a única. Painéis e relatórios de métricas são estabelecidos por todas as unidades de engenharia, operações e negócios da empresa. Em muitos casos, as métricas são monitoradas em tempo real, e cada serviço técnico e operacional recebe um "alarme" para garantir que as falhas e interrupções sejam identificadas instantaneamente. Em outros casos, as equipes contam com painéis que são atualizados de hora em hora ou diariamente para suas métricas. A reunião e o processo WBR são únicos na maneira como permitem que a Amazon gire a engrenagem mais rápido a cada ano, o que, por sua vez, produz resultados excepcionais.

Usamos formatação recorrente e familiar para acelerar a interpretação

Um bom deck usa um formato consistente – o desenho do gráfico, os períodos cobertos, a paleta de cores, o conjunto de símbolos (para o ano atual/ano anterior/meta) e o mesmo número de ilustrações em todas as páginas, sempre que possível. Alguns dados naturalmente se prestam a diferentes apresentações, mas o ideal é exibi-los no formato padrão.

Assim, a Amazon analisa o mesmo conjunto de dados toda semana, na mesma ordem, e obtém uma visão abrangente do negócio. A equipe ganha experiência na identificação de tendências e seleciona o ritmo da revisão. As anomalias se destacam com mais clareza, e a reunião transcorre com mais eficiência.

Focamos as variações e não perdemos tempo com o que é esperado

As pessoas gostam de falar sobre sua área, especialmente quando produzem o esperado, e ainda mais quando excedem as expectativas, mas o tempo em uma WBR é precioso. Se as coisas estiverem operando normalmente, diga "nada a ser visto aqui" e siga adiante. O objetivo da reunião é discutir exceções e o que está sendo feito a respeito delas. O status quo não precisa de elaboração.

Nossos líderes de negócios têm métricas e estão preparados para explicar as variações

Os proprietários de negócios da Amazon são responsáveis por rastrear o sucesso de sua área conforme definido por suas métricas. Na revisão semanal, espera-se que os proprietários, não a equipe das finanças, forneçam explicações claras para as variações em relação às expectativas. Como resultado, os proprietários rapidamente se tornam adeptos da detecção de tendências. Todas as semanas, eles revisam o deck antes da WBR e reagem discutindo quais ações planejam tomar para resolver as variações.

Essa é uma lição aprendida a duras penas. Já vimos um proprietário exibir suas métricas na frente de um grupo quando obviamente era a primeira vez que ele via os dados. Isso é um grande erro, um desperdício do tempo de todos e algo que vai resultar em uma confusão com o líder sênior na sala. No momento em que a reunião WBR ocorre, cada proprietário de métrica deve ter analisado os dados que tem em mãos.

Às vezes, até os mais bem preparados acabam sem uma resposta imediata para certas perguntas. Nesse caso, espera-se que o dono diga algo como: "Eu não sei. Ainda estamos analisando os dados e vamos retornar com uma resposta". É preferível dizer a verdade do que tentar adivinhar, ou, pior, inventar algo no calor do momento.

Fazemos as discussões operacionais e estratégicas separadamente

A WBR é uma reunião operacional estratégica para analisar tendências do desempenho da semana prévia. Na Amazon, não era o momento de discutir novas estratégias, atualizações de projetos ou lançamentos de produtos.

Tentamos não bater de frente (não é a Inquisição)

Não há problema em se debruçar sobre uma variação significativa que precisa de mais atenção e apontar quando os altos padrões não foram seguidos à risca. Ainda assim, o sucesso exige um ambiente em que as pessoas não se sintam intimidadas ao falar sobre algo que deu errado em sua área. Algumas equipes da Amazon foram melhores em exemplificar isso do que outras, e, honestamente, é uma área em que a empresa poderia melhorar. Às vezes, as WBRs podem se transformar em ambientes totalmente hostis, em especial nos momentos em que um grande deslize faz com que os comentários se concentrem mais no apresentador do que no problema. Embora o medo possa ser uma fonte de motivação no curto prazo, acabará causando mais problemas do que soluções.

Os erros devem ser uma experiência de aprendizado para todos. Se as pessoas ficarem apreensivas por terem seus erros expostos, com medo de se sentirem humilhadas diante de seus colegas, certamente farão o possível para esconder esses erros em reuniões futuras. As variações que acabam sendo encobertas são oportunidades de aprendizagem perdidas para todos. Para evitar isso, os erros devem ser reconhecidos como uma chance de assumir a responsabilidade, entender a causa de base e aprender com a experiência. Alguma tensão é inevitável e normal, mas achamos que é melhor estabelecer uma cultura na qual os funcionários sejam encorajados a discutir abertamente os erros.

Tentamos simplificar as transições

Já participamos de muitas reuniões executivas em que a equipe mais cara da empresa desperdiça um tempo valioso, por exemplo, transferindo a apresentação de uma pessoa para outra porque o painel da segunda pessoa não está carregando. Para tornar essas transições rápidas e contínuas, é preciso trabalhar com antecedência. A WBR é a reunião semanal mais cara e importante da Amazon, e cada segundo conta – planeje com antecedência e conduza a reunião com eficiência.

ANATOMIA DE UM GRÁFICO DE MÉTRICAS

Uma WBR pode incluir centenas de gráficos, e uma apresentação consistente é crucial para a correta demonstração de tamanha quantidade de dados. Em nossas amostras de gráficos a seguir, incluímos diferentes tipos de métricas de diferentes áreas funcionais para ilustrar a flexibilidade dessa abordagem.

Dando zoom: métricas semanais e mensais em um único gráfico

Como observamos, na Amazon rotineiramente colocamos nossas seis semanas anteriores e os doze meses seguintes lado a lado no mesmo eixo x. O efeito disso é como clicar na função de "zoom" em um gráfico estático que passa a oferecer uma imagem de um período mais curto, com a vantagem de que você está vendo o gráfico mensal e a versão "ampliada" dele simultaneamente. Aqui, fornecemos um exemplo de como essa visão dupla se parece na prática. (Os gráficos a seguir não apresentam dados reais, são apenas para fins ilustrativos.)

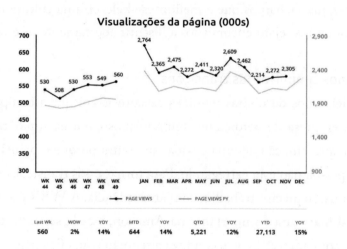

Esse gráfico mede as visualizações de página para um negócio e representa muitos dados em um espaço pequeno:
- A linha cinza é o ano anterior, e a linha preta é o ano atual
- O gráfico à esquerda, com aqueles primeiros seis pontos de dados, mostra as seis semanas seguintes
- No gráfico à direita, com doze pontos de dados, é mostrado todo o ano seguinte, mês a mês

- Esse "zoom" interno adiciona clareza ao ampliar os dados mais recentes, que o gráfico de doze meses coloca em contexto

Na parte inferior do gráfico, colocamos pontos de dados adicionais essenciais, a maioria dos quais compara um período com outro.

Por que acompanhamos tendências ano a ano

Este gráfico de exemplo, semelhante aos que você pode ver em uma típica revisão mensal de negócios (a versão mensal da WBR), compara a receita mensal real com a receita planejada e a receita do ano anterior. Como pode-se ver a seguir, parece que estamos atingindo a meta e crescendo em um ritmo constante ano após ano:

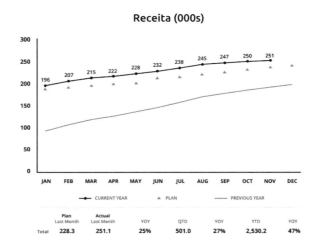

Não há nada para ver aqui, então vamos seguir em frente, certo? Talvez não. Aqui está o mesmo gráfico com uma linha de tendência adicional: taxas de crescimento ano a ano traçadas com uma linha pontilhada contra um eixo y secundário:

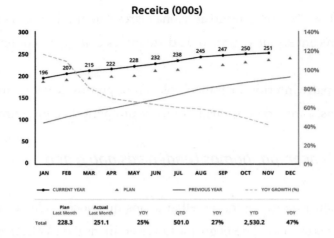

Sem a linha pontilhada, você pode não ter notado a taxa em que as tendências atuais e projetadas ano a ano estão lentamente convergindo. Adicionar *taxas de crescimento* anuais, além da métrica subjacente que você deseja medir, é uma ótima maneira de detectar tendências. Nesse exemplo, o crescimento de ano a ano, na verdade, desacelerou 67% desde janeiro sem sinais de estabilização. O negócio pode parecer saudável à primeira vista, mas os problemas estão surgindo no horizonte. O gráfico aprimorado revela a necessidade de ação que o gráfico mais simples esconde.

As métricas de saída mostram os resultados. As métricas de entrada fornecem orientação

Há outra lição familiar nesse gráfico: as métricas de saída – os dados que mostramos acima – são péssimos indicadores de causas de tendência em relação às métricas de entrada. Acontece que, nesse caso, a razão da desaceleração no crescimento foi uma redução na taxa de aquisição de novos clientes – mas nada nesses gráficos dá qualquer pista sobre isso. Em uma empresa de tamanho médio já estabelecida, se você apenas prestar atenção à métrica de "receita" (métrica de saída), vai demorar para perceber os efeitos da desaceleração na aquisição de novos clientes. No entanto, se observar as métricas de entrada – coisas como "novos clientes", "receita de novos clientes" e "receita de clientes existentes" –, poderá detectar os sinais muito mais cedo e com uma chamada à ação muito mais clara.

Nem todo gráfico se compara às metas

Alguns gráficos WBR não incluem metas, mas geralmente isso é correto. Se o objetivo da métrica é detectar tendências, evidenciar um processo fora de controle, ou se não tivermos uma meta (por exemplo, porcentagem de usuários de dispositivos móveis Android *vs.* iOS), assinalar os dados em relação a algum objetivo é desnecessário.

Dados combinados a relatos para contar a história toda

Os dados numéricos tornam-se mais poderosos quando combinados com histórias reais da vida dos clientes. O princípio de liderança "Vá fundo" afirma: "Os líderes operam em todos os níveis, permanecem conectados aos detalhes, auditam com frequência e são céticos quando as métricas e os relatos diferem. Nenhuma tarefa está abaixo deles".

A Amazon emprega muitas técnicas para garantir que as histórias cheguem às equipes que operam um serviço. Um exemplo é um programa chamado a Voz do Cliente. O departamento de atendimento ao cliente coleta e resume os comentários dos clientes e os apresenta durante a WBR, embora não necessariamente todas as semanas. O feedback escolhido nem sempre reflete a reclamação mais comum, e o departamento de atendimento ao cliente pode escolher o que apresentar. Quando os relatos são lidos na WBR, muitas vezes são dolorosos de ouvir porque mostram o quanto decepcionamos os clientes. Mas são sempre uma fonte de aprendizado e uma oportunidade para melhorarmos.

Um relato da Voz do Cliente contou sobre um incidente no qual nosso software bombardeou alguns cartões de crédito com pré-autorizações seguidas de US$ 1,00 que normalmente acontecem apenas uma vez por pedido. Os clientes não foram cobrados e tais pré-autorizações expiram após alguns dias, mas, enquanto estavam pendentes, foram contabilizadas no limite de crédito. Normalmente, isso não afetaria muito os clientes. Mas uma cliente escreveu para dizer que, logo depois de comprar um item na Amazon, ela precisou comprar um remédio para seu filho, e seu cartão foi recusado. Ela pediu que ajudássemos a resolver o problema para poder comprar o medicamento de que seu filho precisava. A princípio, uma investigação sobre essa reclamação revelou que um bug raro havia feito seu cartão ultrapassar o limite. Muitas empresas considerariam esse tipo de situação como um incidente isolado, que não mereceria muita atenção por ser raro e de difícil correção. Na Amazon, tais casos costumavam ser atendidos porque *voltariam* a acontecer e porque a investigação frequentemente revelava problemas adjacentes que precisavam ser resolvidos. O que a princípio parecia apenas um caso isolado acabou se mostrando mais relevante. O bug causou problemas em outras áreas que não havíamos notado no início. Rapidamente corrigimos o problema para ela e para todos os outros clientes afetados.

Essas histórias nos lembram que nosso trabalho tem impacto direto na vida dos clientes. Existem programas comparáveis que coletam relatos para vendedores terceirizados da Amazon e clientes corporativos da AWS.

Os relatórios de exceção têm muitos benefícios, mas o seguinte exemplo de Lucro de Contribuição (LC) deve ilustrar o conceito básico e sua utilidade. LC é definido como o montante gerado após a venda de um item e a dedução dos custos variáveis associados a esse item. É essencialmente o dinheiro que sobra para a empresa após a venda do item, o pagamento dos custos fixos do negócio, e, idealmente, depois disso, constitui o lucro. Há um relatório de Exceção de LC que lista os dez principais produtos negativos (aqueles que não geraram lucro) em uma categoria na semana anterior. Uma análise aprofundada desses dez produtos, que geralmente variam de semana para semana, pode revelar informações muito úteis sobre problemas que exigem ação. Aqui estão algumas descobertas que podem resultar da análise de um relatório dos dez principais LC negativos:

- LC foi negativo em virtude das reduções de preço necessárias porque tínhamos comprado muitos itens de determinado tipo, que acabaram ocupando um espaço valioso no centro de distribuição. A compra foi realizada pelo sistema de compra automatizado, que recebeu dados imprecisos. Ação: investigue a origem dos dados de entrada falhos para corrigir o sistema.
- LC foi negativo em decorrência das reduções de preço originadas de um erro de pedido de compra manual. A quantidade de produtos que o comprador inseriu no pedido de compra foi muito grande, e não foi seguido o processo correto em razão de falta de treinamento. Ação: use o incidente como uma oportunidade de aprendizado.
- LC foi negativo por falha na alocação de custos. O sistema financeiro não estava alocando os custos corretamente para determinada categoria. Ação: conserte o sistema de alocação de custos.
- LC foi negativo porque o encarregado da logística cobrou mais do que o dobro da taxa para enviar um item específico. O encarregado cobrou a taxa mais alta com base em informações incorretas de tamanho e peso listadas para o item no catálogo. Ação: verifique os dados do catálogo e crie um plano para acio-

- nar um mecanismo que evite que esse tipo de erro aconteça com outros itens.
- LC foi negativo porque o item é vendido por um preço baixo, mas é caro para enviar. Quadros brancos e ancinhos de jardim são exemplos de produtos que podem se enquadrar nessa categoria. Ação: avalie se esses itens devem ser estocados e vendidos ou se alguma outra mudança deve ser feita, como mudar de fornecedor ou mudar o método de envio padrão.

Dados e relatos de clientes formam uma combinação poderosa quando estão em sincronia e servem como uma forma de verificar um ao outro quando estão fora de sincronia.

Talvez o relato mais poderoso nesse sentido seja o do próprio Jeff. Embora isso tenha acontecido fora da WBR, vale a pena mencionar aqui. A Amazon tem um programa chamado Conexão com o Cliente, que é obrigatório para funcionários corporativos acima de determinado nível. Embora os detalhes tenham mudado ao longo dos anos, a premissa permaneceu a mesma. A cada dois anos, o funcionário corporativo deve se tornar um agente de atendimento ao cliente por alguns dias. O funcionário recebe um treinamento básico de atualização de um agente de atendimento ao cliente, ouve chamadas, assiste às interações de e-mail/chat e, a seguir, lida diretamente com alguns clientes. Depois de aprender as ferramentas e práticas, eles executam algumas ou todas essas tarefas sob a supervisão de um agente de atendimento ao cliente. (Uma das ligações que recebi era de um cliente cujo vizinho tinha um cachorro que havia comido seu pacote da Amazon. Ele se ofereceu para nos enviar os pedaços restantes para provar seu caso.)

Jeff não ficou de fora desse programa. Enquanto eu trabalhava como sua sombra, chegou a hora de ter um novo certificado de Conexão com o Cliente e, obedientemente, viajávamos uma hora por dia para o centro de atendimento ao cliente em Tacoma, Washington. Jeff era particularmente habilidoso com clientes ao telefone, embora às vezes fosse generoso demais. Ele deu a um cliente o reembolso total do produto quando a prática era reembolsar apenas o custo de envio.

No primeiro dia de treinamento, ouvimos o agente do atendimento ao cliente atender algumas ligações. Em uma ligação, a cliente reclamou que sua mobília de jardim havia chegado danificada. O agente do atendimento ao cliente pediu o número do produto. Enquanto a cliente estava procurando pelo número, o agente silenciou a ligação e nos disse: "Aposto que ela está se referindo a essa cadeira de jardim", e apontou para o produto no site da Amazon. Quando a cliente leu o número na guia de remessa, era exatamente a cadeira prevista pelo agente. Jeff e eu erguemos as sobrancelhas surpresos, mas não queríamos interromper a ligação.

Depois que o problema foi resolvido e a chamada encerrada, Jeff perguntou: "Como você sabia que a cliente iria dizer isso?". O agente de atendimento ao cliente respondeu que isso acontecia com frequência com esse produto recém-listado. A embalagem era inadequada e a mobília frequentemente era estragada ou amassada durante o transporte.

Jeff havia lido recentemente sobre como a Toyota abordava o controle de qualidade e a melhoria contínua. Uma técnica usada na linha de montagem de automóveis da Toyota era o Andon Cord. O carro que está sendo construído se move ao longo da linha de montagem e cada funcionário adiciona uma peça ou executa uma tarefa. Quando algum funcionário percebe algum problema de qualidade, ele está autorizado a puxar uma corda que bloqueia toda a linha de montagem. Uma equipe de especialistas se dirige até a estação de quem puxou o cabo, soluciona o problema e desenvolve uma correção para que o erro nunca mais aconteça.

Obsessão pelo cliente

Estávamos diante de uma situação semelhante na Amazon, apenas sem o Andon Cord. O agente do atendimento ao cliente soube de um problema, mas não pôde agir para resolvê-lo. Tudo o que o agente podia oferecer era uma concessão, pedir desculpas e enviar um novo produto. Tínhamos um processo em que cada gerente de categoria analisava o desempenho mensal, incluindo produtos com altas taxas de devolução e consultas de atendimento ao cliente. Portanto, esse problema teria sido eventualmente detectado e corrigido. Mas provavelmente levaria várias semanas e muitos clientes insatisfeitos antes que isso acontecesse.

Enquanto analisávamos o problema da mobília danificada antes da chegada da próxima ligação, Jeff deixou escapar: "Precisamos de um Andon Cord no atendimento ao cliente". Não havia linha de montagem para parar, mas o agente teria autoridade para clicar no que chamamos de "o grande botão vermelho" em sua tela de controle. Uma vez que o botão fosse acionado, duas coisas aconteceriam: os botões "Adicionar ao carrinho" e "1-Clique" desapareceriam da página do produto, de forma que nenhum cliente poderia comprar aquele produto, e o gerente de categoria seria imediatamente notificado de que a compra de um dos seus produtos fora desativada até que pudessem investigar e corrigir o problema.

Demorou algum tempo para colocar a ideia de Jeff em prática. Tivemos que elaborar as ferramentas que removeriam o botão "Comprar agora" ou "Adicionar ao carrinho" e alertar as equipes internas responsáveis, reunir a infraestrutura de relatórios necessária e treinar a equipe de atendimento sobre como e quando pressionar o grande botão vermelho. Havia alguma preocupação de que o grande botão vermelho fosse pressionado com muita frequência. Afinal, vender produtos com regularidade era muito importante para a saúde da empresa.

Essa preocupação não se provou necessária – os agentes do atendimento ao cliente se mostraram bastante moderados em relação a acionar o botão. A versão Amazon do Andon Cord capacitou as pessoas certas, aquelas na linha de frente que estavam diretamente em contato com os clientes, possibilitando que problemas sérios fossem trazidos à tona assim que eram notados. Isso provou mais uma vez que fornecer aos funcionários as ferramentas certas para resolver problemas e confiar em seu bom senso é uma combinação poderosa. Essa versão do Andon Cord é amplamente utilizada na Amazon.

Essa história foi contada muitas vezes e prova o poder dos relatos dos clientes para iluminar os dados e torná-los memoráveis.

* * *

Agora, por mais eficaz que o processo WBR possa ser, ele também pode se desviar de várias maneiras, incluindo o mau gerenciamento de reuniões, foco em variações normais em vez de sinais anormais e a análise dos dados corretos, mas da maneira incorreta.

ARMADILHA 1: REUNIÕES DESASTROSAS

Um grande grupo de software, administrado por um líder sênior que não está mais na Amazon, tinha reuniões WBR inesquecivelmente difíceis. Aprender e assumir responsabilidade pelos problemas e suas soluções eram dois objetivos importantes do processo WBR, e, nesse sentido, essas reuniões eram uma oportunidade perdida. Era uma perda de tempo para todo mundo.

Um dos problemas era que a lista de participantes ficava cada vez maior, e precisávamos encontrar grandes salas de conferência para todos. Da mesma forma, o número de métricas que estávamos tentando rastrear continuou crescendo – às vezes para melhor, mas com mais frequência para pior.

As reuniões também eram realmente desagradáveis. Faltavam regras básicas e decoro, com muitas interrupções e sarcasmo. Qualquer anomalia já significava uma guerra, com perguntas acusatórias feitas ao apresentador. A conversa se dissipava com rapidez à medida que várias pessoas, em geral com pouco a acrescentar, interferiam – aparentemente para se exibir ou obter favores. Pior ainda, alguns desses longos desvios pareciam ter como objetivo esgotar o tempo – com o orador estendendo conversas improdutivas antes que sua própria área ficasse na berlinda.

Era doloroso comparecer a reuniões como aquela. O princípio de liderança "Conquiste a confiança" existe em parte para evitar que esse tipo de comportamento ocorra. Ele declara: "Os líderes ouvem com atenção, falam com franqueza e tratam os outros com respeito. Eles verbalizam a autocrítica, mesmo quando isso pode soar estranho ou embaraçoso. Líderes não acreditam que o odor corporal deles ou de sua equipe cheire a perfume. Eles avaliam a si mesmos e suas equipes buscando melhores resultados". Mas essas reuniões, naqueles dias iniciais, exemplificaram claramente onde deixamos de seguir esse princípio. A reunião original e bem-intencionada foi marcada para melhorar os sistemas de software de uma semana para a outra. Mas a reunião ganhou vida própria e, às vezes, transformou uma sala cheia de pessoas inteligentes com perguntas interessantes em uma multidão enfurecida, devorando aqueles que podiam fazer a diferença e roubando-lhes a própria vontade de vencer.

O que deveríamos ter feito? Mesmo que, como mencionamos, não haja uma pessoa dirigindo a reunião – diferentes pessoas assumem diferentes papéis –, a pessoa mais experiente deve ser responsável por definir o tom e as regras básicas todas as semanas. Essa pessoa também deve, nesse caso, limitar a participação dos proprietários e principais interessados, bem como limitar as métricas a serem revisadas a um conjunto específico e essencial: métricas irrelevantes devem ser excluídas do deck. Todos nós, líderes daquele grupo de software, e não apenas aquele único indivíduo, deveríamos ter examinado a reunião tão implacavelmente quanto os participantes examinavam uns aos outros. Como um todo, deveríamos ter reconhecido que muitas das áreas que estavam sendo analisadas ali ainda não estavam sob controle ou sequer eram previsíveis. Muitas equipes pularam as três primeiras etapas do DMAIC – definir, medir, analisar – em uma tentativa de trabalhar no estágio de melhorar.

Eles acabavam perseguindo anomalias em um gráfico sem ter muito para mostrar por seu esforço. Deveríamos – de forma educada e construtiva! – ter recomendado que eles fizessem o dever de casa necessário para converter suas métricas em sinais claros.

Por último, deveríamos ter reconhecido que implementar uma WBR para esse novo grupo pela primeira vez seria complicado, exigindo uma série de tentativas e erros. Por fim, deveríamos ter garantido que os participantes se sentissem à vontade para falar sobre seus erros e que fossem ativamente incentivados a fazê-lo, permitindo que outros aprendessem com isso. A chave para essas reuniões é criar um equilíbrio entre padrões extremamente elevados e uma atmosfera onde as pessoas se sintam confortáveis em falar sobre os erros.

Um amazoniano ainda se lembra dessas reuniões desastrosas, embora tenham ocorrido há mais de quinze anos. Ele disse:

> Você está realmente procurando equipes dispostas a se abrir, a ficar nuas na frente de todos, para dizer: "Estraguei tudo. Isso não foi certo. O problema está aqui". Mas lembro-me de um

líder em particular que em vez disso falou: "Quem é a pessoa com pouco discernimento que fez isso aqui?".

O problema com falas como essa é que as pessoas são basicamente condenadas e sentenciadas antes mesmo de responder. O líder deveria ter guardado suas opiniões em vez de atacar, e então começar a entender o que realmente havia acontecido. As pessoas estão apenas tentando fazer a coisa certa. Elas não estão tentando sabotar a empresa e não odeiam os clientes. Elas sentem uma tremenda responsabilidade pelo que constroem.

Desde então, ficamos mais maduros, nos baseando em relações livres do medo. Cada vez que uma equipe faz algo incrível, é claro que tentamos recompensá-la. E quanto mais uma equipe se desnuda, verbalizando uma autocrítica, mais tentamos recompensá-la por isso também. Se uma equipe está encobrindo as coisas e não examinou a experiência do cliente, *então* você pode fazer perguntas difíceis.

Duas coisas são impressionantes sobre essas lembranças. A primeira é como tudo isso permanece vívido tantos anos após o fato – evidência de que um ambiente de punição pode deixar marcas indeléveis. A segunda é que essa equipe aprendeu com esses primeiros passos em falso, fez ajustes e, por fim, criou um processo melhor.

ARMADILHA 2: RUÍDO QUE OBSCURECE O SINAL

Por mais contraditório que isto possa parecer, a variação nos dados é normal. E inevitável. Portanto, é fundamental diferenciar a variação normal (ruído) de alguma alteração ou falha fundamental em um processo (sinal). Tentar atribuir significado às variações dentro de limites normais é, na melhor das hipóteses, um esforço em vão e, na pior, perigosamente enganoso. Já é ruim o suficiente quando alguém explica com orgulho como seus esforços hercúleos aumentaram a métrica principal em 0,1% nesta semana, tomando um tempo precioso de coisas mais importantes. Pior, se essa mesma métrica *caísse* 0,1%, você poderia facilmente perder tempo perseguindo a causa de base e "corrigindo" um problema que realmente não é nada mais do que a variação normal.

Na Amazon, entender o que é normal é responsabilidade do proprietário das métricas, seja um colaborador individual ou um gerente de milhares de funcionários. Muitos métodos estatísticos, tais como os gráficos de controle de XMR,[30] podem apontar quando um processo está fora do controle. No entanto, para nós, a experiência e um profundo conhecimento do cliente costumam ser a melhor maneira de filtrar o sinal do ruído de fundo. Na maioria das vezes, as métricas são revisadas diariamente por seus proprietários e semanalmente na WBR, para que as flutuações esperadas sejam conhecidas e as exceções se destaquem.

* * *

A abordagem da Amazon para métricas incorpora o princípio de liderança "Obsessão pelo cliente". A relevância da obsessão pelo cliente torna-se evidente no foco da empresa nas métricas de entrada versus métricas de saída. Se observar as métricas de entrada da Amazon, elas geralmente descrevem coisas com as quais os clientes se preocupam, como preços baixos, muitos produtos disponíveis, remessa rápida, poucos contatos de atendimento ao cliente e um site ou aplicativo rápidos. Muitas das métricas de saída, como receita e fluxo de caixa livre, são o

---

30. XMR ou gráficos de alcance individual/móvel são um tipo de gráfico de controle usado para monitorar a qualidade do processo e os limites de variabilidade. Veja mais em https://en.wikipedia.org/wiki/Control_chart.

que você normalmente veria no relatório financeiro de uma empresa. Os clientes não se importam com esse tipo de coisa. Mas, como afirmamos no início deste livro, a Amazon tem uma convicção inabalável de que os interesses de longo prazo dos acionistas estão perfeitamente alinhados com os interesses dos clientes. As métricas de entrada controláveis são uma forma quantitativa (mergulhar fundo nos dados) e qualitativa (relatos de clientes) de medir o quão bem a organização está atendendo a esses interesses do cliente, de modo que as métricas de saída se apresentem da maneira que a empresa deseja.

Avaliar adequadamente o seu negócio e se esforçar para melhorar a cada semana exige a disposição de discutir abertamente as falhas, aprender com elas e sempre buscar invenções que irão encantar ainda mais os clientes.

PARTE 2

A máquina de inovação em ação

Introdução à Parte 2

Agora chegamos à aplicação – a prova de que os elementos que fazem parte de *ser amazoniano* produzem resultados. Em 2015, Jeff escreveu: "Queremos ser uma grande empresa que também seja uma máquina de inovação. Queremos combinar as incríveis capacidades de atendimento ao cliente que são proporcionadas pelo tamanho com a velocidade de movimento, agilidade e mentalidade de enfrentamento de riscos normalmente associadas a startups empreendedoras".[31] E, como veremos, há uma ligação direta entre a observação cuidadosa das práticas enumeradas na Parte 1 e os sucessos e avanços impressionantes na Amazon, incluindo serviços como Amazon Prime e Prime Video, hardwares como Kindle e Alexa (o Kindle também é um serviço), práticas como a contratação Bar Raiser e o sistema Working Backwards, e negócios como Amazon Web Services, Amazon Echo e Alexa.

É claro que Jeff também escreveu na mesma carta aos acionistas: "Acredito que somos o melhor lugar do mundo para fracassar (temos muita prática!), e fracasso e inovação são gêmeos inseparáveis. Para

---

31. Jeff Bezos, "Carta aos Acionistas", 2015, https://www.sec.gov/Archives/edgar/data/1018724/000119312516530910/d168744dex991.htm.

inventar você tem que experimentar, e, se sabe de antemão que vai funcionar, isso não é um experimento. A maioria das grandes organizações abraça a ideia da inovação, mas não está disposta a sofrer a série de experimentos fracassados necessários para chegar lá". Assim, para a Amazon, as invenções menos bem-sucedidas, como Fire Phone, são muito valiosas. O mesmo é verdadeiro para projetos de sucessos posteriores, como Amazon Unbox, que evoluiu para Prime Video, e Amazon Auctions e zShops, que se transformaram no Amazon Marketplace. Esses "fracassos" são partes importantes da história da empresa, tanto como precursores de sucessos posteriores quanto como evidência de que a experimentação está acontecendo.

Naturalmente, se você não tiver orçamento para inovar, não o faça. Mas, mesmo com um orçamento limitado, você pode ter sucesso no longo prazo, se tiver uma abordagem paciente e frugal. *Ser amazoniano* significa abordar a invenção com pensamento de longo prazo e obsessão pelo cliente, garantindo que os princípios de liderança guiem o caminho e implantando as práticas para impulsionar a execução. "O pensamento de longo prazo impulsiona nossas habilidades existentes e nos permite fazer coisas novas que não poderíamos realizar de outra forma", escreveu Jeff. "A orientação de longo prazo relaciona-se bem com a obsessão pelo cliente. Se pudermos identificar uma necessidade do cliente e se pudermos desenvolver ainda mais a convicção de que essa necessidade é significativa e durável, nossa abordagem nos permite trabalhar pacientemente por vários anos para chegar a uma solução."[32] Palavra-chave: paciência. Muitas empresas irão desistir de uma iniciativa se ela não produzir o tipo de retorno esperado dentro de alguns anos. A Amazon se manterá convicta por cinco, seis, sete anos

---

32. Jeff Bezos, "Carta aos Acionistas", 2008, https://www.sec.gov/Archives/edgar/data/1018724/000119312509081096/dex991.htm.

– o tempo todo mantendo o investimento gerenciável, constantemente aprendendo e melhorando –, até que ganhe impulso e aceitação.

A outra palavra-chave aqui é frugalidade. Você não pode se dar ao luxo de perseguir invenções por muito tempo se gastar seu dinheiro em coisas que não levam a uma melhor experiência do cliente, como estandes em feiras, grandes equipes e um departamento de marketing ostentoso. O Amazon Music e o Prime Video são exemplos de como mantivemos nosso investimento gerenciável por muitos anos, agindo com frugalidade: mantendo a equipe pequena, mantendo o foco em melhorar a experiência do cliente, limitando nossos gastos com marketing e gerenciando o P&L com cuidado. Depois de termos um plano de produto claro e uma visão de como esses produtos poderiam se tornar negócios de bilhões de dólares que encantariam dezenas, até centenas, de milhões de consumidores, investimos pesado. Paciência e investimento gerenciado com cuidado ao longo de muitos anos podem compensar muito.

A inovação não é a solução para todos os problemas. Por exemplo, quando a Amazon começou, a empresa não criava seu próprio hardware de computador. Por outro lado, enquanto planejávamos o negócio de e-books, decidimos entrar no universo dos hardwares com o Kindle. O motivo: a invenção funciona bem onde a diferenciação é importante. Nos primórdios da empresa, o hardware que alimentava os centros de dados da Amazon não era um ponto de diferenciação com o cliente – a criação de uma experiência on-line de compra de livros atraente era. Considerando que com o Kindle, como descreveremos no Capítulo 7, outras empresas vendiam e-books, então havia um valor real em ter e controlar a criação de um dispositivo de leitura excelente para nossos clientes. A diferenciação com os clientes costuma ser uma das principais razões para buscar inovação.

E o que era verdade ontem pode não ser verdade hoje. Na realidade, hoje a Amazon produz alguns hardwares de computador para alimentar seus centros de dados. Isso porque esse hardware, que tem um propósito especial e foi projetado para os centros de dados da AWS, atua reduzindo custos e aumentando a confiabilidade. Esses benefícios podem ser repassados aos clientes da AWS na forma de reduções significativas de preços e serviços que oferecem maior confiabilidade.

Quando inovamos, nossa abordagem paciente e de longo prazo – impulsionada pela necessidade do cliente – foi fundamentalmente diferente da abordagem mais convencional de "desenvolvimento de habilidades" para a inovação, na qual uma empresa busca novas oportunidades de negócios que se encaixem perfeitamente nas habilidades e competências preexistentes. Embora essa abordagem possa ser recompensadora, há um problema fundamental com ela: a empresa nunca será levada a dominar novas habilidades e desenvolver novas competências, contratar novos tipos de líderes ou criar diferentes tipos de organizações. O processo Working Backwards da Amazon – que começa com as necessidades do cliente, não com as necessidades corporativas ou competências – muitas vezes exige que, nas palavras de Jeff, "exercitemos novos músculos, não importa o quão desconfortáveis e estranhos possam ser esses primeiros passos".

Nesta parte do livro, vamos examinar quatro exemplos-chave de invenção bem-sucedida da Amazon – Kindle, Amazon Prime, Prime Video e Amazon Web Services (AWS) –, mas há muitos outros que poderíamos destacar e não mencionamos, como Fulfillment by Amazon, Amazon Echo e Alexa, e Kindle Direct Publishing.

Não vamos dedicar um capítulo inteiro a algum dos fracassos, mas vale a pena mencionar um aqui brevemente. O Amazon Fire Phone é um exemplo de processo bem executado que produziu, digamos assim, um fracasso. O lançamento do Fire Phone foi uma das maiores iniciativas de novos produtos da empresa. O principal diferencial do telefone era um recurso denominado "perspectiva dinâmica", um efeito

3D produzido por quatro câmeras internas, junto com um giroscópio de posicionamento. Mais de mil pessoas trabalharam nos muitos elementos necessários para criar a capacidade 3D do telefone e uma série de inovações menores, bem como nos recursos e funções mais comuns que afetariam a experiência do cliente. Cerca de trinta aplicativos foram envolvidos, para atendimento ao cliente com um toque, armazenamento gratuito de fotos na nuvem da Amazon, um relógio, um calendário, um reprodutor de música, Kindle, e assim por diante.

O Fire Phone foi lançado em junho de 2014. Em agosto de 2015, a produção foi descontinuada. O que aconteceu?

Em primeiro lugar, mesmo com o processo de PR/FAQ, o Fire Phone não resolveu de modo suficiente um problema relevante do cliente nem criou uma experiência para o cliente notavelmente maravilhosa. Eu (Bill) lembro de me perguntar, quando soube do projeto pela primeira vez, em 2012, por que alguém iria querer um efeito 3D em seu telefone, por mais legal que fosse. Aqui está um trecho do comunicado à imprensa no dia em que foi lançado:

> SEATTLE – (BUSINESS WIRE) – 18 de junho de 2014 – (NASDAQ: AMZN) – A Amazon lançou hoje o Fire, o primeiro smartphone desenvolvido pela empresa. Fire é o único smartphone com Perspectiva Dinâmica e Firefly, duas tecnologias inovadoras que permitem ver e interagir com o mundo através de uma lente totalmente nova. A Perspectiva Dinâmica usa um novo sistema de sensor para responder à maneira como você segura, visualiza e move o Fire, possibilitando experiências impossíveis em outros smartphones. O Firefly reconhece rapidamente coisas no mundo real – endereços da web e de e-mail, números de telefone, QR codes e códigos de barras, filmes, música e milhões de produtos,

e permite que você aja em segundos – tudo com o simples toque do botão Firefly.[33]

Em segundo lugar, o telefone foi vendido por um preço alto. Um dos princípios orientadores da Amazon é a frugalidade, e tínhamos demonstrado ao mundo que éramos um modelo de empresa econômica e inovadora. Para os clientes, o princípio básico significava simplesmente preços baixos. Agora oferecíamos um celular por US$ 200, o mesmo preço de um iPhone, e isso exigia um compromisso de dois anos com uma operadora de celular. (US$ 200 parece barato agora, mas naquela época os telefones celulares eram subsidiados, e os preços, muito mais baixos.) Baixamos o preço para US$ 99 e, então, o oferecemos de graça. Não importava. Ninguém queria o aparelho.

Definitivamente, o Fire Phone chegou tarde ao mercado e com apenas uma operadora, a AT&T. Naquela época, o serviço do iPhone já estava disponível por meio de quatro operadoras, todas oferecendo também várias outras marcas. Havia muita competição nesse segmento.

Se tivéssemos oferecido o Fire Phone por um preço inferior ao do iPhone, com a maioria dos recursos e um compromisso com o Prime, isso teria feito a diferença? Possivelmente.

O importante da história, entretanto, é que o processo aumenta suas chances de sucesso, mas de forma alguma o garante. O próprio Jeff esteve profundamente envolvido no desenvolvimento do Fire Phone. Ele foi efetivamente um dos autores do PR/FAQ, em conjunto com os líderes do projeto, Ian Freed e Cameron Janes. Ele e a equipe acreditaram ou se convenceram de que estavam criando um telefone que os clientes iriam amar, mas estavam errados. Mesmo o melhor processo pode apenas me-

---

33. "Introducing Fire, the First Smartphone Designed by Amazon", comunicado à imprensa, centro de imprensa da Amazon, 18 de junho de 2014, https://press.aboutamazon.com/news-releases/news-release-details/introducing-fre-frst-smartphone-designed-amazon.

lhorar a qualidade de sua tomada de decisão. Mas nenhum processo tomará a decisão por você.

Na verdade, o fracasso do Fire Phone não fez Jeff questionar o processo que deu origem ao produto. "Todos nós sabemos que, se você colocar toda a força em seu balanço enquanto rebate", escreveu ele, "você vai sofrer muitos strikes, mas também vai acertar alguns home runs." Ao contrário do beisebol, em que um home run não pode gerar mais do que quatro corridas, um grande sucesso comercial pode marcar um número quase infinito de corridas. O que é fundamental entender é que um pequeno número de vitórias muito grandes pode pagar por um grande número de experimentos que falham ou têm apenas sucesso modesto.

Em uma entrevista depois que o Fire Phone foi tirado de circulação, Jeff foi questionado sobre seu fracasso e respondeu: "Se você acha que é um grande fracasso, estamos trabalhando em falhas muito maiores agora – e não estou brincando".[34] A magnitude de suas invenções e, portanto, de seus erros, precisa crescer em sincronia com o crescimento de sua organização. Do contrário, suas invenções provavelmente não serão grandes o suficiente para mudar a situação.

À medida que uma empresa cresce, pode ser que fique mais complicado manter a máquina da invenção funcionando, e um obstáculo é a tomada de decisões do tipo "tamanho único". Na mesma carta aos acionistas de 2015, Jeff escreveu: "Algumas decisões são importantes e irreversíveis ou quase irreversíveis – vias de mão única –, e essas decisões devem ser tomadas de maneira metódica, cuidadosa, lenta, após extensa deliberação e consulta. Se você ultrapassar e não gostar do que viu do outro lado, não pode mais voltar para o mesmo lugar de antes. Podemos chamar essas decisões de Tipo 1. Mas a maioria das decisões não é assim – são mutáveis,

---

34. Washington Post Live, "Jeff Bezos Wants to See an Entrepreneurial Explosion in Space", *Washington Post*, 20 de maio de 2016, https://www.washingtonpost.com/blogs/post-live/wp/2016/04/07/meet-amazon-president-jeff-bezos/.

reversíveis –, são portas bidirecionais. Se você tomar uma decisão do Tipo 2, não terá que viver com as consequências por tanto tempo. Você pode reabrir a porta e voltar ao ponto inicial. As decisões do Tipo 2 podem e devem ser tomadas rapidamente por indivíduos ou pequenos grupos de alto discernimento". O Prime foi uma decisão bidirecional. Se a combinação particular do Prime, de assinatura, frete grátis e entrega rápida, não tivesse funcionado, teríamos continuado a mexer na fórmula até acertar. Na verdade, o Prime não foi nossa primeira opção – foi precedido por outra decisão de duas vias, o Super Saver Shipping, que por fim se transformou no Prime. O Fire Phone, por outro lado, foi mais uma decisão de via única: ao retirá-lo do mercado, a Amazon não se virou e disse: "Ok, isso aconteceu, agora vamos tentar outro telefone".

As grandes empresas tendem a desenvolver processos de tomada de decisão projetados para gerenciar decisões de mão única, precisamente porque decisões erradas podem levar a grandes problemas, até mesmo a desastres. O processo é geralmente lento, complicado, e busca ao máximo evitar riscos. Esse processo tende a ser o mais usado em grandes empresas e é geralmente aplicado a decisões bidirecionais. O resultado é redução na velocidade, geração de ideias prejudicada, pouca inovação e ciclos de desenvolvimento mais longos.

E é por isso que a Amazon se concentra na velocidade, agilidade e numa mentalidade de aceitação de risco associada a uma startup Day One – ao mesmo tempo que busca seguir os mais altos padrões. Essa abordagem faz parte de *ser amazoniano* desde os primórdios da empresa. Em 1999, Jeff escreveu: "Devemos estar comprometidos com a melhoria, experimentação e inovação constantes em todas as iniciativas. Amamos ser pioneiros. Isso está no DNA da empresa e é uma coisa boa também, porque precisamos desse espírito pioneiro para ter sucesso".[35]

---

35. Jeff Bezos, "Carta aos Acionistas", 1999, https://www.sec.gov/Archives/edgar/data/1018724/000119312519103013/d727605dex991.htm.

Capítulo 7

Kindle

Bill recebe uma tarefa indesejável. A mudança da Amazon para o digital como um exemplo de Working Backwards. A Amazon pode criar hardware? Terceirizar ou não terceirizar? Construir um dispositivo que não atrapalhe o leitor. O lançamento e uma ajudinha da Oprah.

* * *

VICE-PRESIDENTE SÊNIOR DA AMAZON (*agressivamente cético*): Exatamente quanto mais você está disposto a investir no Kindle?
JEFF (*vira-se calmamente para o CFO, sorrindo, encolhendo os ombros*): Quanto dinheiro nós temos?

Em janeiro de 2004, meu gerente, Steve Kessel, convidou-me (Bill) para uma reunião em seu escritório, onde começou a soltar a bomba que descrevi na introdução. Após subir na hierarquia nos quatro anos anteriores na Amazon para se tornar VP de varejo e mídia mundial (livros, música, vídeo), Steve estava sendo promovido a vice-presidente sênior e agora responderia diretamente a Jeff (ingressando no S-Team), assumindo a tarefa de construir um novo negócio de mídia digital. Steve queria que eu me juntasse a ele como líder da equipe de negócios de mídia digital (H. B. Siegel iria dirigir o departamento de engenharia), um movimento que Jeff aprovou.

Inicialmente, fiquei chateado por ter sido preterido para o emprego que Steve estava deixando. Depois de trabalhar como diretor na unidade de livros, música e vídeo dos EUA – que correspondia a 77% da receita global da Amazon naquela época[36] – e sentir que minha carreira estava finalmente decolando, agora meu chefe estava me pedindo para ajudar a liderar um dos menores empreendimentos da empresa, se não o menor. Naquela época, o negócio de mídia digital da Amazon consistia no nosso recém-lançado recurso Search Inside the Book, além da equipe de e-books (aproximadamente cinco pessoas), todos enterrados na organização de Steve e gerando alguns milhões de dólares em receita anual – e, com base no mercado de e-book da época, não parecia haver nenhuma perspectiva real de crescimento. Essa pequena equipe se mudaria, juntamente com Steve, H. B. e eu, para fora da organização de varejo e iniciaria a Amazon Digital Media Org.

Mas quando Steve explicou os planos de Jeff, comecei a ver a mudança com outros olhos. Jeff, Steve me disse, tinha decidido que a Amazon estava em uma encruzilhada importante, e agora era a hora de agir. Embora o negócio de mídia física estivesse crescendo, todos nós entendemos que, com o tempo, ele diminuiria em popularidade e importância à medida que as mídias migrassem para o digital. Naquele ano de 2004, a Apple vendeu 1,3 milhão de iPods – quase quatro vezes mais do que no ano anterior –, e a proliferação on-line de arqui-

---

36. "Amazon.com Announces Record Free Cash Flow Fueled by Lower Prices and Year-Round Free Shipping", comunicado à imprensa, centro de imprensa da Amazon, 27 de janeiro de 2004, https://press.aboutamazon.com/news-releases/news-release/news-release-details/amazoncom-announces-record-free-cash-flow-fueled-lower-prices.

vos de música digital compartilhada já havia provocado um declínio nas vendas de CDs. Parecia apenas uma questão de tempo até que as vendas de livros físicos e DVDs também diminuíssem, substituídas por downloads digitais.

Jeff sentiu que precisávamos agir rápido. E uma vez que Jeff estava decidido, ele exercia o princípio de liderança "Tendência à ação".

Para minha carreira, isso poderia significar conseguir um dos melhores lugares em um foguete ou trabalhar por anos em um pequeno negócio que nunca iria decolar. Como mais tarde descobriria, o caminho para o sucesso no mundo digital seria longo e repleto de contratempos, lições difíceis, falsas esperanças e fracassos dolorosos. Mas, como observado, não esperávamos nada diferente disso. Houve momentos em que tivemos debates acalorados sobre quais produtos desenvolver e como deveríamos fazê-lo. Devemos nos concentrar em livros, músicas ou vídeos? Devemos elaborar um serviço de assinatura, torná-lo gratuito com anúncios, permitir que as pessoas comprem à la carte, ou tudo isso junto? Devemos criar nossos próprios dispositivos ou fazer parcerias com fabricantes? Devemos adquirir empresas para acelerar nossa entrada no meio digital? Dentro da organização, os líderes, incluindo alguns membros do conselho de administração, questionaram por que deveríamos investir tanto tempo, esforço e dinheiro em mídia digital. Pois, como você verá, as habilidades necessárias para ter sucesso nas mídias digitais são bastante diferentes do que é necessário para se destacar na entrega de produtos físicos vendidos on-line.

Mas nós (os líderes e membros da equipe de mídia digital) éramos persistentes, sempre prontos para reinventar nossa forma de abordagem, mudar nossas táticas e reiterar estratégias. Trabalhamos guiados por uma meta inabalável de longo prazo – criar um grande negócio de mídia digital que investisse em novos serviços (e dispositivos) que agradassem os consumidores. Tínhamos em mente a preocupação de Jeff de que não importa o que fizéssemos, era preciso nos esforçar constantemente para descobrir a experiência certa para nossos clientes.

Levou vários anos para que nosso esforço digital ganhasse uma posição e se tornasse um negócio significativo.

Alguns dias depois daquele encontro com Steve, aceitei o cargo no departamento de mídia digital. Alguns meses depois, fui promovido a vice-presidente. Depois de uma ou duas mudanças na organização, assumi o papel de VP dos grupos digitais de Música e Vídeo da Amazon até deixar a empresa, no final de 2014. Durante esse tempo, observei, participei ou atuei como líder no desenvolvimento do leitor de e-book Kindle, do Fire Tablet, Fire TV, Prime Video, Amazon Music, Amazon Studios, e do nosso alto-falante Echo, ativado por voz, e da tecnologia subjacente de assistente de voz Alexa.

Durante nossa longa jornada para construir o negócio digital da Amazon, aprendemos uma importante lição: é preciso ter uma liderança excepcionalmente paciente e inabalável para perseverar no longo processo de construir um novo negócio e navegar por tempos transformadores em uma indústria estabelecida e com interesses arraigados. O fato de termos entrado como iniciantes e emergido como líderes do setor é, em grande parte, resultado de nossa adesão aos princípios amazonianos e de nossa mentalidade, incluindo pensar grande, pensar em longo prazo, ser obcecado pelos clientes, estar disposto a ser mal interpretado por muito tempo e ser frugal – princípios que poucas empresas são capazes de manter em face das exigências de relatórios trimestrais e das oscilações diárias do mercado de ações. Muitas empresas com muito mais capital do que a Amazon na época tentaram e não conseguiram construir um negócio digital. Mesmo que sua empresa seja menor que seus concorrentes, aderir a esses princípios permitirá que você alcance objetivos acima do esperado.

A VIRADA PARA O DIGITAL

A Amazon não era a única empresa a reconhecer a necessidade de investir em mídia digital e adquirir novas capacidades. A popularidade do serviço de compartilhamento de arquivo de música digital Napster, que decolou em junho de 1999, foi um sinal para todos nós de que havia uma mudança na demanda do consumidor de mídia física para mídia digital.

No outono de 2003, Jeff, Colin e Diego Piacentini – ex-vice-presidente da Apple que na época era vice-presidente sênior do varejo mundial da Amazon – deixaram os escritórios da Amazon em Seattle no final de uma tarde e viajaram até a Apple, em Cupertino, para se encontrar com Steve Jobs, que havia nos convidado para uma visita. Fomos recebidos por Jobs e outro funcionário da Apple que depois nos levaram para uma sala de conferências com um PC Windows e dois pratos de sushi. Tivemos uma discussão informal sobre a situação da indústria musical enquanto atacávamos os pratos de sushi, pois já havia passado da hora do jantar. Depois de limpar a boca com um guardanapo, Jobs explicou o verdadeiro propósito da reunião e anunciou que a Apple havia acabado de criar seu primeiro aplicativo para Windows. Ele nos disse com calma e confiança que, embora fosse a primeira tentativa da Apple de construir algo para o Windows, ele acreditava ser o melhor aplicativo do Windows que alguém já havia criado. Em seguida, Jobs fez uma demonstração do iTunes para Windows, que seria lançado em breve.

Durante a demonstração, Jobs falou sobre como essa mudança transformaria a indústria da música. Até aquele momento, se você quisesse comprar música digital da Apple, precisava de um Mac, que representava menos de 10% do mercado de computadores domésticos. A primeira investida da Apple na criação de um software para a plataforma concorrente do Windows mostrou o quão sério o mercado de música digital era para eles. Agora, qualquer pessoa com um computador poderia comprar música digital da Apple.

Jobs disse que os CDs seguiriam o mesmo caminho de outros formatos de música ultrapassados, como a fita cassete, e sua importância e parcela nas vendas gerais de música cairiam rapidamente. O comentário a seguir poderia ser interpretado como uma afirmação prática, uma tentativa de obter uma resposta irada ou uma tentativa de incitar Jeff a tomar uma decisão de negócios ruim, agindo impulsivamente. Ele disse: "A Amazon tem grande chance de ser o último lugar para se comprar CDs. Esse negócio terá uma margem de lucro alta, mas será pequeno. Você poderá cobrar caro pelos CDs, pois serão difíceis de encontrar". Jeff não mordeu a isca. Éramos seus convidados, e o resto da reunião transcorreu sem nenhum acontecimento importante. Mas todos nós sabíamos que ser um vendedor exclusivo de CDs antigos não parecia um modelo de negócio atraente.

Embora seja tentador sugerir que a reunião impactou o pensamento de Jeff, apenas Jeff poderia afirmar isso. O que podemos dizer é o que Jeff fez e deixou de fazer depois desse encontro. O que ele não fez (e o que muitas empresas teriam feito) foi lançar um projeto completo para competir com a Apple, emitir um comunicado à imprensa alegando como o novo serviço da Amazon venceria e correr para criar um serviço de música digital concorrente. Em vez disso, Jeff teve tempo para processar o que aprendera com a reunião e formou um plano. Poucos meses depois, ele nomeou um líder de segmento único – Steve Kessel – para administrar a Digital, que se reportaria diretamente a ele para que pudessem trabalhar juntos na formulação de uma visão e um plano de mídia digital.

Em outras palavras, sua primeira ação não foi uma decisão de "qual", foi uma decisão de "quem" e "como". Aqui temos uma diferença incrivelmente importante. Jeff não se concentrou diretamente em *qual* produto criar, que seria o caminho mais rápido de A a B. Em vez disso, as escolhas que fez sugerem que Jeff acreditava que a oportunidade era enorme e que o escopo do trabalho necessário para alcançar o sucesso seria igualmente grande e complexo. Ele se concentrou primeiro em *como* organizar a equipe e em *quem* seria o líder certo para alcançar o resultado esperado.

Embora a mudança para o digital já estivesse começando a acontecer, ninguém podia prever quando a maré realmente mudaria. Ninguém queria entrar nisso antes da hora, com um produto que ainda não tivesse um mercado estabelecido. Mas, ao mesmo tempo, ninguém queria perder o momento e depois não ser capaz de recuperar o atraso. Sabíamos que seria preciso inventar uma solução para esse dilema, algo que fosse a melhor experiência do cliente nesse novo paradigma. Nesse caso, nosso DNA inerente de foco no cliente, pensamento de longo prazo e inovação foram decisivos.

Grandes varejistas como Walmart, Barnes & Noble e até mesmo o negócio de mídia on-line da Amazon – bem como gigantes da mídia como Disney, Universal Music, Warner e Random House – foram peças importantes na criação ou distribuição de mídia física. Microsoft, Apple, Google, Netflix, Walmart, Disney, Samsung, Sony, Warner e muitos outros despejariam bilhões de dólares em mídia digital nos anos seguintes. Era evidente, para todas essas empresas, que a mudança estava chegando. Algumas delas estavam mais bem posicionadas do que a Amazon para capitalizá-la, e outras estavam mal equipadas para tirar vantagem dessa mudança ou liderá-la. Alguns investimentos produziriam sucesso (YouTube, Hulu, Spotify, quase tudo que a Apple tocou), enquanto muitos outros fracassaram (Microsoft Zune, Sony E-Reader, Nook, PressPlay, MusicNet). Naquela época, a Amazon decididamente não tinha bilhões para gastar em mídia digital ou qualquer outra coisa, então precisaríamos nos apoiar fortemente no princípio "Frugalidade" para permanecer na competição com os competidores maiores.

Jeff era um estudante de história e regularmente nos lembrava que, se uma empresa não mudasse ou não pudesse se adaptar às necessidades dos consumidores, ela estava condenada. "Você não quer se tornar a Kodak", dizia ele, referindo-se à outrora poderosa gigante da fotografia que havia ficado à deriva na passagem do filme físico para o digital. Não íamos ficar sentados e esperar que isso acontecesse com a Amazon.

Conceitualmente, compreendi e aceitei essa lição de história. O que não entendi foi por que Steve e eu tivemos que mudar de cargo e construir uma organização totalmente nova. Por que não poderíamos gerenciar a mídia digital como parte do que já estávamos fazendo? Afinal, trabalharíamos com os mesmos parceiros e fornecedores. Os arquivos de mídia seriam criados pelas empresas de mídia: editoras de livros, gravadoras e estúdios de cinema. Eu já gerenciava as relações de marketing cooperativo com essas empresas, então fazia sentido que devêssemos fazer isso de dentro da mesma organização a partir do conhecimento prévio e do sucesso de nossa sólida equipe. Caso contrário, a Amazon teria dois grupos diferentes responsáveis pelas relações comerciais com parceiros e fornecedores.

Mas Jeff achava que, se tentássemos gerenciar mídias digitais como uma parte do negócio das mídias físicas, isso jamais seria uma prioridade. Afinal, o negócio mais lucrativo dominaria a empresa e sempre receberia mais atenção. Steve me disse que ter sucesso no universo digital era muito importante para Jeff, e ele queria que Steve se concentrasse apenas nessa tarefa. Steve queria que eu me juntasse a ele e o ajudasse a criar o novo negócio.

Essa mudança seria um dos primeiros grandes exemplos do conceito de estrutura organizacional com líder de segmento único na empresa. Antes de Steve mudar-se para a chefia da Digital, o líder mais antigo do negócio de mídia digital era um gerente de produto, quatro níveis abaixo de Steve. Não havia como alguém naquele nível liderar e desenvolver os novos produtos e iniciativas que lançaríamos nos anos seguintes. Para essa área se tornar um dos maiores e mais importantes negócios da Amazon, Jeff precisava de Steve na liderança, um vice-presidente experiente (agora promovido a vice-presidente sênior), reportando-se a Jeff em segmento único digital. Por sua vez, Steve precisaria formar uma equipe de líderes sob seu comando, cada um deles dedicado a um único aspecto do negócio, como hardware de dispositivo, e-books, música ou vídeo.

Por fim, entendi a importância de organizar as coisas dessa forma. Se tivéssemos tentado descobrir como fornecer mídia digital e, ao mesmo tempo, gerenciar nosso negócio de mídia física on-line, não conseguiríamos ter agido com a rapidez necessária. Não seria possível pensar grande sobre como reinventar a experiência do cliente como fizemos na criação de nosso próprio dispositivo e serviço de e-reader. A experiência do cliente teria sido, sem dúvida, uma mistura das abordagens de negócios físicos e digitais. Tivemos que começar do zero.

E essa mudança repentina de emprego, com a qual fiquei tão decepcionado, provaria ser não apenas a coisa certa para a empresa, mas também uma das melhores coisas que já aconteceram em minha carreira.

A fase startup da Amazon Digital Media and Devices

Para trabalhar nos detalhes de nossa abordagem com livros digitais, música e vídeo, passamos cerca de seis meses pesquisando o panorama da mídia digital e nos reunindo como uma equipe de liderança com Jeff, semanalmente, para revisar e debater inúmeras ideias e conceitos.

Nós nos reunimos com parceiros das empresas de mídia (editoras de livros, gravadoras, estúdios de cinema) para discutir o estado atual e o futuro dos e-books, música digital e vídeo. O negócio de e-books já existia, mas as editoras não estavam investindo nisso e, certamente, não estavam contribuindo para o crescimento desse mercado. As editoras produziram um pequeno catálogo de livros digitais e aplicaram os mesmos preços altos dos livros de capa dura. Com a pirataria minando rapidamente o negócio de CDs e a Apple vendendo milhões de músicas no iTunes para milhões de clientes do iPod, as gravadoras estavam ansiosas para que entrássemos logo no mercado para terem outra opção de revendedores – não apenas a Apple.

Não havia serviços de TV digital na época. Por natureza, os criadores de conteúdo são avessos ao risco, muito hábeis em maximizar o fluxo de caixa de operações existentes, mas não em criar novas. Portanto, eles não estavam interessados em licenciar seus programas ou filmes para provedores de serviços digitais como a Amazon esperava.

Em dezembro de 2004, Steve, Jeff e eu participamos da Music 2.0, uma conferência digital da indústria musical no Hilton em Universal City. Na época, Jeff já era bem conhecido no mundo dos negócios e da mídia – a revista *Time* o havia nomeado Homem do Ano em 1999. Certamente não era comum que um CEO proeminente comparecesse a uma conferência como essa, então um burburinho nos cercava aonde quer que fôssemos. As pessoas se aproximavam de mim, querendo que eu as ajudasse a ter uma chance de falar com Jeff.

Ouvimos vários palestrantes, um dos quais foi Larry Kenswil, alto executivo da Universal Music, que falou sobre a situação de então do negócio de música digital. Na época, ele estava dividido em dois campos: em um deles estavam serviços como o Napster, que facilitava o compartilhamento gratuito de arquivos. No outro lado, sozinha, estava a Apple, vendendo músicas para o iPod por 99 centavos cada. Larry estava ansioso para que outras empresas de tecnologia entrassem no negócio, pois isso significaria mais receita para a Universal Music. Ele obviamente sabia que estávamos na plateia, porque fez alguns comentários direcionados diretamente a Jeff, criticando a Amazon por ainda não estar inserida no universo da música digital e nos estimulando a entrar rapidamente.

Uma das decisões que tivemos que tomar naquele primeiro ano foi se abriríamos um negócio ou compraríamos uma empresa que já estivesse operando nesse mercado. Tivemos muitas reuniões com Jeff, nas quais Steve e eu apresentávamos nossas ideias para o produto musical ou uma empresa que poderia ser adquirida. Em cada reunião, Jeff rejeitava tudo o que considerasse imitação, enfatizando repetidamente que, qualquer que fosse o produto musical desenvolvido, deveria oferecer uma experiência verdadeiramente única para o cliente. Jeff frequentemente descrevia as duas abordagens fundamentais que cada empresa deve escolher ao desenvolver novos produtos e serviços. Podemos ser um seguidor rápido (fast-follower) – isto é, fazer uma cópia de produtos de sucesso que outras empresas criaram – ou podemos inventar um novo produto pensando no bem-estar de nossos clientes. Jeff disse que qualquer uma das abordagens era válida, mas ele queria que a Amazon fosse uma empresa que busca a inovação.

Por quê? No mundo digital em particular, parte da resposta residia no fato de que o setor estava mudando mais rapidamente do que outros. Se adotássemos a estratégia de seguidor rápido, quando tivéssemos terminado de implantar uma réplica razoável do serviço de um concorrente, ele ou outra pessoa já teria criado algo melhor e não teríamos tempo suficiente para recuperar o investimento sobre o serviço existente antes de termos que construir um novo. A rápida evolução do serviço de música da Apple de um iPod conectado a um Mac para encontrar e reproduzir sem interrupção no iPhone e iPad mostra por que a estratégia de seguidor rápido não teria funcionado no negócio digital. Jeff deixou claro que pessoas como o executivo que o provocou na conferência de música digital não direcionariam nosso processo. Jeff afirmou que criar cópias de produtos como iPod e iTunes não era um caminho possível. E ele não estava interessado em fazer um estardalhaço ao anunciar ao público que a Amazon havia chegado ao negócio digital. Jeff optou pelo caminho da inovação ao vislumbrar além da categoria música, o que o levou a iniciar a incursão da Amazon no mundo digital, concentrando-se em e-books e num dispositivo e-reader. Ao fazer isso, Jeff demonstrou sua crença de que a invenção verdadeira conduz a um valor de longo prazo maior para clientes e acionistas.

Minha equipe e eu rapidamente aprendemos que inovar é um caminho mais desafiador do que a estratégia de seguidor rápido. O roteiro para ser um seguidor rápido é relativamente claro – você estuda o que seu concorrente criou e copia. Mas não existe um roteiro para a inovação.

O caminho da inovação exigia firmeza para avaliar e descartar muitas opções e ideias. Portanto, enquanto considerávamos qual caminho seguir – criar ou comprar –, fizemos inúmeras reuniões com diferentes empresas do setor de mídia digital. Além de nos mostrar as opções para potenciais aquisições, foi também uma maneira de nos atualizar sobre diferentes aspectos do negócio de mídia digital, pois os fundadores e líderes dessas empresas compartilharam suas experiências e percepções em uma variedade de desafios. Paralelamente, estávamos escrevendo os primeiros PR/FAQs para produtos de mídia digital, que seriam revisados e discutidos com Jeff. Os dois processos se reforçaram, e, no final de 2004, nosso pensamento e visão a respeito do tema ficaram mais claros. À medida que essa visão entrava em foco, começamos a projetar a organização e a montar uma equipe.

Quando Jeff pediu a Steve que administrasse a Digital, ele também mudou a estrutura organizacional no topo da empresa. Antes, Steve se reportava a Diego Piacentini, vice-presidente sênior de varejo mundial, que por sua vez se reportava a Jeff. Agora Steve se reportava diretamente a Jeff, um sinal claro de que o departamento digital era uma prioridade.

Havia dois grandes benefícios nessa abordagem. Primeiro, isso significava que Steve não estava sobrecarregado com as muitas responsabilidades inerentes ao gerenciamento de qualquer um dos negócios ou operações atuais da Amazon. Ele agora tinha autonomia e autoridade para se dedicar unicamente ao segmento Digital. Em segundo lugar, isso significava que Diego e seus colegas não seriam obrigados a gastar tempo lidando com os assuntos da Digital. Eles estavam livres para continuar a dedicar seu foco de segmento único à construção dos nossos negócios de varejo e marketplace, bem como nossa rede de distribuição. Além disso, Jeff optou por dedicar uma parte significativa de tempo para trabalhar diretamente com Steve e os líderes na Digital, alinhando-se com eles na direção do produto e para garantir que tivessem os recursos necessários para obter sucesso. Isso significou que Jeff estava reduzindo o tempo que passava supervisionando departamentos como o varejo e o marketplace, necessariamente dando mais autonomia a líderes como Diego e Jeff Wilke.

Foi graças à combinação dos processos da Amazon, que foram discutidos na Parte 1 do livro, que Jeff foi capaz de realizar tais mudanças. Por exemplo, a narrativa de seis páginas e as metas do S-Team permitiram que Jeff ficasse alinhado com todos os principais programas de varejo e marketplace e fornecesse feedbacks de maneira eficiente, mesmo dedicando menos tempo a esses negócios. E para novas iniciativas na Digital (bem como AWS), o processo PR/FAQ permitiu que Jeff pudesse despender semanas ou meses para obter alinhamento e clareza em alto nível de detalhes em cada projeto. Depois que ele e a equipe se alinharam em cada PR/FAQ detalhado, os líderes da Digital e da AWS puderam acelerar o máximo possível a formação de suas equipes e lançar novos produtos, sabendo que estavam em sintonia com o CEO. Isso possibilitou a Jeff direcionar e influenciar vários projetos simultaneamente. Tal alinhamento foi possível não porque Jeff era o CEO, mas porque tínhamos um processo em vigor que viabilizou isso. O mesmo processo pode permitir que as equipes de qualquer empresa trabalhem de forma autônoma e, ainda assim, estejam em sintonia com as intenções de seus líderes

Na parte organizacional, usamos a estrutura da equipe de duas pizzas, o que permitiu que nossas equipes da Digital não fossem dependentes, tampouco uma distração para as equipes de engenharia e negócios que administravam o departamento de varejo e marketplace. Nosso pessoal trabalhava de forma autônoma no que diz respeito à capacidade de atingir os objetivos que haviam sido acordados com Jeff. Do ponto de vista de Jeff, isso significava que ele poderia arbitrar conflitos de recursos e dependências nos níveis mais estruturais. Cada líder de equipe de duas pizzas deveria prestar contas a Jeff tanto a respeito da formação das equipes quanto aos objetivos. Além disso, Jeff poderia facilmente aferir se uma iniciativa importante estava seguindo no rumo do sucesso. Como as equipes não dependiam de outras equipes, Jeff podia ter certeza de que os planos realmente seriam executados e não seriam vetados por questões orçamentárias em outro lugar da organização. Sem esses novos processos, teria sido difícil ou impossível para ele realizar essas grandes mudanças da maneira como foram feitas, tanto na organização quanto na alocação de tempo, alcançando os resultados esperados. Esses métodos permitem que o CEO (ou outro líder) alcance e mantenha um alinhamento com sua organização sobre o que desenvolver e se há recursos suficientes para tal.

Como outros líderes na Amazon, aprendi como aplicar esses processos à medida que minha organização crescia de forma a aumentar minha amplitude de controle e alcançar os resultados certos em uma variedade de produtos e projetos complexos. Graças a essas ferramentas, dentro de alguns anos, fui capaz de mergulhar fundo, auditar e gerenciar centenas de metas anuais do S-Team e iniciativas de novos produtos pelas quais várias equipes eram responsáveis.

Aplicamos a nova estrutura de duas pizzas a cada parte do organograma abaixo de Steve e de seus subordinados diretos. A estrutura de duas pizzas tornou-se mais complicada no topo do organograma. Por exemplo, as funções de produto, engenharia e negócios devem se reportar a um único líder? Ou cada um deve ser dirigido por seu próprio líder, com esses líderes, por sua vez, trabalhando como uma equipe no produto, na engenharia e nos detalhes do negócio?

Decidimos que haveria líderes separados para negócios e tecnologia para cada categoria de produto digital – livros, música e vídeo. Cada um desses líderes de categoria contrataria líderes para cada função de negócio, como gerenciamento de produto, marketing/merchandising e gerenciamento de fornecedor/conteúdo (licenciamento de conteúdo digital de editoras, estúdios e gravadoras). Cada gerente-geral de categoria teria um líder correspondente no lado da engenharia. Cada categoria de engenharia teria uma equipe de duas pizzas para cada componente principal dos serviços de software (por exemplo, criação e transformação de conteúdo) e para software de aplicativo do cliente. Essa foi uma decisão pragmática baseada nas habilidades dos líderes. Por exemplo, na época, eu não tinha experiência em gerenciar uma organização de engenharia. O mesmo acontecia com meus colegas da área de engenharia com relação aos negócios. Isso mudaria nos anos seguintes.

Em poucos meses, ficou claro que seria necessário adicionar mais líderes seniores (que se reportariam diretamente a Steve) para executar e gerenciar cada uma das várias partes componentes da visão. No início de 2004, Steve tinha apenas dois subordinados diretos: Bill, o líder de negócios da Digital, e H. B. Siegel, o líder de engenharia. Em meados de 2005, Steve havia contratado líderes do nível e experiência apropriados para executar cada elemento de nossa visão de produto e negócios e havia modificado a estrutura da organização para acomodá-los. A cada modificação, o escopo das responsabilidades de cada líder se tornaria mais reduzido, mas o alcance de suas ações ficava cada vez maior. Na maioria das empresas, reduzir o escopo das responsabilidades de um líder seria considerado um rebaixamento, e de fato havia muitos VPs e diretores que viam essas mudanças dessa forma. Na Amazon, não era um rebaixamento. Era um sinal de que estávamos pensando grande e investindo em mídias digitais pensando no longo prazo.

No meu caso, isso significava que em 2005, em vez de liderar a equipe de negócios para livros digitais, música e vídeo, eu estava focado em liderar apenas música e vídeo. Em 2007, meu escopo de atuação cresceu quando assumi a liderança das organizações de engenharia, além de negócios. Esse processo era contínuo, pois a cada ano eram feitas mudanças em que o escopo do trabalho se tornava amplo demais para ser dividido ou mesmo desmembrar as equipes em subequipes. Um exemplo simples: em 2004, o desenvolvimento de aplicativos para clientes de vídeo foi comandado por uma equipe de duas pizzas. Em seguida, transformou-se em três equipes, uma para web, uma para dispositivos móveis e uma para dispositivos de TV. Em seguida, a equipe de dispositivos móveis passou a ser quatro equipes (iPhone, Android, iPad, tablet Android), e a equipe da TV passou a ser mais de cinco equipes (Xbox, PlayStation, TiVo, Sony Bravia, Samsung etc.), de modo que em 2011 as duas equipes de duas pizzas originais haviam se transformado em mais de dez.

Alguns líderes de mídia digital – incluindo Neil Roseman e Dan Rose – vieram de dentro da empresa. Outros, como Erich Ringewald, estavam com a Amazon e partiram para outras atividades, mas, perto do final de 2004, o convencemos a voltar e liderar a equipe de engenharia de música digital. Recrutamos outros líderes, incluindo Gregg Zehr e Ian

Freed, para juntarem-se a nós de empresas como Palm e RealNetworks. Em meados de 2005, a equipe de liderança central estava pronta.

Analisando em retrospectiva, a estrutura organizacional que empregamos não era radical ou diferente das de outras empresas. A parte radical é que essas equipes foram estabelecidas fora das organizações de engenharia e negócios de varejo e marketplace de então, e estávamos pensando grande e em longo prazo, contratando e construindo uma grande organização para apoiar três novos negócios especulativos.

Amazon: uma fabricante de dispositivo?!

As razões pelas quais precisávamos não apenas de uma nova equipe, mas também de novas habilidades, como a criação de um hardware de dispositivo, tornaram-se evidentes em nossas sessões de concepção de produto. Jeff se concentrou na diferença fundamental entre o negócio de varejo de mídia digital e o negócio de varejo de mídia física preexistente. Nossa vantagem competitiva nas mídias físicas se baseava em ter a seleção mais ampla de itens disponíveis em um único site. Mas essa não poderia ser uma vantagem competitiva nos meios digitais, onde a barreira de entrada era baixa. Qualquer empresa, seja uma startup bem financiada, seja uma empresa estabelecida, poderia oferecer os mesmos serviços. Naquela época, embora fosse preciso tempo e esforço, qualquer empresa poderia construir uma loja de e-books ou uma loja de download de músicas a 99 centavos, onde ofereceriam a mesma variedade de livros e músicas que qualquer outro local digital. Eles só precisavam ter a disposição de realizar o trabalho tedioso de agregar todos os lançamentos de música digital ou e-books em um único catálogo on-line. Portanto, sabíamos que não poderíamos atender à exigência de Jeff de que nosso negócio digital tivesse uma oferta distinta e diferenciada apenas na seleção e agregação de títulos.

Outro elemento-chave da vantagem competitiva no negócio de varejo físico era nossa capacidade de oferecer preços consideravelmente baixos. Se você pensar na engrenagem de crescimento, isso se devia à nossa estrutura de custos mais baixos em comparação com outros varejistas, já que não tínhamos lojas físicas. Mas os custos estruturais não eram um fator importante no universo digital. O processo e os custos associados à hospedagem e exibição de arquivos digitais eram basicamente os mesmos, quer você fosse Amazon, Google, Apple ou uma startup. Não havia diferença fundamental que permitiria a uma empresa obter uma vantagem competitiva e vencer no longo prazo, tendo custos operacionais de mídia digital mais baixos e repassando essa economia para o consumidor na forma de preços mais baixos de mídia digital.

Quando Jeff se encontrou pela primeira vez com Steve e pediu que assumisse a liderança da Digital and Devices, ele desenhou uma versão desta imagem no quadro branco (sem os ícones e gráficos atuais que adicionamos aqui para facilitar a compreensão):

Ele explicou a Steve que havia uma diferença importante na cadeia de valor da mídia digital também. No varejo físico, a Amazon operava no meio da cadeia de valor. Agregamos valor ao terceirizar e adicionar uma vasta seleção de produtos, dezenas de milhões deles, em um único site e entregá-los de forma rápida e barata aos clientes.

Para vencer no universo digital, como esses agregadores de valor físico no varejo não eram vantagens, deveríamos identificar outras partes da cadeia de valor onde pudéssemos nos diferenciar e atender bem os clientes. Jeff disse a Steve que isso significava sair do meio e se aventurar em qualquer uma das pontas da cadeia de valor. De um lado estava o conteúdo, onde os criadores de valor eram autores de livros, cineastas, produtores de TV, editores, músicos, gravadoras e estúdios de cinema. Na outra extremidade estavam a distribuição e o consumo desse conteúdo. No meio digital, isso significa focar aplicativos e dispositivos que os consumidores costumavam usar para ler, assistir ou ouvir o conteúdo, como a Apple já havia feito com o iTunes e o iPod. Todos observaram o que a Apple alcançou na música digital em um curto período e procuraram aplicar esses aprendizados à sua visão de produto de longo prazo.

Nossas competências essenciais não se estendiam a nenhuma das pontas da cadeia de valor.

Steve não permitiu que isso nos atrapalhasse. Em uma de nossas reuniões, ele disse que uma empresa que quisesse crescer faria um balanço de suas capacidades e perguntaria: "O que podemos fazer a seguir com nosso conjunto de habilidades?". Ele enfatizou que a abordagem da Amazon sempre foi começar pelo cliente e trabalhar a partir daí. Descobriríamos quais eram as necessidades dos clientes e nos perguntaríamos: "Temos as habilidades necessárias para criar algo que atenda a essas necessidades? Se não, como podemos adquiri-las?". Depois de determinar o que era necessário para criar valor para os clientes e nos diferenciar de nossos concorrentes, não permitimos que nossa falta de habilidade nos impedisse de alcançar este importante resultado final – nosso próprio dispositivo.

Portanto, embora não soubéssemos nada sobre criação de hardware, Jeff e Steve decidiram que o lugar para começar era na extremidade do consumo da cadeia: hardware, especificamente e-books. Havia muitas razões para isso. Uma era que os livros ainda eram a maior categoria de venda da Amazon e a mais associada à empresa. A música foi a primeira categoria a migrar para o digital no mercado, mas a Apple teve uma grande vantagem, e nossas sessões não produziram um PR/FAQ para um dispositivo de música ou ideia de serviço que fosse suficientemente atraente. O vídeo ainda não migrara para o digital, o que parecia uma grande oportunidade. Mas sabíamos que havia uma série de barreiras para criar uma experiência de vídeo digital naquela época. Isso incluía obter os direitos dos estúdios para oferecer filmes e programas de TV digitalmente, o tempo que levaria para baixar grandes arquivos de vídeo na lenta (na época) internet e a incerteza sobre como os consumidores iriam reproduzir esses arquivos de vídeo em suas TVs. Com base nesses fatores, decidimos fazer um grande investimento de pessoas e dinheiro em e-books e em um dispositivo de leitura, bem como estabelecer equipes muito menores para trabalhar com música e vídeo.

A outra razão para começar com os livros foi que o mercado de e-books como um todo era minúsculo. Não havia como ler e-books em um dispositivo diferente de um PC, e ler em um PC definitivamente não era uma boa experiência. Acreditamos que os clientes iriam querer o equivalente em e-book à experiência iTunes/iPod: um aplicativo pareado com um dispositivo móvel que oferecesse aos consumidores qualquer livro já escrito, o conteúdo disponível a um preço baixo para que eles pudessem comprar, baixar e começar a ler em segundos. Mas nós mesmos seríamos responsáveis pela criação desse dispositivo, e isso poderia levar anos.

A ideia de que a Amazon, uma distribuidora de comércio eletrônico de produtos de varejo feitos por terceiros, se tornaria uma empresa de hardware, fabricando e vendendo seu próprio dispositivo de leitura, era controversa. Como quase todo mundo na Amazon fora de nossa equipe de liderança digital, tive muita dificuldade em aceitar que seria uma boa ideia fazer nosso próprio hardware quando parecia que quase todos os líderes da empresa e do conselho de diretores estavam questionando isso. Como todo mundo, achei muito caro (não aderir ao princípio de liderança "Frugalidade"!) e que iria fracassar. Hoje reconheço que passar por esse processo e ver o resultado transformou minha compreensão de como a inovação funciona.

Eu acreditava muito em Steve, mas expressava minhas preocupações quando nos encontrávamos para discutir o assunto. "Somos uma empresa de comércio eletrônico, não uma empresa de hardware!", eu insistia. Achei que faríamos parceria com empresas terceirizadas de equipamentos que fossem especialistas em projetar e construir hardware e ficar apenas com o que sabíamos fazer: e-commerce. Com frequência, eu dizia a Steve que ele não sabia nada sobre hardwares – ele não era um cara louco por dispositivos, e seu Volvo antigo nem tinha som automotivo.

Nas nossas conversas particulares, Steve explicou pacientemente por que essa era a decisão certa. Havíamos trabalhado em incontáveis rascunhos de nosso PR/FAQ para uma loja de e-books e dispositivo de leitura, e o resultado era claro: era preciso criar uma loja que fosse profundamente integrada com o dispositivo de leitura. Essa combinação foi a chave para proporcionar uma experiência de compra e leitura de livros que encantaria os clientes. Durante o período de pesquisa, percebemos que depender de terceiros, embora fosse operacional e financeiramente menos arriscado, era muito mais arriscado do ponto de vista da experiência do cliente. Se começarmos com o cliente e trabalharmos de trás para a frente, a conclusão mais lógica é que precisamos criar nossos próprios dispositivos.

O segundo ponto que ele destacou foi o seguinte: se você decidir que o sucesso de longo prazo e a sobrevivência de sua empresa, como qualquer empresa em uma encruzilhada, dependem de ter uma capacidade específica que você não tem atualmente, então a empresa deve ter um plano para criá-la ou comprá-la. Tivemos que descobrir como adquirir a capacidade de fazer dispositivos de hardware internamente. Se quiséssemos garantir uma ótima experiência para o cliente que fosse diferenciada na extremidade da cadeia de valor, não poderíamos terceirizar – e, portanto, ceder – essa inovação importante para outros. Era preciso criar esse dispositivo dentro da Amazon.

A decisão de nos tornarmos fabricante de dispositivos de hardware anteciparia uma série de decisões futuras. Muitas empresas que decidem entrar em uma área de negócios na qual têm pouca experiência ou capacidade interna optam por terceirizar, como aconteceu no início do e-commerce, quando os varejistas tradicionais criaram seus primeiros sites de varejo on-line. Eles contrataram desenvolvedores terceirizados, consultores e, às vezes, ambos. Essa abordagem permitiu que agissem com muito mais rapidez. Mas privou-os da flexibilidade para inovar, diferenciar e incorporar continuamente o desejo do cliente. Os varejistas que terceirizaram o e-commerce não tinham a capacidade de criar e testar novos produtos como Super Saver Shipping, Prime ou Fulfillment by Amazon (FBA). Podiam apenas escolher em um menu de opções do provedor terceirizado. Na melhor das hipóteses, eles copiaram o que os inovadores construíram. Na pior das hipóteses, para competir realmente, teriam que implementar uma experiência de ponta a ponta para o produto (como o Prime), com um site, sistemas de gerenciamento de pedidos, centros de atendimento e métodos de entrega. Uma experiência personalizada, integrada e completa não pode ser terceirizada.

Além disso, nesse contexto, a terceirização oferece um exemplo clássico de decisões de curto prazo com implicações devastadoras de longo prazo. Praticamente todos os dias, a Amazon podia ajustar as ofertas para melhorar a experiência do cliente. E assim, dia após dia, a distância entre a Amazon e seus concorrentes aumentava. A terceirização seria o caminho mais oneroso.

Houve outro motivo que nos levou a decidir por criar o dispositivo internamente. Se tivéssemos terceirizado o trabalho e conseguido criar o primeiro dispositivo de leitura, muito do conhecimento e know-how estaria fora da Amazon, nas mentes e processos da empresa terceirizada. Uma vez que o tipo de parceiro de que precisávamos estava normalmente trabalhando com a construção de hardwares personalizados para uma ampla gama de clientes e não apenas nós, a empresa contratada poderia desenvolver ainda mais a tecnologia e, eventualmente, oferecer um leitor comparável ou ainda melhor para outras empresas, incluindo nossos concorrentes. Queríamos ser os guardiões da propriedade intelectual.

A única maneira de termos uma chance de sucesso seria empregar líderes fortes nessa tarefa. Então Steve decidiu encontrar um especialista no assunto, com conhecimento do setor e que pudesse liderar nossa equipe na criação de um excelente dispositivo de hardware. Em setembro de 2004, Steve contratou Gregg Zehr, veterano do Vale do Silício que havia sido vice-presidente de engenharia de hardware na Palm Computing e na Apple.

Gregg montou um escritório separado no Vale do Silício, não em Seattle. Sua intenção era explorar os talentos técnicos do Vale do Silício, muito mais abundantes do que em Seattle, especialmente no desenvolvimento de hardware. Seria um passo importante em nosso esforço de contratar líderes externos que pudessem trazer novas capacidades para a empresa e desenvolver centros de excelência fora de nossa base. Ao contrário de hoje, em que a maioria da força de trabalho da Amazon está localizada fora da sede de Seattle, havia na época apenas dois ou três outros centros de desenvolvimento remotos, então ainda era um conceito relativamente novo na empresa e parecia arriscado. Vimos uma operação remota como essa como um meio para um fim, não um fim em si mesmo. Precisávamos de talento, e o Vale do Silício era o local ideal para encontrá-lo.

Assumimos um grande risco ao colocar tanta responsabilidade nos ombros de contratações externas como Gregg Zehr. Como ter certeza de que ele se tornaria amazoniano? A cultura do Vale do Silício é muito diferente da cultura da Amazon. Como ele iria se adaptar a nossos processos peculiares, como o Bar Raiser, PR/FAQs e as narrativas de seis páginas? Essas foram questões que abordamos por meio do próprio processo de Bar Raiser, que era sempre o mesmo, quer você fosse um calouro recém-saído da faculdade ou um VP. Não me lembro de quantas pessoas entrevistamos para a função de Gregg, mas foram muito poucas. A maioria era muito qualificada no desenvolvimento de hardware de dispositivos. Mesmo assim, o processo de entrevista revelou as lacunas dos candidatos no que diz respeito aos princípios de liderança da Amazon – e não foi fácil encontrar um líder que os demonstrasse. Nesse caso, ter Steve no comando do processo de entrevista do Bar Raiser foi a escolha certa. No momento da redação deste livro, Gregg continuava na Amazon, quinze anos após ter sido contratado, e era responsável pelo desenvolvimento e lançamento de muitos dispositivos da Amazon.

Steve encarregou Gregg de construir uma organização de hardware, que nomeou com o código Lab126 (1 e 26 representavam as letras A e Z), e reservou uma quantidade significativa de capital para a iniciativa. Paralelamente, Neil Roseman e Felix Anthony (ambos experientes e confiáveis VPs de engenharia da Amazon) estabeleceram e contrataram equipes de engenharia de software em Seattle para construir a nuvem e os sistemas de back-end que impulsionariam a experiência Kindle e a loja de livros eletrônicos. Mais tarde, Ian Freed se tornaria o líder da organização de produtos e negócios. A combinação de Gregg (hardware do dispositivo), Felix e Neil (software na nuvem) e Ian (produtos e negócios), e as respectivas equipes que formaram, foi essencial para o sucesso do Kindle. Em uma época em que os recursos eram escassos em toda a empresa e os grupos operavam da forma mais enxuta possível, outras equipes sentiam inveja do novo empreendimento Kindle e seus líderes, que contrataram uma grande equipe (cerca de 150 pessoas) entre engenheiros e gerentes de produto.

Em abril de 2005, também adquirimos a Mobipocket, uma pequena empresa com sede na França que desenvolveu um aplicativo de software para visualização e leitura de livros em PCs e dispositivos móveis. Usamos o software Mobipocket como base para o software do primeiro Kindle. Se não tivéssemos adquirido a empresa, precisaríamos contratar uma equipe e desenvolver o software nós mesmos. Ficamos impressionados com seu fundador, Thierry Brethes, e com a equipe que ele montara, por isso acreditamos que seriam um grande acréscimo à equipe de mídia digital da Amazon. Uma vez que a equipe Mobipocket consistia em cerca de dez pessoas, permaneceu como uma equipe de duas pizzas da Amazon, com foco de segmento único no desenvolvimento de aplicativos para os clientes do leitor Kindle.

Com a equipe de Mobipocket e seu software prontos, Gregg, Neil, Felix e Ian começaram a trabalhar em parceria com Jeff para traçar os detalhes do primeiro dispositivo. Jeff disse à equipe que eles tinham o objetivo audacioso de aprimorar uma invenção que havia resistido ao teste do tempo, por mais de quinhentos anos, sem muitas mudanças: o livro. A principal discussão na etapa de design girava em torno da premissa de que nosso leitor de livro eletrônico deveria "sair do caminho" para que o leitor pudesse ter uma conexão direta com o conteúdo. Depois que a pessoa começasse a ler, ela deveria esquecer que estava usando um dispositivo eletrônico.

Em algum ponto no início do processo, surgiu um nome para o dispositivo: Kindle.

Entre 2004 e 2007, a maior parte das pessoas, dinheiro e recursos destinados à mídia digital foi investida nos esforços de criação do Kindle. Dezenas de pessoas entraram na organização, a maioria delas nova na Amazon – incluindo Ian Freed, que era veterano da Real Networks. Jeff ficou tão envolvido no projeto que passou a ser conhecido não oficialmente como o gerente de produto chefe do Kindle.

Sabíamos de antemão que o Kindle levaria tempo e dinheiro para se desenvolver, mas, em meados de 2005, ficou claro que estava demorando muito mais e consumindo mais fundos que o previsto. Em algum momento de 2005, alguns membros do S-Team se reuniram com a equipe de finanças para revisar o OP1 consolidado da empresa. Houve uma discussão acalorada sobre o surpreendente aumento nos gastos em muitas áreas, especialmente com o Kindle. Em algum ponto do debate, alguém perguntou diretamente a Jeff: "Quanto mais dinheiro você ainda está disposto a investir no Kindle?". Jeff calmamente se voltou para nosso CFO, Tom Szkutak, sorriu, deu de ombros e fez a pergunta retórica: "Quanto dinheiro nós temos?". Essa foi sua forma de sinalizar a importância estratégica do Kindle e garantir à equipe que não estava colocando a empresa em risco com esse investimento. Na visão de Jeff, era muito cedo para desistir do projeto.

O desenvolvimento continuou.

O KINDLE TOMA FORMA

A ideia de "sair do caminho" da experiência de leitura levou a várias decisões importantes no processo de design do Kindle, e nos inspiramos em dispositivos construídos por outras empresas, especialmente no BlackBerry. Naquela época, Jeff e os outros executivos da Amazon, inclusive eu, eram viciados no dispositivo canadense de e-mail sem fio que se transformara no primeiro smartphone de sucesso do mundo.

Jeff passou por muitos dispositivos BlackBerry, já que vários foram fritos pelo suor que escorria sobre eles durante os treinos de Jeff.

    O recurso que realmente nos atraiu foi a conectividade constante do BlackBerry. Como todo mundo, Jeff adorava que seu telefone estivesse sempre conectado e se atualizasse automaticamente para exibir novos e-mails. Nos primeiros passos da mídia digital, esse era o primeiro dispositivo a permitir tal conectividade. Na época, a única maneira de carregar conteúdo em um MP3 player ou outro dispositivo portátil era conectá-lo ao PC com um fio e sincronizar o conteúdo entre as duas máquinas. Esse processo era conhecido como sideloading. Embora fosse conveniente poder levar música com você em seu dispositivo portátil, o processo sideloading era uma dor para os consumidores. Descobrimos por meio de estudos que o consumidor médio só se daria ao trabalho de conectar seu iPod ao PC uma vez por ano. Isso significava que a maioria das pessoas tinha apenas músicas antigas em seus dispositivos. Era conhecida como a síndrome do "iPod obsoleto".

    Jeff viu isso como uma oportunidade. Ele queria que o Kindle fosse como o BlackBerry – sem fios e sem necessidade de conexão ao PC. Ele não apenas queria que eliminássemos totalmente o sideloading, como também queria embutir a livraria diretamente no dispositivo para que você pudesse comprar e ler em qualquer lugar. Para que isso funcionasse, ele pressionou muito para que o Kindle tivesse um modem 3G conectável a uma rede de operadora sem fio (Sprint foi nosso primeiro parceiro) e baixasse automaticamente novos e-books assim que estivessem disponíveis. O recurso foi denominado Whispernet.

    O Whispernet foi outra parte polêmica do projeto Kindle. Foi a primeira vez que se fez algo assim. As operadoras de rede sem fio protegiam muito seu relacionamento com os clientes de celular. E aqui estávamos, propondo criar uma ligação sem fio direta que eliminasse a necessidade de os clientes do Kindle abrirem uma conta com uma operadora, e não planejávamos cobrar dos clientes pelo acesso à rede. A Amazon cobriria o custo. Jeff, que insistiu que o Kindle tivesse esse recurso, instruiu a equipe a encontrar uma maneira de absorver as despesas no design geral do produto. Felizmente, esse recurso não era tão oneroso quanto pode parecer, porque os arquivos de e-books são muito pequenos, e o custo de conexão, portanto, modesto.

O desenvolvimento do Whispernet, esse recurso essencial, não foi fácil. Estabelecer relações com as operadoras sem fio foi um grande obstáculo. Adicionar um modem 3G tornaria o Kindle um dispositivo muito mais caro. Alcançar isso exigiu muita inovação por parte da equipe, mas acrescentaria muito à experiência do cliente. Com a capacidade de baixar qualquer livro quase instantaneamente e não ter que se conectar a um PC, o cliente poderia aproveitar a leitura com muito mais rapidez e menos atrito.

Outra fonte de debate foi o uso do E Ink, uma tecnologia que acabara de surgir. Ela foi desenvolvida no MIT Media Lab e se tornou uma empresa em 1997, mas não havia aplicações comerciais importantes até 2005. Embora Jeff e a equipe estivessem unidos em seu desejo de usar a nova tecnologia da E Ink,[37] percebemos que haveria algumas desvantagens. As telas E Ink eram apenas em preto e branco, portanto, o Kindle não suportaria gráficos ou vídeos coloridos. A transição de uma página para a próxima era lenta. Mas a tela E Ink era muito mais agradável aos olhos do que a tela backlit do computador tradicional e era legível sob a luz direta do sol. Também permitia uma maior vida útil da bateria, possibilitando que o dispositivo permanecesse ligado por até uma semana sem precisar de carga. Esses dois recursos eram

---

37. E Ink technology foi comercializada pela E Ink Corporation, cofundada em 1997 pelos alunos de graduação do MIT J. D. Albert e Barrett Comiskey, pelo professor do MIT Media Lab Joseph Jacobson, por Jerome Rubin e Russ Wilcox.

maneiras de fazer o Kindle "sair do caminho", de modo que os clientes esquecessem que estavam lendo em um dispositivo.

Também avaliamos constantemente o "fator do formato" do Kindle – o tamanho, a forma e a facilidade de uso – durante o processo repetitivo de revisão do projeto. Os primeiros protótipos nada mais eram do que recortes de isopor com telas e teclados de mentira. À medida que o formato ia sendo definido, avaliamos modelos feitos de plástico que eram pesados para que a forma e o toque fossem o mais próximo possível do real. A cada revisão, Jeff passava vários minutos segurando cada protótipo com uma das mãos, depois com a outra e depois com as duas. Quando Jeff reprovava algum protótipo, normalmente o motivo não era o design não ser elegante ou moderno o suficiente, mas sim porque algo sobre ele iria "atrapalhar" a leitura do cliente.

Estes dois recursos – rede sem fio e tela E Ink – provaram ser os segredos para garantir a excelência do Kindle. Uma rede sem fio significava que os clientes poderiam pesquisar, navegar, comprar, baixar e começar a ler um novo livro em menos de sessenta segundos. A tela E Ink significava que, ao contrário de um iPad, você poderia ler na piscina, e seu baixo consumo de energia significava que você poderia ler durante uma viagem de avião de doze horas sem se preocupar com a bateria do dispositivo. Hoje consideramos esses recursos normais, mas naquela época eles eram inéditos.

Outro problema com que tivemos que lidar foi a disponibilidade de títulos: a seleção importava. Enquanto nos preparávamos para o lançamento, decidimos que era necessário forçar as editoras a digitalizarem muito mais livros – na época, apenas uma fração de seus títulos estava disponível em formato de e-book. Sabíamos que, para ter um negócio de e-books bem-sucedido, precisaríamos ter uma biblioteca com milhões de títulos – de preferência, oferecer uma cópia digital de cada livro que já foi impresso.

Sabíamos que construir uma biblioteca tão vasta seria um empreendimento monumental, em grande parte porque os sistemas dos editores eram obsoletos. Após enviar o arquivo digital de um novo livro para a impressão, eles geralmente não se preocupavam em guardá-lo. Isso significava que, para milhares e milhares dos livros, uma versão digital teria que ser criada. Felizmente, tínhamos uma vantagem nessa área. Já havíamos desenvolvido um recurso que permitia aos clientes a visualização de várias páginas de um livro em que estivessem interessados – primeiro chamado "Olhe dentro do livro" e, em seguida, aprimorado para "Dê uma olhada". Trabalhamos com editoras na digitalização manual de livros, então sabíamos como era o processo. E assim lançamos o Kindle, com sua *e-bookstore* conectada, com uma seleção de noventa mil e-books. A loja do *e-reader* da Sony, por outro lado, oferecia apenas cerca de vinte mil e-books.

Então chegou a hora de pensar sobre o preço. O objetivo era encontrar um preço que incentivasse os consumidores a começar a comprar e ler e-books. Gostaríamos de fazer dos e-books um segmento de crescimento no mercado de livros para autores, editoras e para nós – antes do lançamento do Kindle, era um pequeno negócio (alguns milhões em vendas anuais) e estava estagnado. Oferecemos best-sellers selecionados e novos lançamentos por US$ 9,99, o que era quase igual ao preço de custo desses e-books. O preço do aparelho Kindle em si também era muito próximo ao nosso preço de custo. E estávamos absorvendo o custo do Whispernet. Embora tenhamos lucrado com a maioria dos livros vendidos e nossas margens gerais nas vendas de e-books tenham sido positivas (mesmo depois que as editoras aumentaram os preços de custo em uma tentativa malsucedida de nos forçar a aumentar nosso preço de US$ 9,99 em best-sellers e lançamentos), o P&L inicial desse negócio projetava poucos retornos no curto prazo. Tratava-se de um grande investimento na experiência do cliente, investindo algum lucro de curto prazo para lançar o negócio de e-books, nossa mídia digital e os dispositivos.

Não sabíamos se ou quando o custo por e-book cairia e tornaria esse negócio mais lucrativo e sustentável. Não olhávamos para o negócio pelas lentes de curto prazo como os editores. Nós nos concentramos no que faria sentido para os clientes e no que seria necessário para motivá-los a comprar um Kindle e carregá-lo com seus livros favoritos. Demos um salto no escuro, esperando que, com o tempo, fôssemos capazes de reduzir o custo do dispositivo e dos próprios e-books.

O Kindle foi colocado à venda pela primeira vez em 19 de novembro de 2007. Foi vendido por US$ 399 e apresentava uma tela de seis polegadas, um teclado e 250 MB de memória, o suficiente para armazenar cerca de duzentos livros não ilustrados.[38] Vendeu tão espantosamente rápido – em menos de seis horas – que a equipe teve que se esforçar para encontrar peças a fim de produzir mais. Embora o mercado aparentemente tenha aprovado o Kindle, as primeiras críticas foram mistas. Alguns críticos[39] afirmaram que o Kindle era inferior ao rival Sony Reader, que era vendido por US$ 100 a menos. No entanto, quando a equipe finalmente conseguiu produzir mais unidades e colocar o dispositivo de volta às prateleiras em fevereiro de 2008, as vendas continuaram fortes.

E então veio a Oprah.

Em 24 de outubro de 2008, ela dedicou um episódio inteiro de seu programa ao Kindle, elogiando: "É absolutamente meu novo favori-

---

38. "Introducing Amazon Kindle", comunicado à imprensa, centro de imprensa da Amazon, 19 de novembro de 2007, https://press.aboutamazon.com/news-releases/news-release-details/introducing-amazon-kindle/ (acessado em 19 de maio de 2019).
39. Jesus Diaz, "Amazon Kindle vs Sony Reader Bitchfight", Gizmodo, 19 de novembro de 2007, https://gizmodo.com/amazon-kindle-vs-sony-reader-bitchfight-324481 (acessado em 19 de maio de 2019).

to!".[40] Como milhões de espectadores recorriam à Oprah, a "Rainha da Leitura", para recomendações de livros, as vendas explodiram.

Depois do grande impulso que recebemos de Oprah, todos os céticos, críticos e contestadores aderiram ao movimento – o Kindle foi um sucesso! Embora Oprah tenha sido um importante acelerador, as vendas de longo prazo do Kindle foram garantidas pela excelência do próprio produto. Steve Kessel, que dedicou a maior parte de seu tempo ao desenvolvimento do Kindle, foi convidado a se concentrar exclusivamente na criação de novas versões do Kindle e também no desenvolvimento de outros dispositivos de hardware.

Nossa primeira grande iniciativa na mudança para a mídia digital – livros – foi um sucesso. Mas naquela época, 2008, nossos empreendimentos em música e vídeo digital, aos quais eu me dedicava com exclusividade desde 2005, eram um pequeno esforço lutando para encontrar um caminho de crescimento. Com recursos limitados, nenhuma outra ideia inovadora e a concorrência avassaladora da Apple (que teve uma grande vantagem), tínhamos muito trabalho a fazer antes de podermos reivindicar o meio digital como nosso futuro.

---

40. Rick Munarriz, "Oprah Saves Amazon", Motley Fool, 27 de outubro de 2008, https://www.fool.com/investing/general/2008/10/27/oprah-saves-amazon.aspx (acessado em 30 junho de 2020).

Capítulo 8

Prime

A necessidade da Amazon de crescimento de primeira linha. Feito em onze semanas. As primeiras tentativas alcançam sucesso. Controlar a parte "do clique à entrega" do processo de envio. O efeito no processo de distribuição e na organização da Amazon. Jeff passeia pela loja. O lançamento do Amazon Prime.

* * *

Em meados de outubro de 2004, diversos executivos da Amazon receberam um e-mail de Jeff Bezos que dizia aproximadamente o seguinte:

> Não devemos ficar satisfeitos com o crescimento de nosso negócio de varejo. Esse é um problema muito sério e precisamos melhorar drasticamente a experiência do cliente em relação ao transporte. Precisamos de um programa de assinaturas para entrega. Vamos construí-lo e lançá-lo até o final do ano.

Estávamos no auge da sempre frenética temporada de vendas de fim de ano. A diretriz de Jeff tinha todas as características do que os cidadãos corporativos chamam de "simulação de incêndio" ou "projeto de estimação do CEO" – uma ordem urgente e direta para cumprir o que parece ser uma decisão precipitada. Um projeto de estimação pode desviar a empresa de sua estratégia de longo prazo e criar problemas ainda maiores.

Iniciativas inesperadas e impulsionadas por crises não estão de acordo com a cultura e princípios de liderança da Amazon. O e-mail de Jeff poderia parecer, sob um olhar superficial, uma iniciativa desse tipo, mas, como mostraremos neste capítulo, a história por trás dessa atitude e a inovação trazida são tipicamente amazonianas.

O Amazon Prime forneceu uma experiência atraente e revolucionária para o cliente e, como resultado, tornou-se o maior impulsionador de crescimento para o setor de varejo da empresa. Mas a jornada do Prime, desde a ideia até o lançamento, foi algo bastante incomum. Não havia um líder ou equipe de segmento único até o final do processo. Seu desenvolvimento não contou com missão clara e não seguiu o então recém-criado processo Working Backwards até bem depois do lançamento. Poucos amazonianos apoiaram a ideia, mesmo quando foi lançada.

Mas não se engane: os princípios amazonianos estiveram presentes, sem os quais o Amazon Prime não teria sido lançado. Você verá que o que realmente impulsionou o lançamento do Prime foi a nossa percepção, após meses de profunda análise de dados, de que as necessidades de nossos clientes e os recursos da rede de distribuição – após a maior parte de nove anos e um edifício de US$ 600 milhões – não estavam alinhados. Havia duas opções:

1. Manter o curso. A empresa ainda está crescendo. Vamos maximizar nosso retorno sobre esse investimento de vários anos que acabamos de fazer para construir nossos centros de distribuição e ajustá-los para melhorar ao longo do caminho. O próximo lançamento de resultados trimestrais refletirá que estamos indo na direção certa.

2. A remessa em dois dias e, eventualmente, em um dia e no mesmo dia se tornarão a norma. Portanto, embora o que construímos seja bom, não é bom o suficiente. Estimulados por nossa "convicção inabalável de que os interesses de longo prazo dos acionistas estão perfeitamente alinhados com os interesses dos clientes", devemos embarcar nessa nova jornada agora.

A primeira opção seria o caminho de desenvolvimento de habilidades – ou seja, usar as habilidades e ativos existentes da empresa para gerar oportunidades de negócios. Os líderes da maior parte das empresas provavelmente seriam elogiados por escolher esse caminho. O perigo é que, enquanto eles estão no topo desse ótimo local, outra pessoa descobrirá como escalar um pico ainda mais alto que eles não poderão ver no momento em virtude da aversão ao risco.

No caso do Prime, escolhemos o segundo caminho. Essa constatação nos levou a tomar algumas medidas ousadas que sabíamos que provavelmente seriam mal interpretadas por investidores e analistas de Wall Street, assim como levariam anos para trazer algum retorno. Mas, se funcionassem, ganharíamos ainda mais confiança do cliente e definiríamos um novo padrão para o comércio eletrônico. Jeff insistiu nesse caminho, o que resultou no Amazon Prime. Agora, este pode ser um daqueles momentos em que você está pensando: "Mas não temos um Jeff". A boa notícia é que você não precisa de um Jeff para tomar esse tipo de decisão. Você só precisa seguir fielmente os princípios e processos simples de entender (mas às vezes difíceis de seguir) que insistem na obsessão pelo cliente, encorajam o pensamento de longo prazo, valorizam a inovação e permanecem atentos aos detalhes. Nenhum de nós, incluindo Jeff, sabia exatamente o que acabaríamos criando. É como se estivéssemos presos ao processo e nos rendêssemos a seguir para onde ele estava nos levando. O Prime foi um exemplo perfeito da maneira multicausal e não linear pela qual as iniciativas de negócios, tanto principais quanto secundárias, eram decididas e executadas na Amazon. Da mesma forma, não podemos contar uma história linear de como criamos o Prime porque não existe uma. Em vez disso, este capítulo refletirá que havia muitos pequenos afluentes que desaguavam no rio Prime.

De volta àquele dia em meados de outubro de 2004: recebemos a resposta na forma de um e-mail de Jeff com orientações para resolver o problema. *Em onze semanas. Durante a movimentada temporada de fim de ano.*

Dizer que o anúncio de Jeff foi uma surpresa completa para muitos membros da equipe, em especial para aqueles que foram convidados a abandonar o que estavam fazendo e mudar imediatamente para esse novo programa indefinido, seria um eufemismo. Mas eles não participaram da conversa, formulação e cálculo que vinham acontecendo havia vários meses. A decisão de Jeff de lançar um programa de remessa gratuita foi ousada, mas dificilmente repentina ou precipitada. Essa decisão foi baseada no impulso mais básico da Amazon: a obsessão pelo cliente.

O Amazon Prime – lançado em fevereiro de 2005 – provaria ser uma das melhores decisões que a Amazon já tomou. Não apenas garantiu a sobrevivência da Amazon, mas também se tornou um dos principais impulsionadores de seu crescimento explosivo na década seguinte. Os clientes adoraram a possibilidade de receber as compras em poucos dias ou até horas mais tarde depois de fazer o pedido. E isso mudaria muita coisa na relação com as compras on-line, levando a uma diminuição das idas a lojas físicas, garantindo também que a Amazon fosse a principal beneficiada com essa mudança.

A NECESSIDADE DE CRESCIMENTO

Para entender a decisão da Amazon de apostar tão alto no Prime, você precisa entender por que fomos buscar ideias radicais para estimular o crescimento. Nossos resultados financeiros do terceiro trimestre, divulgados em 21 de outubro de 2004, mostraram que as vendas haviam crescido 29% ano após ano. O fluxo de caixa livre aumentou em 76%. Muitas empresas olhariam para esses números de crescimento com inveja, mas um olhar mais atento para nossos resultados financeiros na época revelou um quadro preocupante.

Ao longo de 2004, as vendas da Amazon continuaram a crescer, mas a taxa de crescimento diminuiu em relação ao ano anterior, em todas as linhas de negócios. Os indicadores da receita de vendas não estavam crescendo tão rápido quanto o desejado. Um exemplo pode ser encontrado nos resultados da seção Informação Suplementar de Vendas Líquidas da Amazon.[41] O maior segmento de produtos da Amazon na época, o empreendimento de mídia dos Estados Unidos, abrangia vendas no varejo de livros, música e vídeo e havia crescido 12% ano após ano. Um ano antes, esse mesmo negócio vinha crescendo 15% ano após ano. De quinze para doze, tivemos uma queda de 20% na taxa de crescimento. Todos os outros segmentos de produtos estavam experimentando o mesmo declínio lento – crescendo mais lentamente do que antes.

Segmento de produto da Amazon	Três meses encerrados em 30 de setembro Crescimento líquido das vendas ano a ano	
	2004	2003
Mídia dos EUA	12%	15%
Eletrônicos e outros produtos em geral dos EUA	27%	35%
Mídia fora dos EUA	41%	50%
Eletrônicos e outros produtos em geral fora dos EUA	132%	259%

---

41. "Amazon.com Announces 76% Free Cash Flow Growth and 29% Sales Growth – Expects Record Holiday Season with Expanded Selection, Lower Prices, and Free Shipping", comunicado à imprensa, centro de imprensa da Amazon, 21 de outubro de 2004, https://press.aboutamazon.com/news-releases/news-release-details/amazoncom-announces-76-free-cash-flow-growth-and-29-sales-growth.

Essa tendência de desaceleração do crescimento não era uma boa notícia para uma empresa relativamente nova que buscava participar de um mercado tão grande que poderia ser considerado praticamente ilimitado. Em 2004, estima-se que a indústria de varejo dos EUA tenha gerado mais de US$ 3,6 trilhões em vendas, dos quais menos de 2% foram realizadas on-line. A taxa de crescimento da Amazon estava diminuindo, mas a migração do comércio off-line para on-line estava se acelerando. Isso significava uma coisa: se o crescimento da Amazon continuasse a desacelerar, com o passar do tempo, a empresa se tornaria cada vez menor no comércio on-line. Estávamos determinados a encontrar uma maneira de reverter essa tendência.

O que seria necessário para colocar o crescimento da Amazon de volta nos trilhos? Para uma empresa menor, uma única ação, como introduzir um novo recurso, executar uma promoção, adicionar uma categoria de produto ou expandir para um novo território, pode ser suficiente para causar um impacto imediato e perceptível nas vendas. Se fôssemos uma pequena empresa, poderíamos ter preparado uma promoção em toda a loja e lançado uma campanha de marketing no final do trimestre. Isso poderia ter feito os resultados financeiros parecerem melhores (pelo menos no lado da receita) naquele trimestre, mas tal ação pontual não teria corrigido os problemas subjacentes. Provavelmente nos encontraríamos no mesmo lugar no trimestre seguinte.

Uma empresa maior pode resolver seu problema de desaceleração de crescimento de uma forma mais drástica, talvez adquirindo outra empresa, com o objetivo de criar um grande salto nas vendas (embora talvez não no lucro). Mas para a Amazon, na época, havia poucas fusões ou grandes aquisições que fizessem sentido. Todos os varejistas eletrônicos que poderíamos ter comprado eram pequenos, e sua aquisição não teria afetado consideravelmente nossas vendas. Adquirir uma empresa de varejo off-line não fazia sentido – embora pudesse aumentar o número de clientes, nos sobrecarregaria com os custos físicos e as ineficiências que queríamos evitar. Qualquer uma dessas ações carregava o risco de se tornar uma distração interna que consumiria os recursos da empresa. Precisávamos fazer um movimento que convencesse mais clientes a comprar on-line conosco.

Consideramos a criação de uma campanha publicitária nacional para aumentar o reconhecimento da marca Amazon. Em 2002, realizamos um teste de publicidade de longo prazo em Portland e Minneapolis. A campanha impulsionou as vendas, mas decidimos não seguir adiante com ela. O modesto aumento nas vendas não chegou nem perto do suficiente para justificar os US$ 50 milhões por ano que estimamos ter de gastar em uma campanha de marketing nacional eficaz. O melhor investimento era aplicar esse dinheiro na melhoria da experiência do cliente.

Como oferecer uma experiência de compra tão atraente que um número cada vez maior de clientes mudaria suas compras físicas para on-line, especificamente para a Amazon? A seguir as cenas clichês do drama corporativo: enfrentando problemas financeiros, o CEO convoca uma reunião de emergência com o alto escalão da empresa. Ele fica de pé, bate a mão na mesa e, com o rosto vermelho, grita: "Precisamos aumentar a receita o mais rápido possível! Precisamos pensar em como gerar receita! Quero que cada grupo desenvolva e lance uma promoção de marketing de fim de trimestre, para que possamos atingir nossos números".

Tenho que admitir que no final dos anos 1990, alguns anos antes do início das discussões do Prime, presenciamos algumas cenas que pareciam um pouco com essa enquanto debatíamos nossas preocupações sobre o crescimento. Tentamos várias iniciativas, incluindo promoções (compre cinco livros, ganhe um grátis!), além de avisos e promoções para incentivar os clientes a comprarem em várias categorias. Por fim, percebemos que tais ações não funcionariam, porque tiravam recursos preciosos da melhoria da experiência do cliente em longo prazo.

No final, como sempre, olhamos para nossos princípios de liderança. Dois deles foram particularmente relevantes naquele momento:

> **Obsessão pelo cliente.** Os líderes começam com o cliente e trabalham de trás para a frente. Eles trabalham sem descanso para ganhar e manter a confiança do cliente. Embora os líderes prestem atenção aos concorrentes, eles são obcecados pelos clientes.
> **Forneça resultados.** Os líderes se concentram nos principais produtos de seus negócios e os entregam com a qualidade desejada e em tempo hábil. Apesar dos contratempos, enfrentam a situação e nunca se acomodam.

Afinal, os clientes de varejo não se importam com a receita da empresa – eles se preocupam com o que recebem em troca de seu dinheiro. Os clientes da Amazon se preocupavam com três coisas principais que poderíamos oferecer-lhes:

- *Preço.* O preço é suficientemente baixo?
- *Seleção.* A Amazon tem uma ampla gama de produtos – idealmente, tudo?
- *Conveniência.* O produto está em estoque e posso obtê-lo rapidamente? Posso encontrar facilmente o produto?

Preço, seleção e conveniência foram, portanto, os insumos para o nosso negócio. E nós poderíamos ter controle sobre os três.

A cada semana, os líderes seniores revisavam detalhadamente os preços, a seleção e as métricas de conveniência para cada linha de produto e notificavam as equipes que estivessem aquém em qualquer uma dessas áreas. Problemas como preços mais baixos na concorrência, adição de novos produtos à loja, falta de estoque, entregas em atraso ou problemas no site deveriam ser imediatamente resolvidos pela equipe.

Por exemplo, no quarto trimestre de 2003, adicionamos mais de quarenta mil novos itens de comida gourmet, sessenta mil novos itens em joias e setenta mil itens exclusivos de saúde e cuidados pessoais nos Estados Unidos. No Canadá e na França, lançamos o Marketplace, o recurso que permitia que varejistas terceirizados independentes vendessem seus produtos em nosso site. Também lançamos a categoria Casa e Cozinha no Japão. Estávamos adicionando novos itens em todas as outras categorias de produtos também.

Não foi suficiente. A resposta para a estagnação do crescimento provavelmente estava em algum lugar dentro do triângulo de preço, seleção e conveniência. E é aí que concentramos nossa busca paciente, mas persistente, por novas maneiras de crescer. Só com o tempo a resposta ficou mais clara. Estávamos aumentando a seleção de produtos e diminuindo o preço, mas ainda tínhamos que fazer algo em relação à conveniência. E isso, provavelmente, envolveria algo relacionado ao frete.

FRETE GRÁTIS 1.0 – SUPER SAVER SHIPPING

Todos no comércio eletrônico sabiam que os clientes estavam focados nos custos de frete. Na Amazon, sabíamos disso porque coletamos e analisamos os dados dos clientes de várias maneiras. Conduzimos pesquisas com novos clientes, clientes existentes, pessoas que fizeram compras on-line, mas ainda não as fizeram na Amazon, e pessoas que nunca haviam feito compras on-line. Perguntamos a eles os principais motivos pelos quais não fizeram uma compra on-line e o que os levaria a comprar on-line com mais frequência. Em todas as pesquisas, as principais respostas eram as mesmas: um dos principais motivos que levava os consumidores a desistirem das compras on-line era o valor do frete.

Os dados que coletamos ao longo dos anos por meio de muitas pesquisas apenas reforçaram isso. As promoções de frete grátis geraram um crescimento significativamente maior do que qualquer outro tipo de promoção. A vantagem percebida em ter frete grátis era maior do que qualquer desconto direto dos preços dos produtos. Em outras palavras, se o desconto médio de uma promoção de frete grátis fosse de 10%, veríamos um aumento significativamente maior na demanda (chamado de elasticidade) oferecendo frete grátis do que descontando os mesmos 10% no preço do produto. Não chegava nem perto. O frete grátis impulsionava as vendas. Só era preciso descobrir uma maneira sustentável de oferecer frete grátis.

Depender de promoções no longo prazo pode ser uma armadilha para qualquer varejista, especialmente promoções pontuais. É perigoso acostumar os clientes a postergarem as compras até que apareça uma próxima promoção.

Quando Jeff enviou aquele e-mail de outubro de 2004 nos chamando para uma ação no Prime, já tínhamos trabalhado por dois anos e meio para desenvolver uma série de iniciativas diárias de frete grátis que funcionassem para os clientes sem prejudicar a saúde financeira da empresa. Observamos algum progresso, mas os resultados não estavam nem perto do que precisávamos para revitalizar o crescimento das vendas. Nossa primeira tentativa foi no início de 2002, quando lançamos o programa Free Super Saver Shipping para pedidos qualificados acima de US$ 99. "Qualificação" significava produtos que eram vendidos pela Amazon, e não por vendedores do Marketplace, e também produtos que não eram muito grandes ou pesados para serem enviados.

O Super Saver Shipping foi pensado da mesma forma que o Amazon Prime foi desenvolvido posteriormente. Os dois projetos começaram com um movimento decisivo e um cronograma muito apertado, seguido por um lançamento público. Esses cronogramas faziam parte do DNA de uma empresa cuja descrição de cargo do primeiro funcionário, como você deve se lembrar, deixava claro que o candidato teria que realizar tarefas grandes e complexas em "um terço do tempo que as pessoas mais competentes pensam ser possível".

Em uma noite de sexta-feira em meados de novembro de 2001, Sarah Spillman, gerente de produto de marketing (e futura esposa de Colin), estava dirigindo de Seattle a Portland para um fim de semana merecido após um período exaustivo de preparação das promoções daquele fim de ano. A poucos quilômetros de Portland, a três horas de carro de Seattle, Sarah recebeu um telefonema de David Risher, vice-presidente sênior de varejo.

"Alô?", Sarah atendeu.

"Olá, Sarah. Aqui é David Risher."

"Não, não é!" Sarah presumiu que alguém estava brincando com ela e riu ao telefone. "Quem é você de verdade? Estou quase chegando em Portland."

"Sou realmente David Risher." David riu, depois passou a falar em um tom casual, mas definitivamente profissional. "Estou feliz por ter conseguido falar com você. Sobre aquela viagem a Portland..."

Ele disse a Sarah que a empresa iria descartar a promoção de férias planejada, aquela que ela trabalhara tanto para concluir, e em vez disso ofereceria algo novo: uma promoção de frete grátis para pedidos acima de US$ 25. E bem, a propósito, será que ela poderia voltar para Seattle para começar?

Eles se encontraram na manhã seguinte – sábado – para repassar os detalhes. Ela e sua equipe passaram a maior parte das duas semanas seguintes refazendo a promoção de fim de ano com uma oferta de frete grátis para pedidos acima de US$ 25. Como a Amazon nunca havia feito esse tipo de promoção antes, isso exigiu mudanças substanciais no software e no design do site. Da mesma forma, as mensagens de marketing – tanto no site quanto em uma campanha de e-mail em massa enviada a praticamente todos os clientes da Amazon – tiveram que ser elaboradas e coordenadas para serem lançadas simultaneamente. Apesar do aperto de última hora, a promoção foi lançada no prazo – e fez tanto sucesso entre os clientes que decidimos transformá-la em um programa permanente após as festas de fim de ano. Lançamos formalmente o Super Saver Shipping em 22 de janeiro de 2002, embora com um pedido mínimo superior de US$ 99. (Para maximizar a atenção ao novo produto, Jeff o anunciou no mesmo comunicado à imprensa que os resultados dos ganhos trimestrais, o que você verá que é um padrão recorrente.)

Os clientes responderam com tanto entusiasmo que, nos primeiros meses de 2002, o limite de pedidos para se qualificar para o Super Saver Shipping foi reduzido para US$ 49 e depois caiu para US$ 25. Conforme previsto, os clientes que aproveitaram o Super Saver Shipping compraram mais, aumentando o total bruto de pedidos.

O Super Saver Shipping foi criado para atrair clientes que se preocupam com a variação de preços. Em janeiro de 2005, a taxa de frete padrão para um pedido contendo livros era de US$ 3,00 por remessa mais US$ 0,99 por item. Se você quisesse uma entrega mais rápida, poderia optar pelo frete de dois dias, que custava US$ 7,49 por remessa mais US$ 1,99 por item, ou pelo frete de um dia, que custava US$ 12,49 por remessa mais US$ 2,99 por item. As taxas de envio em um pedido típico de dois livros, então, podiam variar de US$ 4,98 para a remessa padrão a US$ 18,47 para remessa em um dia.[42] O preço mais alto refletia nosso custo de envio rápido, que geralmente exigia que o pacote fizesse parte de sua viagem a bordo de um avião em vez de um caminhão. Não é de surpreender que a maioria dos clientes opte pelo envio padrão. Essas taxas de frete são altas para os padrões atuais, mas na verdade eram bastante competitivas na época.

---

42. Taxas de envio da Amazon: https://web.archive.org/web/20050105085224/http://www.amazon.com:80/exec/obidos/tg/browse/-/468636.

Com o Super Saver Shipping, o pedido deixaria o centro de atendimento dentro de três a cinco dias após ser feito e chegaria a seu destino por um serviço de entrega terrestre. Isso permitiu que a Amazon mantivesse seus custos baixos, já que não usava transporte aéreo. Também possibilitou à Amazon agrupar itens – aqueles que poderiam ter sido pedidos separadamente ou não estavam disponíveis em um único centro de distribuição –, o que reduziu o número total de pacotes enviados. Assim, o Super Saver Shipping reduziu os custos e baixou os preços para o cliente. O programa, que hoje parece bastante primitivo, ofereceu uma visão valiosa sobre o que nossos clientes queriam. Eles ficaram maravilhados com a opção de frete grátis, mesmo que a escolha fosse entre "lenta e gratuita" e "rápida e cara". E estávamos nos tornando razoavelmente competentes em oferecer essa experiência ao cliente de maneira econômica e confiável.

O Super Saver Shipping estabeleceu um novo padrão. Mas não duraria muito. As expectativas do cliente não são estáticas. Elas tendem a aumentar com o tempo, o que significa que você não pode dormir à sombra dos louros.

UMA PEGADINHA

Dois anos após o lançamento, em 2004, o Super Saver Shipping parecia ser um grande sucesso. Os clientes faziam pedidos com mais frequência a cada ano, e o número médio de itens por pedido aumentava. Uma vez que o limite de pedido de US$ 25 para obtenção do frete grátis era maior do que o preço médio de um único item, os clientes compravam mais de um item apenas para obter a entrega gratuita – nossas métricas confirmaram que houve aumento no número de itens por pedido – um benefício óbvio para a Amazon. E à medida que o tamanho médio do pedido aumentava, havia mais lucro do produto disponível para compensar o custo do frete grátis.

O Super Saver Shipping também funcionou muito bem com a rede de atendimento e entrega, a cadeia de suprimentos que havíamos construído. No final de 2004, a Amazon tinha cerca de 372 mil metros quadrados de espaço nos centros de distribuição em oito instalações nos Estados Unidos localizadas em Kentucky, Pensilvânia, Kansas, Nevada, Dakota do Norte e Delaware. Tínhamos estabelecido operações nesses locais em parte porque eles ficavam próximos aos centros de serviços de entrega terceirizados, como o U. S. Postal Service, FedEx e UPS.

Embora o Super Saver Shipping fizesse sentido para a cadeia de suprimentos da Amazon e fosse um recurso popular, percebemos que não poderia ser o impulsionador de um crescimento significativo para o negócio de varejo. Em primeiro lugar, isso acontecia porque muitos de nossos melhores compradores precisavam da entrega mais rápida possível – eles não estavam dispostos a esperar de três a cinco dias para que um item fosse enviado. Em segundo lugar, alguns de nossos clientes sensíveis a preços não estavam dispostos a aumentar seus pedidos para US$ 25 apenas para ganhar um frete mais vantajoso. Não fazia sentido para eles gastar mais em mercadorias apenas para pagar menos no frete. Como resultado, eles fariam o que 98% dos outros consumidores faziam na época – comprariam em uma loja física. Portanto, embora o Super Saver Shipping fosse popular, ele não atraiu grandes segmentos de nossa base de clientes. Precisávamos de algo melhor, algum tipo de programa que pudesse agradar a toda a base de clientes, independentemente de seu tempo ou preço.

Como forma de rastrear nosso desempenho na entrega de produtos, criamos um indicador chamado "Do clique à entrega". Esse indicador media o tempo total desde o momento em que o cliente fazia um pedido (clique) até o momento em que a embalagem chegava ao destino (entrega). Dividimos o processo em duas etapas. A primeira – o tempo do clique ao envio – era a quantidade de tempo necessária para a Amazon processar o pedido, embalá-lo e entregá-lo a um serviço de entrega terceirizado. A segunda etapa – do envio à entrega – era o tempo entre a entrega e o recebimento do pacote pelo cliente.

A primeira etapa – do clique ao envio – era a parte que podíamos controlar, e constantemente procurávamos maneiras de encurtá-la. Se pudéssemos reduzir o tempo que levava para processar e atender um pedido, poderíamos adiar o horário-limite do pedido para o final do dia, como "pedidos feitos até as sete da noite serão enviados no mesmo dia", o que seria um benefício importante para o cliente. Mas não importava o quanto melhorássemos o tempo da primeira etapa, não controlávamos a etapa do envio à entrega, o que significava que os clientes teriam que arcar com o ônus da compensação custo/velocidade. Percebemos que, para reduzir o tempo total de entrega, teríamos que ganhar mais controle na entrega, que era em grande parte determinada por duas coisas: a distância entre o centro de distribuição e o local da entrega e o método de envio. Para melhorar o tempo total de entrega, precisaríamos fazer grandes mudanças em nossa cadeia de suprimentos. Nossa rede de atendimento atual foi construída para otimizar o acesso próximo a nossos remetentes terceirizados, de modo a enviar produtos de maneira confiável e barata para os clientes em três a cinco dias. Essa topologia logística era conveniente para a Amazon, mas não para os clientes, que queriam produtos entregues de forma rápida e gratuita. Para otimizar a etapa de envio para entrega, precisaríamos de muitos centros de distribuição, e eles teriam que estar localizados de forma que a entrega gratuita de um a dois dias fosse possível e econômica. Isso significava uma presença muito maior perto de áreas urbanas. Agora que os clientes haviam experimentado o frete grátis, não queriam mais ser forçados a escolher entre "lento e grátis" e "rápido e caro". Jeff demonstra desconforto quando apresentado a uma escolha em que ambos os resultados são medíocres. Segundo os princípios de liderança "Obsessão pelo cliente" e "Insista nos padrões mais elevados", a única resposta para a pergunta "O que você prefere, 'lento e gratuito' ou 'rápido e caro'?" seria "rápido e gratuito". Portanto, "rápido e gratuito" era o único caminho a seguir, mas nossos recursos de distribuição não estavam à altura da tarefa.

A questão era como realizar uma mudança tão importante. Se oferecêssemos entrega rápida e gratuita com nossa estrutura de cadeia de suprimentos de então, o custo para a Amazon seria extremamente alto. Mas levaria anos para construir, por um preço acessível, a nova rede de atendimento necessária para reduzir o tempo de entrega.

PROGRAMAS DE FIDELIDADE

Então nos reunimos a fim de pensar em soluções para o problema da entrega. Nossas equipes de marketing, varejo e finanças definiram três critérios que qualquer nova iniciativa de marketing deveria atender para seguir em frente:

1. Deveria ser acessível (uma campanha atraente, mas financeiramente insustentável, estava fora de questão).
2. Precisava induzir o comportamento do cliente (ou seja, estimular os clientes a comprarem mais da Amazon).
3. Deveria representar um uso melhor dos fundos do que a alternativa óbvia, que era investir esses mesmos fundos em ações que melhorassem a experiência do cliente, como baixar ainda mais os preços ou melhorar a quantidade de produtos em estoque.

Elaborar um programa acessível que levaria os clientes a comprarem mais – em vez de continuar com nosso método de canalizar as economias de custo de volta para preços mais baixos – parecia difícil, se não impossível, na época, especialmente em virtude das restrições de nossa cadeia de abastecimento de atendimento e entrega.

Uma opção promissora, entretanto, era criar um programa de fidelidade. No ano 2000, a Amazon não tinha um programa de fidelidade em grande escala, o que era incomum para uma empresa de comércio eletrônico de seu tamanho. Jeff pediu a David Risher, Alan Brown (chefe de marketing) e Jason Child (finanças) para criarem um programa de fidelidade que gerasse um crescimento duradouro. As equipes de marketing e varejo analisaram várias opções de programas de fidelidade, incluindo frete padrão grátis para pedidos acima de US$ 25 (que era essencialmente o Super Saver Shipping, mas sem o tempo de entrega de três a cinco dias), frete grátis em todas as pré-vendas (ou seja, um pedido feito antes da data oficial de lançamento) e pagamento de uma taxa anual para envio padrão gratuito ou envio gratuito de dois dias. Também consideramos uma forma alternativa de programa de fidelidade que incluiria diferentes combinações de compras de nosso "estoque próprio" (itens que estocamos em nossos centros de distribuição) e de itens de terceiros, em que teríamos que subsidiar os custos de envio ou solicitar a vendedores terceirizados. Até avaliamos descontos e programas baseados em pontos semelhantes aos das companhias aéreas, mas há uma diferença importante entre companhias aéreas e varejistas. Depois que um avião decola, seus assentos vazios não têm valor. Portanto, as companhias aéreas, em troca de fidelidade, podem dispor de assentos que não seriam vendidos. Já no varejo, distribuir produtos ou taxas de envio sempre tem um custo. Nenhuma dessas ideias foi adiante, porque não conseguiram cumprir os três critérios essenciais.

As propostas não foram limitadas ao marketing e às equipes de varejo. Uma ideia semelhante ao Prime ocorreu a um engenheiro de software, chamado Charlie Ward, quando ele descreveu um problema em uma reunião da equipe de software. Charlie passou a maior parte do ano tentando desemaranhar nosso software de pedidos em componentes separados. Dois desses componentes eram o software de frete e o software de promoções, no qual se localizavam os mecanismos do Super Saver Shipping. Charlie disse que, para os pedidos do Super Saver Shipping, tínhamos inventado uma das maneiras mais complicadas e cheias de bugs para chegar a zero (frete grátis). O software de frete calculava as despesas da remessa e, em seguida, o software de promoções zelosamente tentava desfazer essas despesas até que zerassem. Charlie disse que deveria existir uma maneira melhor de fazer isso. Depois que Charlie descreveu o problema, outra equipe de software relatou seu trabalho na construção de uma plataforma de assinatura para uma ideia de aluguel de DVD na Amazon que seria lançada em breve.

Charlie ficou intrigado. Ele perguntou: "Por que não podemos fazer com que os clientes paguem uma taxa de assinatura anual que inclua frete grátis por um ano? Isso seria uma grande vantagem para os clientes. E poderíamos acabar com esse esforço todo para reconciliar as taxas". Kim Rachmeler, que comandava o departamento de atendimento ao cliente na época, gostou da ideia. "Você pode ter algo aí, Charlie", ela disse. "Por que você não segue com essa ideia?"[43]

Charlie conversou com colegas, reformulou a ideia, escreveu uma narrativa de uma página e a enviou. Ele então partiu para umas merecidas férias na Itália.

Embora não esteja claro se Jeff sabia da ideia de Charlie antes de enviar a orientação para lançar um programa de entrega gratuita em outubro, isso realmente não importa – a história é digna de nota por alguns motivos. Em primeiro lugar, as ideias com foco no cliente surgem de todas as áreas da Amazon. Muitas empresas fazem com que o "pessoal de negócios" diga ao "pessoal técnico" o que desenvolver. Há pouca discussão, e as equipes permanecem confinadas em seus próprios

---

43. Colin Bryar, entrevista com Charlie Ward, 12 de agosto de 2019.

departamentos. Na Amazon não é assim. A obsessão pelo cliente é função de todos, que devem pensar em maneiras criativas de agradá-lo.

Um segundo aspecto digno de nota da história é que, quando Charlie voltou das férias e descobriu que havíamos decidido construir algo semelhante à sua ideia, ele se juntou à equipe encarregada de tornar o Prime uma realidade e desempenhou um papel vital nisso. Assim que o Amazon Prime foi lançado, Charlie se tornou seu líder de sistemas técnicos, experiência do cliente e desempenho financeiro.

Em outras palavras, Charlie era, em termos amazonianos, um "strong general athlete" (SGA, um "atleta completo", em tradução livre). Trata-se de pensadores de longo prazo obcecados pelo cliente, criativos e orgulhosos da excelência operacional, que incorporam os princípios de liderança da Amazon. A Amazon frequentemente coloca SGAs como Charlie em posições de liderança e lhes dá as ferramentas para se tornarem especialistas no assunto. Kim Rachmeler também era uma SGA. Ela desempenhou muitos papéis de liderança. Além de administrar o serviço de atendimento ao cliente, liderou os sistemas de cadeia de suprimentos da Amazon e o departamento de personalização. Ela também era membro do S-Team.

Apesar das muitas ideias sobre frete grátis que circulavam pela empresa, nenhuma das propostas inicialmente apresentadas atendeu aos três critérios que estabelecemos para a solução do problema. Estávamos preocupados com o fato de que os programas de fidelidade que envolviam uma taxa anual para frete grátis padrão ou para frete gratuito em dois dias levassem os clientes a comprar menos itens por pedido. Isso não geraria recursos suficientes para cobrir os custos de envio, o que significava que não seria sustentável. O crescimento insustentável a qualquer custo, definitivamente, não era o comportamento do cliente que buscávamos. As reuniões de revisão geralmente terminavam quando alguém perguntava: "Os recursos não seriam mais bem aplicados na redução de preços e na melhoria do estoque para os clientes?". Sabíamos que essas ações eram eficazes para aumentar as vendas aos clientes, mas não tínhamos certeza de que um programa de assinatura faria o mesmo.

Outra preocupação que causou grande debate foi como compradores assíduos reagiriam a um programa de fidelidade. Isso os incentivaria a fazer pedidos adicionais? Ou eles teriam feito os mesmos pedidos mesmo se tivessem que pagar pelo frete? O objetivo desse programa era impulsionar o comportamento de compra adicional, não para a Amazon pagar o frete como uma forma de agradecer aos nossos grandes clientes.

À medida que considerávamos as propostas, havia uma série de argumentos sólidos apresentados para justificar por que *não* deveríamos embarcar em um programa de frete grátis. Um grande problema era o alto custo da iniciativa, já que exigiria uma grande reformulação em nossa rede de abastecimento. Não podíamos nem mesmo estimar o custo com precisão, porque nossos modelos não podiam realmente prever como os clientes reagiriam, então estávamos confiando mais em julgamentos e suposições fundamentadas do que em dados. Mesmo que nossas suposições estivessem corretas, o programa levaria anos para ser recompensado. Ninguém na equipe de liderança, além de Jeff, estava pressionando para o lançamento do Prime em 2004 – era época de festas, o que significava que já estávamos muito ocupados! Isso quase se tornou um daqueles cenários em que uma empresa segue o caminho sedutor, mas, em última análise, errado, ao manter o curso, cometendo um grave erro de omissão.

O "não institucional" é um grande motivo pelo qual a Amazon poderia ter cometido um erro de omissão nesse caso. Jeff e outros líderes da Amazon costumam falar sobre o "não institucional" e sua contraparte, o "sim institucional". O não institucional se refere à tendência de pessoas bem-intencionadas dentro de grandes organizações a não aceitarem novas ideias. Os erros causados pelo não institucional são tipicamente erros de omissão, ou seja, algo que uma empresa não faz versus algo que ela faz. Manter o curso atual oferece conforto e certeza aos gerentes – mesmo que o preço dessa certeza de curto prazo seja a instabilidade e a destruição de valor posteriormente.

Além disso, os erros de omissão causados pelo não institucional podem ser difíceis de detectar. A maioria das empresas não tem as ferramentas para avaliar o custo de não fazer algo. E, quando o custo é alto, só percebem quando é tarde demais para mudar. O não institucional pode se infiltrar em todos os níveis da organização. É o que faz com que um conselho de administração diga não a uma grande mudança de estratégia (pense em Nokia e Microsoft perdendo a virada para os smartphones). É o que leva os gerentes da linha de frente a manterem seus melhores desempenhos trabalhando em um projeto atual e dizerem não ao seu envolvimento em experimentos de alto risco que podem falhar, mas também podem, mais tarde, render muito – especialmente se essa recompensa ocorrer após o gerente mudar para outra função.

Jeff provavelmente estaria cometendo esse erro de omissão se seu e-mail de outubro de 2004 fosse: "Vamos esperar para introduzir o frete grátis e apenas nos concentrar em fazer desta temporada de férias de 2004 a melhor de todas!". Se tivesse parado de pressionar as equipes por mais ideias de frete grátis, sem dúvida teríamos suspirado aliviados. Teríamos olhado um para o outro e dito: "Graças a Deus, finalmente uma pausa!".

Em vez de marcar uma virada na história da Amazon, aquele dia em meados de outubro poderia ter sido notável de outra maneira. Poderia ter sido o momento em que cometemos um erro desastroso, mesmo só percebendo isso anos depois.

ANDANDO NA LOJA

A maioria dos CEOs de varejo dá uma passeada na loja quando tem uma chance, e Jeff não é exceção. O CEO típico faz uma visita a um ponto de venda quando está na área – muitas vezes sem aviso prévio ou até mesmo incógnito – para dar uma olhada e observar o que está acontecendo. Um CEO de varejo on-line pode andar pela loja a qualquer hora, claro, e o horário preferido de Jeff para passear pela loja era no início das manhãs de sábado e domingo. Não era incomum para mim acordar às sete da manhã em um fim de semana, verificar meu e-mail e ler cinco ou seis mensagens de Jeff para as equipes sobre os problemas que ele havia encontrado enquanto caminhava pela loja naquela manhã.

As primeiras discussões que moldariam o Amazon Prime realmente começaram na primavera de 2004, vários meses antes do notável e-mail de outubro de Jeff. O processo começou com trocas de e-mails entre Jeff e um punhado de executivos da Amazon. Os participantes geralmente incluíam Greg Greeley (vice-presidente de finanças e varejo que acabaria operando o programa Amazon Prime), Tom Szkutak (CFO), Diego Piacentini (vice-presidente de varejo mundial), Jeff Wilke (então vice-presidente de operações mundiais) e eu (Colin).

Como discutimos no Capítulo 6, preço, seleção e conveniência são três elementos-chave na engrenagem da Amazon. E o transporte é essencial para a questão da conveniência. O princípio de liderança da Amazon "Forneça resultados" afirma: "Os líderes se concentram nos principais insumos para seus negócios e os entregam com a qualidade certa e em tempo hábil. Apesar dos contratempos, enfrentam a situação e nunca se acomodam". A velocidade de envio é uma métrica de entrada essencial para a Amazon. Portanto, se você é obcecado pelo cliente, também está obcecado em avaliar e melhorar a experiência de envio para os clientes. Jeff não foi exceção aqui, portanto, não surpreende que o envio fosse o foco principal dessas trocas de e-mail.

E um desses e-mails após um passeio pela loja na primavera de 2004 acabou contribuindo diretamente para o desenvolvimento do Prime, embora não soubéssemos disso na época. Ele abordou um problema que aparentemente não era de natureza técnica: lucrar demais com um item. Jeff visitou nossas lojas de eletrônicos e joias. Os preços das TVs de tela plana e joias chegavam a centenas e, às vezes, milhares de dólares. Havia pouca flexibilidade de preços em muitos desses itens em razão do nosso acordo com os fornecedores.

Como não podíamos oferecer preços mais baixos, Jeff achou que deveríamos fazer a segunda melhor coisa: oferecer frete grátis com entrega no dia seguinte. Esses itens forneciam um lucro bruto considerável em comparação com o lucro bruto de um livro de US$ 15, portanto, era possível oferecer entrega expressa gratuita pelo mesmo preço total.

Jeff enviou um e-mail para os líderes desses departamentos e membros do S-Team sugerindo oferecer frete grátis para os itens selecionados. Quando Jeff sugeria uma ideia a uma equipe, ela não precisava ser necessariamente implementada, mas, em definitivo, precisava ser avaliada, e essa avaliação precisava ser comunicada a ele. Como Jeff Holden, ex-vice-presidente e membro da equipe S-Team, disse certa vez a Jeff: "Você tem ideias suficientes para destruir a empresa" (Jeff respondeu com sua risada característica).

Por mais estranho que possa parecer que uma empresa decida deliberadamente cortar margens de lucro, isso fazia sentido para a Amazon. Era preciso descobrir como prosperar em um negócio que gerava uma pequena quantia a cada item enviado. Portanto, não foi uma grande surpresa quando os gerentes de categoria responderam ao e-mail de Jeff dizendo que, na verdade, já haviam tentado implementar esse recurso. O desafio era que a adição dessa funcionalidade exigia recursos significativos de várias equipes de software que já tinham mais demandas do que podiam dar conta. Conforme discutido no Capítulo 3, crescemos tão rápido ao longo dos anos que nosso software era uma bagunça, especialmente as promoções e softwares de entrega. Ainda lutávamos contra as dependências técnicas dentro dos principais sistemas da empresa. Mesmo uma mudança simples era arriscada e cara porque exigia um design e testes meticulosos para garantir que as coisas funcionariam corretamente depois que a alteração fosse concluída. Isso significava que qualquer mudança de software proposta tinha que ser justificada por sua capacidade de gerar um retorno significativo. Eles disseram que dariam outra olhada naquela proposta.

Depois de algumas semanas, segui a sugestão de Jeff. As equipes pensaram sobre o assunto, mas concluíram que se tratava de um projeto multifuncional complexo, e permitir o envio gratuito de um número limitado de itens eletrônicos e joias de preços elevados não renderia o retorno suficiente. Havia planos em andamento que tornariam as promoções desse tipo mais fáceis de implementar, mas as alterações necessárias no software levariam mais de um ano para serem concluídas.

Mas o problema maior permaneceu sem solução. A ideia de frete grátis em itens selecionados foi apresentada naquele verão, mas nossas taxas de crescimento ainda estavam desacelerando, e os e-mails de Jeff continuaram chegando. De tempos em tempos, ele iniciava um tópico sobre entrega, fazendo perguntas como: "Que tal um programa de associação anual em que cobramos US$ X e oferecemos entrega padrão gratuita?" ou "Podemos enviar todos os itens de joalheria gratuitamente?" ou "Que tal todos os pedidos acima de US$ X serem enviados imediatamente de graça (em comparação com o prazo de três a cinco dias para o Super Saver Shipping)?".

Se a equipe já tivesse considerado a ideia ou tivesse uma resposta pronta, eles responderiam imediatamente. Do contrário, a pergunta de Jeff acionaria um grupo de analistas financeiros, gerentes de categoria e analistas operacionais para remodelar a ideia, projetar seu custo esperado, identificar seus pontos fortes, fracos e riscos, e, finalmente, fazer uma recomendação. Greg Greeley foi o responsável pela resposta. A certa altura, ele tinha mais de meia dúzia de cenários diferentes para analisar. No início de outubro, Jeff disse que queria uma comparação de todas essas alternativas até o final do mês. Poucos dias depois, no meio do mês, Jeff enviou um e-mail inesperado e disse que, em vez de apresentar o conjunto de ideias em três semanas, deveríamos selecionar a melhor e lançar o programa até o final do ano. Acho que, em algum momento, ele decidiu que não era a ideia que estava errada, mas o processo de tomada de decisão, um processo sobrecarregado pela aversão ao risco institucional. O e-mail "surpresa de outubro" foi escrito quando Jeff percebeu que você simplesmente não poderia garantir que o frete grátis funcionaria. Simplesmente era preciso tentar.

A HORA CHEGOU

Nesse ponto, em meados de outubro, os exercícios mentais fizeram a transição para um "projeto tangível", embora sem recursos dedicados e sem outra definição a não ser "lançar um programa de frete grátis até o final do ano". Depois de muitas idas e vindas, na segunda quinzena de novembro, houve um consenso de que a melhor opção era uma assinatura anual que ofereceria frete grátis com entrega em dois dias. Agora precisávamos encontrar uma equipe para desenvolvê-la. O que veio a seguir foi uma expressão clara de outro princípio de liderança da Amazon em ação, "Tenha caráter. Discorde e se comprometa": "Os líderes são obrigados a desafiar respeitosamente as decisões quando discordam delas, mesmo quando isso for desconfortável ou exaustivo. Os líderes têm convicção e são obstinados. Não fazem concessões em prol da coesão social. Depois que uma decisão é tomada, eles se comprometem totalmente".

Conforme descrevemos, vários líderes discordaram de Jeff nessa iniciativa. Mas o tempo de debater sobre se e quando deveríamos lançar o frete grátis tinha acabado. Era hora de atuar na segunda metade, "discordar e se comprometer". Todos entraram em ação. Jeff Holden foi encarregado de organizar todos os recursos necessários para desenvolver e lançar o projeto até o orçamento do quarto trimestre de 2004, agendado para o final de janeiro. Íamos fazer isso bem e com rapidez. Jeff marcou uma reunião para sexta-feira, 3 de dezembro, a fim de se reunir com os líderes da equipe de implementação, incluindo Vijay Ravindran e Dorothy Nichols. O único porém é que a Amazon começou a ter problemas técnicos com o site e houve uma interrupção. Vijay tomou a atitude incomum, mas correta, de cancelar a reunião e reagendar para outro horário. Jeff reagiu com calma e disse: "Que tal amanhã de manhã na minha casa?". Foi quando Jeff, Jeff Holden, Vijay e Dorothy se encontraram para revisar o que se tornaria o Amazon Prime. Jeff disse que queria construir um fosso ao redor de nossos melhores clientes. O Prime seria uma experiência premium para clientes que apreciam a conveniência. Jeff H., Vijay e Dorothy poderiam recrutar quem precisassem para a equipe, mas a iniciativa precisava ser lançada ao mesmo tempo que o próximo balanço de lucros.

As equipes envolvidas realizaram uma revisão de orçamento com longas horas de duração durante o projeto, que internamente foi denominado Futurama. Foi apenas nesse ponto do processo que o PR/FAQ do Futurama foi redigido e revisado. Embora a conclusão do projeto exigisse esforços hercúleos de várias dezenas de membros da equipe (incluindo Charlie Ward, que tinha voltado recentemente de férias), a história da implementação está fora do escopo deste livro e foi publicada na imprensa. O balanço de lucros foi até adiado para 2 de fevereiro de 2005, de modo a acomodar o lançamento do projeto.

Também vale ressaltar que outras equipes foram responsáveis por criar os fundamentos para outros fins que poderiam ser implantados para o desenvolvimento do Prime – e sem os quais não teríamos sido capazes de cumprir o cronograma apertado. Jeff estava ciente dos detalhes que nos trariam vantagem. Um elemento fundamental foi o programa Fast Track. Jeff viu a reação positiva dos clientes diante dos recursos recém-

-adquiridos da Amazon com o Fast Track e, como sempre, queria dobrar a aposta, o que, nesse caso, significava usá-lo para o Prime. O Fast Track foi desenvolvido para permitir que o sistema de distribuição faça estimativas mais precisas sobre o tempo de envio, ou seja, passamos de "normalmente despachado em 24 horas" para "este item será enviado hoje à noite se você fizer o pedido dentro de uma hora e 32 minutos". O Fast Track levou dois anos para ser concluído e exigiu uma grande quantidade de desenvolvimento de software, bem como modificações físicas nos centros de distribuição. Portanto, não tivemos que reinventar a roda no que diz respeito à precisão e às taxas de sucesso das previsões de entrega. Um segundo elemento fundamental, conforme observado, foi a plataforma de assinatura para o lançamento de aluguel de DVD. Seria impossível lançar o Amazon Prime em fevereiro de 2005 sem esses dois pilares.

De fato, em 2 de fevereiro de 2005, menos de quatro meses após o notório e-mail de outubro de Jeff, o Amazon Prime foi lançado. A verdade é que não foi um sucesso da noite para o dia como o Kindle havia sido. Os primeiros clientes que aderiram ao programa foram os grandes compradores que já gastavam mais de US$ 79/ano em entregas rápidas. Portanto, estávamos apenas subsidiando seus antigos hábitos. Embora tenhamos criado uma experiência de compra on-line revolucionária, mudar o comportamento do consumidor leva tempo. Nos meses e anos que se seguiram, é difícil superestimar até que ponto o Prime finalmente criou uma alternativa viável para compradores em todo o mundo. O Prime transformou a Amazon de uma empresa bastante bem-sucedida no espaço de e-commerce em uma empresa de ponta no varejo. E mudou a maneira como as pessoas pensam sobre compras on-line – e compras, em geral. Como escreveu um jornalista: "A Amazon sozinha – e permanentemente – elevou o padrão de conveniência nas compras on-line. Isso, por sua vez, mudou para sempre os tipos de produtos que os compradores estavam dispostos a comprar on-line. Precisa de um presente de última hora ou está quase no fim de um pacote de fraldas? A Amazon agora é uma alternativa ao imediatismo das lojas físicas".[44]

Como Jeff anunciou aos acionistas em 2018: "Treze anos após o lançamento, ultrapassamos cem milhões de membros Prime globalmente".[45]

O Amazon Prime é um ótimo exemplo do imenso valor que você pode revelar aplicando os princípios da obsessão pelo cliente e do pensamento de longo prazo a um problema – nesse caso, o aumento do crescimento da receita. Para fazer isso, tivemos que aceitar o fato de que a atual infraestrutura de logística que tínhamos construído com cuidado ao longo dos anos, embora funcionando razoavelmente bem na época, não seria suficiente no longo prazo. Tivemos que alterar o retorno esperado de nossa decisão do próximo trimestre ou dali a dois anos, para cinco ou mesmo sete anos à frente. Diante de tal foco na experiência do cliente e de nossa disposição para pensar em longo prazo, criar o Amazon Prime fazia todo o sentido. Pudemos dar aos clientes o que eles queriam havia muito tempo, gerando um fluxo de caixa para a Amazon muito maior do que se tivéssemos tentado extrair o máximo possível da situação anterior.

---

44. Jason Del Rey, "The Making of Amazon Prime, the Internet's Most Successful and Devastating Membership Program", Vox, 3 de maio de 2019, https://www.vox.com/recode/2019/5/3/18511544/amazon-prime-oral-history-jeff-bezos-one-day-shipping.

45. Jeff Bezos, "Carta aos Acionistas", 2018, https://www.sec.gov/Archives/edgar/data/1018724/000119312518121161/d456916dex991.htm.

Capítulo 9

Prime Video

Um Unbox desastroso. O modelo de Howard Hughes. O problema da gestão de direitos digitais. Buscando um caminho para a sala de estar. Netflix muda o jogo. Prime Instant Video como um benefício do Amazon Prime. O desenvolvimento da Amazon Studios.

* * *

Era agosto de 2006. A equipe da sede da Amazon em Seattle se reuniu no 5th Avenue Theatre para o Encontro Trimestral All Hands. O dia seria o teste para um projeto no qual eu (Bill) vinha trabalhando intensamente nos últimos doze meses. Quando Roy Price e Ethan Evans, colíderes do negócio de vídeo digital da Amazon, subiram ao palco para apresentar a todos o primeiro serviço digital de filmes e programas de TV da Amazon, o Amazon Unbox, sentei-me nervosamente com minha equipe e cerca de dois mil outros amazonianos.

Estávamos entusiasmados por termos atingido a linha de chegada do Unbox. O lançamento público seria em apenas uma semana.

Roy e Ethan explicaram ao público como o Unbox funcionaria. O cliente ficaria on-line e navegaria por dezenas de milhares de títulos de filmes e programas de TV. Eles comprariam ou alugariam o que quisessem assistir. Faça o download para o seu PC. Aperte o play. Sente-se e aproveite o show. Simples assim.

Após a introdução, era hora da revelação dramática no telão. Ethan se aproximou do laptop. Prendemos a respiração. Ele apertou o botão play. A tela se iluminou e o vídeo começou a ser reproduzido... de ponta-cabeça. A multidão emitiu um som que era em parte risada nervosa e em parte uivo de dor.

Essa demonstração desastrosa ao vivo foi um prenúncio do que estava por vir. Em apenas algumas semanas, estaríamos recebendo feedback de clientes que refletiam a reação do público naquela noite: empatia, gemidos, dor, perplexidade. Eu desejava e esperava que o lançamento do Unbox fosse uma das maiores conquistas da minha carreira na Amazon. Em vez disso, acabou sendo meu maior fracasso.

Essa é a história de como começamos errando terrivelmente, mas aprendemos com nossos erros e, no final, acertamos de maneira fantástica.

* * *

Vamos para o dia 22 de fevereiro de 2011: os usuários do Amazon Prime que visitaram o site descobriram um novo benefício em sua assinatura. Nós (Bill e equipe) tínhamos lançado o Prime Instant Video naquela manhã.[46] Ele oferecia streaming de cinco mil filmes e programas de TV como parte da assinatura do Amazon Prime, sem custo extra. Até aquele momento, a marca Amazon Prime significava uma coisa para os assinantes: frete rápido e gratuito. Milhões de clientes se inscreveram. Dezenas de milhões de clientes sabiam o que o Prime significava. Mas agora o Amazon Prime significava streaming de vídeo também?

---

46. A palavra "Instantâneo" foi abandonada em 2015.

Para nós, a visão era clara: adicionar mais benefícios que tivessem apelo amplo, global, a fim de tornar o valor do Prime mais atraente e irresistível para os clientes. Como Jeff diria em sua carta aos acionistas de 2016: "Queremos que o Prime seja tão atrativo que você seria irresponsável se não fosse membro". Cinco mil títulos era apenas o começo. Nos meses e anos seguintes, planejamos adicionar milhares de filmes e séries de TV imperdíveis para tornar a exibição do Prime Video um hábito diário. Hoje o Amazon Prime Video é um componente integral do Prime, com mais de cem milhões de assinantes globalmente e dezenas de milhares de títulos disponíveis para streaming. Entre esses títulos estão programas e filmes como *Transparent*, *A maravilhosa sra. Maisel*, *Mozart in the Jungle* e *Manchester à beira-mar* – vencedores de prêmios importantes, incluindo Globos de Ouro e Emmys.

Mais uma vez, chegar a esse ponto envolveu grandes obstáculos, entre eles fazer os investimentos certos em tecnologia de streaming e aplicativos para dispositivos móveis e de TV, superar a resistência de fabricantes de dispositivos relutantes, criar nossa própria linha de dispositivos de sucesso e fazer altíssimos investimentos em filmes e programas de TV. Conseguimos isso combinando uma perspectiva de longo prazo com a melhoria contínua na experiência do cliente de vídeo digital ao longo de mais de dez anos.

A jornada para o lançamento em 2011 levou mais de seis anos de trabalho e uma série de passos em falso, desafios e, sim, fracassos absolutos. O processo começou entre o início e o meio de 2004, mesmo antes do Prime, quando embarcamos na primeira iniciativa de vídeo da Amazon, que tinha uma marca que há muito foi esquecida pelos clientes da Amazon e traz lembranças ruins para aqueles de nós que a construíram: Amazon Unbox.

Unbox foi o primeiro serviço de vídeo digital da Amazon. Jeff Bezos e eu optamos por esse nome depois de inúmeras sessões de brainstorming. A parte "Un" pretendia transmitir que era contrário ou diferente da maneira como as pessoas assistiam a filmes e programas de TV naquela época. O problema era que o nome não dizia nada. Não era bem um nome "vazio", como Hulu, que não significava nada mas soava distinto e memorável, nem era um nome cujo significado era imediatamente compreensível, como Netflix.

A experiência do cliente Unbox foi um fracasso. Minha equipe e eu éramos novos nisso – não tínhamos lançado um serviço de mídia digital antes. Além disso, não tínhamos histórico no estabelecimento de altos padrões ao desenvolver uma nova experiência para o cliente. Havia limitações e restrições técnicas (velocidade da internet, hardware, software), pelos filmes e programas de TV que os estúdios estavam dispostos a oferecer, pela forma como os clientes poderiam assistir a eles e em relação aos preços. Finalmente, a Amazon não tinha um ecossistema de hardware e software que nos permitisse controlar a experiência do cliente de ponta a ponta – a Apple estava muito à nossa frente nisso e saltou para a liderança em 2007, superando-nos em mais de dez vezes.

UNBOX: UM ERRO NO LONGO E SINUOSO CAMINHO ATÉ A SALA DE ESTAR

É difícil lembrar como era assistir a um filme antes do streaming. Naquela época, quem queria ver filmes em casa tinha basicamente duas alternativas: dirigir-se até a locadora (lembra-se delas?) e alugar um filme ou receber da Netflix um envelope vermelho pelo correio. Estávamos oferecendo um dos primeiros serviços que permitiriam aos clientes comprar filmes e programas de TV on-line e baixá-los para seus computadores. Acreditávamos estar criando um serviço que instigaria uma nova e valiosa experiência para o cliente. Afinal, quão bom seria ter acesso a uma enorme seleção de filmes e programas de televisão populares e poder baixá-los para o seu computador ou laptop para que pudesse assistir em casa ou no trânsito, com total controle sobre quando e como assistir, e ter acesso vitalício a eles?

O serviço de DVD da Netflix estava crescendo rapidamente na época, mas apostamos que o download acabaria sendo mais atraente para o cliente do que o aluguel de DVD, e, certamente, seria muito melhor do que o modelo convencional, em instalação física, da Blockbuster. A Blockbuster estava então no auge, mas a experiência do cliente que eles ofereciam era, em nossa opinião, muito ruim. Embora a Blockbuster tenha introduzido um serviço de assinatura on-line de DVD em 2006, o cliente típico em todos os Estados Unidos, e de fato em todo o mundo, ainda passava pelo terrível ritual da noite de sexta-feira. Eles saíam do trabalho e iam para a Blockbuster mais próxima na esperança de encontrar um bom filme para assistir naquela noite. Os bons títulos e os lançamentos mais recentes sempre sumiam, então eles se contentavam com algo que a família inteira pudesse, pelo menos, tolerar. Frequentemente, devolviam o título com atraso e tinham que pagar as temidas multas por atraso, que poderiam dobrar ou triplicar o custo de uma locação.

Achamos que o Unbox poderia mudar tudo isso.

Deixe-me explicar como nosso serviço funcionou, ou, devo dizer, como quase funcionou. Primeiro, você iria ao site da Amazon para obter o aplicativo Amazon Unbox, baixá-lo e instalá-lo em seu PC. Digo PC porque, se você fosse um usuário do Mac, não funcionaria – o Unbox só rodava em Windows e apenas em sistemas com menos de três anos. E, mesmo se você tivesse um PC, o processo de instalação era muito lento. No entanto, se você instalasse o aplicativo, poderia acessar o site da Amazon e selecionar um filme para download.

Foi aí que surgiram mais problemas.

Em 2005, como o streaming de vídeo de alta qualidade ainda não era possível, era necessário baixar o filme para o disco rígido antes de começar a assistir. Quanto tempo isso levaria? Bem, um cliente inteligente levaria seu laptop pessoal para o escritório, onde teria acesso ao que era então considerado uma rede de "alta velocidade". Mesmo assim, demoraria uma ou duas horas para baixar um filme de duas horas. Para quem se esquecia de fazer o download no escritório ou não tinha acesso a uma rede de alta velocidade, o processo demorava muito mais. Com uma conexão DSL, o padrão da época, podia demorar até quatro horas para terminar o download.

Sabíamos que isso não poderia de forma alguma ser considerado uma experiência atraente para o cliente, por isso passamos muito tempo criando possíveis soluções.

Uma ideia era criar um gravador de DVD dedicado que o cliente instalaria em casa. Quando o filme era comprado, ele começava automaticamente a ser baixado para o gravador, e o DVD saía assim que era queimado, pronto para ser assistido na sua TV. Isso resolveria um dos problemas do Unbox – ou seja, se você baixou o filme para o computador, não havia como transferi-lo para a TV, a menos que você fosse geek o suficiente para fazer uma conexão.

Abandonamos a ideia do gravador e desenvolvemos um recurso chamado RemoteLoad. Ele permitia que você navegasse no site da Amazon em qualquer computador – não precisava ser aquele em que você iria assistir ao filme –, comprasse um título e iniciasse o download para que o filme ficasse disponível para visualização no computador de sua escolha sempre que você quisesse. A desvantagem era que, se você quisesse assistir ao filme, digamos, em seu PC doméstico, aquele PC teria que ser ligado, o aplicativo Unbox deveria estar aberto e a máquina tinha que estar conectada à internet. Poucos clientes se dariam ao trabalho de fazer tudo isso.

Também havia outro recurso inovador – a capacidade do cliente de baixar o filme ou programa de TV várias vezes para dispositivos diferentes sem custo adicional. No aplicativo de música iTunes, da Apple, o cliente baixaria músicas para seu computador. Eles podiam ouvir em seu Mac, mas tinham que fazer o sideload de músicas em seu iPod, usando um cabo. Se você perdesse uma música, ou toda a sua biblioteca musical do computador, você teria perdido tudo. Você poderia gastar centenas de dólares construindo uma coleção de músicas apenas para vê-la desaparecer graças a um disco rígido com defeito, uma exclusão acidental ou algum outro acidente.

Sabíamos pela nossa pesquisa que isso deixava os clientes loucos, mas a solução não era técnica, porque o problema envolvia direitos autorais. Os estúdios ganhavam 70% da receita em cada compra e consideravam cada download como uma nova venda. Eles não se viam como um empreendimento baseado na experiência do cliente – eles simplesmente queriam extrair o máximo de pagamentos de royalties que pudessem de seus distribuidores (por exemplo, Apple e Amazon) e dos clientes de seus distribuidores.

Em um esforço para corrigir o problema, entramos em negociações com os estúdios de cinema. Isso levou tempo e não foi muito divertido, mas conseguimos. Ficamos orgulhosos de lançar o Unbox com um recurso "semelhante ao Whispernet" que nenhum outro serviço oferecia: sua biblioteca pessoal de vídeos – chamada de "sua biblioteca de vídeo" (internamente chamamos de YVL, pronuncia-se "whyvull") – armazenada no site da Amazon, que você poderia baixar várias vezes em vários dispositivos, sem taxa adicional. Esse é o padrão hoje, mas foi um avanço na época.

Esse tipo de pensamento e trabalho em nome do cliente valeria a pena para a Amazon no longo prazo, mas, no curto prazo, esse recurso não era significativo o suficiente para ajudar o Unbox a superar suas deficiências.

Como logo descobrimos, havia problemas demais na experiência do cliente para que o Unbox tivesse sucesso. Não apenas o download era ridiculamente lento, mas também o software de gerenciamento de direitos digitais Microsoft Windows Media, em que confiávamos, era tão problemático que uma grande porcentagem dos clientes não conseguia reproduzir os vídeos. Nosso compromisso em oferecer uma ótima experiência de visualização, com imagem e som com qualidade de DVD, tornou o download mais lento e com maior probabilidade de falhar.

No final das contas, a velocidade de download era muito mais importante para os clientes do que a qualidade da imagem. Lembre-se de que, em dezembro de 2005, o YouTube entrou em cena. Ele oferecia conteúdo gerado pelo usuário, sem filmes ou programas de TV populares. O vídeo era de baixa resolução e reproduzido em um pequeno quadro no seu PC. Os consumidores não se incomodaram com os vídeos de baixa qualidade, e o YouTube começou a atrair dezenas de milhões de espectadores. Semanas após o nosso lançamento, a Apple lançou o recurso de assistir a filmes e programas na tela do iPod, ainda mais minúscula do que o quadrinho do YouTube. Os clientes também engoliram essa. Rápido. Fácil. Compatível com iPod. Tudo o que o Unbox não era.

Poucos dias após o lançamento, Jeff chamou Steve Kessel, eu e Neil Roseman em seu escritório. Ele ficou desapontado por não termos estabelecido padrões altos o suficiente para a qualidade da experiência do cliente e estava frustrado por termos decepcionado nossos clientes.

Olhando em retrospectiva, é fácil ver os erros. Nós corremos para lançar o Unbox antes que estivesse concluído. Nas semanas anteriores ao lançamento, rumores circulavam em Hollywood e na imprensa de que a Apple estava perto de lançar um serviço de vídeo digital. Não queríamos ficar atrás da Apple, então estávamos em um frenesi para lançar o Unbox e colocá-lo em funcionamento o quanto antes. Essa atitude foi diretamente oposta à ideia do foco no cliente, não no concorrente. Havíamos conduzido um teste beta interno apenas para funcionários, mas falhamos em usar os resultados como uma oportunidade para desacelerar, revisar cuidadosamente o feedback do cliente e aproveitar o tempo necessário para fazer mudanças reais, de modo a melhorar a qualidade da experiência do cliente. Só nos preocupávamos com o envio. Priorizamos a velocidade, a cobertura da imprensa e o *concorrente* em vez da experiência do cliente. Não fomos nada amazonianos.

Esta é a autoavaliação que escrevi na minha avaliação de desempenho naquele ano:

De maneira geral, meu desempenho foi terrível em 2006. No caso do Unbox, nosso lançamento foi mal recebido, em parte decorrente do GDD (gerenciamento de direitos digitais) e de problemas de licenciamento que restringiram o uso e seleção de conteúdo, em parte pelas escolhas erradas de produtos que fizemos para os consumidores (errando do lado da qualidade em relação à velocidade do download) e em parte em virtude dos defeitos de engenharia. De qualquer forma, não gerenciei esses problemas de maneira adequada e o resultado foi um lançamento fraco, com resposta fraca do consumidor e reação negativa da imprensa.

Meu desempenho em relação aos objetivos pode ser resumido por um percentual de execução ruim em termos de conclusão de projetos, o projeto principal concluído (Unbox Video) não é uma experiência atraente para o cliente (ainda) e a taxa de vendas é lamentável. Acho que, se desse uma nota "D" para meu desempenho em relação às minhas metas, estaria sendo muito generoso.

Doloroso de ler! Pelo menos posso dizer que incorporei o aspecto de "Verbalização da autocrítica" do princípio de liderança "Conquiste a confiança". Em qualquer outra empresa, provavelmente teria sido demitido. Para minha sorte, o compromisso da Amazon com o pensamento de longo prazo inclui seu investimento nas pessoas. Eles entendem que, quando você inova e constrói coisas novas, frequentemente fracassa. Se você demitir a pessoa, perderá o benefício do aprendizado que veio juntamente com aquela experiência. Jeff diria algo assim para um líder que acabara de errar feio: "Por que eu iria demitir você agora? Acabei de investir um milhão de dólares em você. Agora você tem a obrigação de fazer o investimento valer a pena. Descubra e documente claramente onde você errou. Compartilhe o que você aprendeu com outros líderes em toda a empresa. Certifique-se de não cometer o mesmo erro de novo e ajude os outros a evitar cometer o mesmo erro da primeira vez".

Aprendi muito com os erros do Unbox e pude compartilhar meu conhecimento com outras pessoas na Amazon. Esse conhecimento permaneceu comigo e moldou meu pensamento sobre cada novo produto e recurso em que estive envolvido desde aquela autoavaliação brutal.

Pouco depois do lançamento do Unbox, meu chefe, Steve Kessel, me chamou para uma conversa particular. Steve contou que tivera uma reunião interessante com Jeff, que deixara bem claro que estabelecer e insistir em altos padrões para a organização de mídia digital era uma parte essencial do trabalho. Para provar seu ponto de vista, Jeff perguntou a Steve se ele já tinha visto o filme *O aviador*, a história de Howard Hughes, o magnata dos negócios, aviador e diretor de cinema. Jeff descreveu uma cena em que Hughes, interpretado por Leonardo DiCaprio, visita uma de suas instalações de fabricação de aeronaves para verificar o andamento de seu último projeto – o Hughes H-1 Racer, um avião elegante para um único passageiro, projetado para quebrar novos recordes de velocidade. Hughes examina o avião de perto, passando os dedos ao longo da superfície da fuselagem. Sua equipe observa ansiosamente. Hughes não está satisfeito. "Não é o suficiente", ele diz. "Não é suficiente. Esses rebites devem ser totalmente planos. Eu não quero que haja nenhuma resistência do ar contra a fuselagem. Ela tem que estar mais aerodinâmica. Mais aerodinâmica! Vocês entenderam?"

O líder da equipe acena com a cabeça. De volta à prancheta.

Jeff disse a Steve que seu trabalho era ser como Howard Hughes. A partir de então, Steve teve que passar os dedos por cada novo produto da Amazon, verificando se havia algo que pudesse reduzir a qualidade, insistindo que sua equipe mantivesse os mais altos padrões. Senti que Steve estava me contando essa história por dois motivos. Primeiro, era uma espécie de alerta. Ele queria que eu soubesse, como um dos membros seniores de sua equipe, que me mandaria de volta à prancheta caso um produto não desse certo. Em segundo lugar, estava me dizendo indiretamente que eu também era responsável por estabelecer padrões mais elevados para nossos produtos. Eu tinha que ser mais como Howard Hughes.

O PROBLEMA COM OS DIREITOS

Então era preciso descobrir como consertar a bagunça que tínhamos feito.

O fato é que o Unbox estava cercado por todos os lados: por nossos concorrentes, especialmente a Apple; por nossa confiança na Microsoft para reprodução de mídia e PCs com Windows; e por nossos fornecedores, os estúdios de cinema. Uma questão importante era o uso de um software de gerenciamento de direitos digitais, ou GDD, para controlar o download de conteúdo e evitar roubo, compartilhamento e reutilização pelos clientes. A Apple desenvolveu seu software GDD, chamado FairPlay, que garantia o download seguro de conteúdo, e também fez acordos com os principais produtores de conteúdo. A única maneira de permitir que nossos clientes baixassem e reproduzissem filmes em Macs e iPods era usar o FairPlay GDD.

Precisávamos de um software GDD para o Unbox, mas a Apple não iria licenciar o FairPlay para nós, e os estúdios não poderiam forçar a Apple a fazê-lo. A menos que criássemos nosso próprio GDD, tínhamos que usar o GDD do Windows Media da Microsoft, que só funcionava em dispositivos Windows, e não muito bem.

Como se não bastassem esses obstáculos difíceis de resolver, ficamos ainda mais frustrados com uma pequena cláusula escondida em contratos de décadas entre os estúdios de cinema e os principais canais da TV paga, como HBO, Showtime e Starz – a cláusula "janela de blackout". A cláusula afirmava que, quando um novo filme ficava disponível em DVD, tínhamos uma janela claramente definida – em geral de sessenta a noventa dias – durante a qual poderíamos vender ou alugar digitalmente o título. Depois disso viria a "janela de blackout", um período geralmente de três anos, durante o qual os canais de TV paga tinham direitos exclusivos de veicular os filmes, e não poderíamos alugá-los ou vendê-los digitalmente em nosso serviço.

Os estúdios estavam nervosos e apreensivos sobre os novos serviços de download digital oferecidos pela Amazon e Apple, que chamavam de vídeo transacional sob demanda, ou TVOD (da sigla em inglês para transactional video on demand). Os estúdios percebiam que os TVOD estavam crescendo rapidamente e eram uma grande promessa, mas o fluxo de dinheiro ainda era modesto – dezenas de milhões de dólares por ano – e parecia uma aposta arriscada, então estavam relutantes em mudar seus contratos.

Para nós, isso significava uma janela de vendas muito curta para o nosso serviço de filmes digitais. Dois a três meses após o lançamento do DVD, depois nada por três anos, o período de maior demanda.

Obsessão pelo cliente

Sabíamos que seria necessário mudar isso se esperássemos que o streaming de vídeo se tornasse uma ótima experiência para o cliente e um grande negócio para nós em longo prazo. Mas logo percebi que isso não estava sob o nosso controle. Quando me encontrei com executivos dos estúdios, expliquei que o negócio TVOD estava prestes a decolar e um dia seria muito mais valioso do que seus acordos com a TV paga. Os executivos balançaram a cabeça, disseram que entendiam, concordaram que isso precisava mudar, mas disseram que seus chefes não viam dessa forma. Como acontece com todas as empresas de mídia, as decisões tomadas pelos altos escalões de Hollywood eram, e ainda são, voltadas para o alcance de metas financeiras de curto prazo.

Dez anos depois, e graças ao seu pensamento de curto prazo, os estúdios estavam lutando para lançar seus próprios serviços de streaming de vídeo, como Disney+, HBO Max, da Warner, e Peacock, da NBC, em uma tentativa de lutar por sua sobrevivência e competir com Amazon e Netflix.

Na Amazon, nossa remuneração não estava vinculada aos resultados financeiros. Como mencionamos no Capítulo 1, o salário-base máximo na sede em Seattle era de US$ 160 mil por ano, e não havia sistema de bônus. A compensação adicional era feita por meio de ações da Amazon. Se você ganhasse um aumento, ele seria pago em ações, o que demoraria de 18 a 24 meses para começar a trazer algum retorno.

Meus incentivos eram muito diferentes daqueles de meus colegas nos estúdios de cinema e gravadoras. Para me beneficiar financeiramente, era preciso que a Amazon crescesse em longo prazo. Não posso dizer que todos na Amazon sempre ficaram satisfeitos com essa filosofia de remuneração. Todos nós temos uma necessidade de ser recompensados por uma realização importante, e queremos ser prontamente recompensados. Mas, para aqueles que pensaram e agiram em longo prazo, e permaneceram ali, valia a pena.

Não iríamos obrigar os estúdios a trabalharem à maneira da Amazon, então, para o Unbox essa era uma batalha perdida. Na verdade, só em 2013 a cláusula de blackout foi removida.

Diante de todos esses desafios, era difícil ver uma saída para o Unbox. Ocupávamos um distante segundo lugar em relação à Apple, que lançou seu serviço de vídeo digital poucos dias depois de nós. Para a nossa equipe, era muito frustrante nos compararmos com a Apple naquela época. Eles tinham o iPod e o iTunes, os dispositivos e aplicativos de mídia mais populares do momento. Os dois trabalhavam em perfeita sincronia e eram muito queridos pelos consumidores, por isso era extremamente difícil identificar qualquer vulnerabilidade que nos possibilitasse fazer frente a esses produtos.

BUSCANDO UM CAMINHO PARA A SALA DE ESTAR

No final do outono de 2006, participei de uma reunião externa de dois dias com a equipe do Amazon Unbox para planejar o ano de 2007. Se fosse em muitas outras empresas do mesmo porte, poderíamos ter levado a equipe a algum local fabuloso como Sun Valley, Sedona ou Napa, ficado em um hotel cinco estrelas, feito reuniões pela manhã e passado a tarde jogando golfe, seguido por uma taça de vinho. Mas uma consequência de trabalhar na empresa mais centrada no cliente do mundo é que você não gasta dinheiro em coisas que não beneficiam os clientes. Não apenas ficamos em Seattle, como também não gastamos dinheiro para reservar uma sala de conferências em um hotel local. Nós nos dirigimos à Quinta Avenida Sul, número 605, até outro prédio de escritórios da Amazon próximo à Union Station de Seattle. Acho que até pagamos nosso próprio almoço.

Dedicamos dois dias a discussões sobre como corrigir o Unbox. A equipe passou duas semanas escrevendo PR/FAQs e narrativas descrevendo várias ideias de produtos e soluções para tornar nosso serviço de vídeo um sucesso. Alguns se concentraram em como melhorar a interface do usuário. Outros acharam que uma grande campanha de marketing seria a solução. Mas nada resolveria os problemas fundamentais de acesso ao Mac ou a cláusula de blackout dos estúdios. Minha frustração aumentou quando rejeitei uma proposta após a outra.

Então, Josh Kramer, um novo funcionário de desenvolvimento de negócios da equipe, falou.

Josh, ao contrário de nós, MBAs e engenheiros, tinha trabalhado em Hollywood. Ele coproduziu o filme *A morte e a donzela*, dirigido por Roman Polanski, estrelado por Sigourney Weaver e Ben Kingsley. Mas Josh não era o típico cara de Hollywood que vestia Gucci e dirigia um Porsche. De alguma forma, ele conseguia manchar a camisa que sempre estava para fora da calça (antes que isso virasse moda), com café ou ketchup, todos os dias. Seus sapatos estavam sempre desamarrados, os óculos presos com fita adesiva. Sua mesa era uma violação aos preceitos OSHA, com copos de café, comida e pilhas de papéis manchados. Josh era um cara criativo e brilhante, formado em som como mídia artística pela Universidade Brown e também com MBA pela Wharton. Ele não apenas entendeu o funcionamento de Hollywood, como também aprendeu sozinho a escrever códigos, como hobby. Então, ele entendia de negócios, tecnologia e conteúdo.

Nos poucos meses em que Josh esteve na equipe, ele se reuniu com muitos parceiros em potencial, um dos quais era o TiVo – o pioneiro em dispositivos de gravação de vídeo digital, ou DVRs. Normalmente, um desenvolvedor de negócios como Josh volta de reuniões com terceiros lançando ideias que parecem ótimas para parcerias, mas que acabam sendo impossíveis do ponto de vista técnico. Josh, por outro lado, voltou de suas reuniões com uma ideia que poderia realmente funcionar – filmes da Amazon baixados para um set-top box TiVo. Ele discutiu a ideia com nossa equipe de engenharia antes de apresentá-la externamente.

Isso foi uma vitória para ambas as empresas e nossos clientes mútuos. No caso do TiVo, uma ampla seleção de filmes e programas de TV estaria disponível para compra e aluguel sob demanda sob uma marca confiável. E para nós, o TiVo forneceria um "caminho para a sala de estar" – mais especificamente, um caminho para o aparelho de televisão. Naquela época, a maioria das pessoas queria assistir a filmes confortavelmente no sofá da sala, olhando para uma TV de 48 polegadas, e não com o nariz colado na tela do computador.

Em março de 2007, lançamos o Unbox no TiVo,[47] e assim passamos a oferecer uma experiência ao cliente da qual poderíamos nos orgulhar, pelo menos depois que estivesse tudo bem configurado. Você poderia navegar e comprar filmes e programas no site da Amazon, e eles seriam baixados automaticamente para o seu TiVo. O download ainda era demorado, mas tinha um recurso chamado download progressivo. Assim que o tempo de execução do conteúdo baixado excedia o tempo que levaria para baixar o resto do filme, você já poderia começar a assistir. Não era um streaming real, mas acelerou as coisas. Os clientes da Amazon que já tinham um dispositivo TiVo ficaram encantados e fizeram muitos elogios. O TiVo se tornou nossa melhor fonte de crescimento para receita e novos clientes.

Infelizmente, porém, nossos concorrentes não ficaram parados.

---

47. Rob Beschizza, "Amazon Unbox on TiVo Goes Live", *Wired*, 7 de março de 2007, https://www.wired.com/2007/03/amazon-unbox-on/.

UMA GRANDE RUPTURA

Dois meses antes, em janeiro de 2007, a Netflix lançara um serviço de streaming de vídeo, então denominado Watch Now, inaugurando uma das mudanças mais profundas na história da indústria do entretenimento. Naquela época, o serviço de streaming da Netflix oferecia uma seleção bastante limitada, cerca de mil filmes e programas de TV, principalmente clássicos como *Casablanca*, filmes cult, títulos estrangeiros e algumas séries de TV, como a série original da BBC *House of Cards* – não havia lançamentos recentes ou grandes sucessos. Mas fizeram grandes avanços que os ajudariam a melhorar o conteúdo.

Os dois recursos revolucionários do serviço Netflix foram a assinatura e o streaming. Amazon e Apple eram as líderes em distribuição premium de filmes e TV, mas oferecíamos apenas downloads (e você tinha que comprar ou alugar cada filme ou programa). Achávamos que o streaming era um fenômeno de baixa qualidade – o domínio do YouTube, com seus vídeos de gatos dançando que você assistia em seu PC por alguns minutos entre as reuniões. Então, quando a Netflix lançou o Watch Now, discutimos o serviço em detalhes, mas o pensamento predominante dentro de nossa equipe e entre outros na indústria era de que se tratava de um piloto, e não um produto sério.

O outro recurso digno de nota do serviço de streaming da Netflix é que ele era gratuito. Na verdade, como minha mãe costumava dizer quando tentava me ensinar a lidar com finanças: "Não é de graça. Está *incluso*". O streaming estava disponível sem nenhum custo extra para a maioria dos planos de assinatura de aluguel de DVD pelo correio da Netflix.

Olhando em retrospectiva, parece óbvio que o lançamento da Netflix era uma grande ameaça, porque streaming mais assinatura proveriam ser a combinação mágica no negócio de vídeo digital. E eles foram muito inteligentes na maneira de fazer o lançamento, atrelando o streaming gratuito às assinaturas de DVD. Isso eliminou o grande obstáculo de fazer as pessoas pagarem por um serviço de assinatura desconhecido. Mas não éramos a única empresa a não entender a ameaça. Jeff Bewkes disse que a ameaça da Netflix à Warner Bros., da qual era presidente na época, era equivalente à ameaça do Exército albanês às Forças Armadas dos EUA. "O Exército albanês vai dominar o mundo?... Eu acho que não", disse ao *New York Times*.[48] O mais irônico é que, dez anos depois, Jeff Bewkes e o CEO da AT&T estavam no meio de uma campanha de relações públicas para convencer o Departamento de Justiça de que a fusão de suas duas empresas era necessária porque os papéis haviam se invertido – a Netflix era então o Exército dos EUA, e a Warner havia se tornado a Albânia! Acontece que, assim como a Amazon, a Netflix tem um histórico de pensar em longo prazo e disposição para ser mal interpretada por longos períodos, o que contribuiu para seu grande sucesso.

Também não levamos o serviço de streaming da Netflix a sério porque ele não teve impacto imediato e perceptível no Unbox. Mas quando o Hulu foi lançado, em outubro de 2007, o impacto *foi* sentido. Ao contrário do streaming da Netflix, o Hulu oferecia alguns dos programas de TV mais populares dos Estados Unidos – os programas mais recentes da Fox e da NBC no dia seguinte ao de sua exibição na TV. Além disso, o Hulu era grátis (com publicidade), e não o tipo de grátis incluso que minha mãe dizia – simplesmente grátis. Estávamos vendendo esses mesmos programas de TV no Unbox por US$ 2,99 por episódio, o que era mais barato do que comprar um DVD e os disponibilizando um dia após a transmissão. Então, com o Hulu, você poderia assistir a muitos desses programas, totalmente de graça. De

---

48. Tim Arango, "Time Warner Views Netfix as a Fading Star", *New York Times*, 12 de dezembro de 2010, https://www.nytimes.com/2010/12/13/business/media/13bewkes.html (acessado em 1º de julho de 2020).

repente, nossos US$ 2,99 se tornaram um péssimo negócio, e vários de nossos programas de TV mais vendidos ficaram encalhados. (Talvez o lançamento do Hulu também tenha sido um pouco doloroso porque foi liderado pelo meu primeiro gerente na Amazon (Bill) e querido amigo, Jason Kilar, o primeiro CEO do Hulu.)

Não poderíamos influenciar os estúdios nesse assunto porque dois deles – News Corp e NBC Universal – eram proprietários do Hulu. Eles criaram o serviço em resposta ao crescimento do YouTube e sua venda, em 2006, apenas seis meses após seu lançamento, para o Google por US$ 1,65 bilhão. Os estúdios descobriram que poderiam criar um serviço semelhante, oferecendo conteúdo de Hollywood, e vendê-lo por um valor muito mais alto e com a mesma rapidez.

Mas não foi assim. Embora o Hulu atraísse muitos espectadores, os compradores em potencial – incluindo Apple, Amazon e Google – perceberam que os estúdios nunca venderiam seu conteúdo junto com o Hulu, e, sem ele, o Hulu não valia tanto. Finalmente, o Hulu migrou para um modelo de assinatura e agora é controlado pela Disney. No entanto, não desapareceu. Ele continuou a ganhar espectadores e também passou a produzir conteúdo, criando sucessos como *The Handmaid's Tale* (O conto da aia). Tornou-se um importante ativo de longo prazo para a Disney em sua tentativa de competir com a Netflix e a Amazon.

TVS CONECTADAS

Em 2008, novos desenvolvimentos mostraram que o caminho para a sala de estar teria outros desdobramentos e que teríamos que negociar. Decidimos que era hora de a Amazon adicionar streaming de vídeo ao nosso serviço de download e vimos a mudança como uma oportunidade de descartar o nome Unbox, que havia acumulado grande quantidade de bagagem negativa.[49] Relançamos o serviço em setembro de 2008 com o nome Amazon Video on Demand (VOD). Não, não era algo muito inovador – estávamos um pouco tímidos depois de nosso fracasso criativo com a marca Unbox –, mas era um bom projeto e, o melhor de tudo, não era o Unbox. Também lançamos nosso aplicativo de streaming em aparelhos de TV oferecidos por muitos fabricantes, incluindo Sony, Vizio, Samsung, LG e Panasonic, bem como um novo dispositivo de streaming de uma empresa chamada Roku, que agora está em mais de vinte milhões de lares.[50]

Com streaming sob demanda, os clientes da Amazon podiam finalmente assistir a seus filmes e programas de TV favoritos em seu aparelho de televisão, em vez das pequenas telas de computadores e telefones. Mas, como a velocidade da conexão de internet varia de casa para casa, e como havia tantos tipos diferentes de hardware e software envolvidos, a experiência de visualização variava de dispositivo para dispositivo e de cliente para cliente. Alguns ficavam maravilhados, alguns arrancavam os cabelos. Aqueles que arrancavam os cabelos normalmente sofriam de um fenômeno conhecido como "rebuffering", que é o que acontece quando a velocidade de download fica aquém em relação à visualização: a imagem congela e você vê o "cursor de espera giratório", mais comumente chamado de "roda da morte". Isso era muito comum, tanto que decidi reembolsar os clientes que tivessem sofrido três ou mais rebufferings enquanto assistiam a um filme. Ainda teríamos que pagar ao estúdio sua parte na compra, mas achei que devíamos deixar claro que a Amazon entendia que isso não era aceitável.

Não perguntei a Jeff sobre o reembolso, mas acho que ele concordava.

---

49. Mike Boas, "The Forgotten History of Amazon Video", Medium, 14 de março de 2018, https://medium.com/@mikeboas/the-forgotten-history-of-amazon-video-c030cba8cf29.
50. Paul Thurrott, "Roku Now Has 27 Million Active Users", Thurrott, 7 de janeiro de 2019, https://www.thurrott.com/music-videos/197204/roku-now-has-27-million-active-users.

Em sua carta aos acionistas, ele escreveu:

> Construímos sistemas automatizados que buscam ocasiões em que fornecemos uma experiência ao cliente que não está de acordo com nossos padrões, e esses sistemas reembolsam os clientes de forma proativa. Um observador da indústria recebeu recentemente um e-mail automático que dizia: "Percebemos que você teve uma reprodução de vídeo ruim enquanto assistia à seguinte locação no Amazon Video On Demand: Casablanca. Sentimos muito pelo inconveniente e emitimos um reembolso no seguinte valor: US$ 2,99. Nós esperamos vê-lo outra vez em breve". Surpreso com o reembolso proativo, ele acabou escrevendo sobre a experiência: "A Amazon percebeu que tive 'uma reprodução de vídeo ruim…'. E eles decidiram me reembolsar por causa disso? Uau… Isso é colocar os clientes em primeiro lugar".[51]

A Netflix permanece líder no segmento de streaming. Eles reconheceram as vantagens do streaming para dispositivos domésticos desde o início e criaram uma equipe de engenharia dedicada para desenvolver tecnologias para dispositivos correlacionados. Em 2008, a Netflix estava disponível em uma impressionante variedade de dispositivos, incluindo TVs, reprodutores de Blu-Ray e consoles de videogame de muitos fabricantes. Eles também continuaram aumentando sua biblioteca de títulos. A Netflix estava bombando.

Naquela época, o uso de consoles de videogames também crescia rapidamente com o Microsoft Xbox, Sony PlayStation e Nintendo

---

51. Jeff Bezos, "Carta aos Acionistas", 2012, https://www.sec.gov/Archives/edgar/data/1018724/000119312513151836/d511111dex991.htm.

Wii. Havia dezenas de milhões de consoles de videogames nos lares dos Estados Unidos, e quase todos eles estavam conectados a HDTVs e à internet. Os jogadores de videogame jogavam por horas todos os dias, mas precisavam fazer uma pausa de vez em quando, então assistir a um filme ou programa de TV era uma boa pedida. Queríamos disponibilizar o Amazon VOD em consoles de videogame também.

Mas nossa equipe de desenvolvimento de negócios tinha más notícias. Nem a Microsoft nem a Sony autorizariam a colocação do aplicativo de streaming da Amazon em seus dispositivos de jogos, porque eles tinham suas próprias locadoras de vídeo digital à la carte e desejavam investir nisso. No entanto, não baniram a Netflix, porque era um serviço de assinatura, e não o consideraram um competidor direto. Ficamos seriamente prejudicados pela exclusão desses dispositivos naqueles primeiros dois ou três anos. Uma estatística alarmante mostra isso: estimamos que 95% dos streams da Netflix vieram de seu site, dos três principais consoles de jogos (Xbox, PlayStation e Nintendo Wii) ou de iPads e iPhones.

Também sofremos com a resistência de alguns varejistas. Na época, o Walmart e a Best Buy vendiam mais TVs aos consumidores, mas o negócio de varejo da Amazon era uma ameaça crescente para eles. A partir de 2007, eles empregaram uma série de táticas para nos desfavorecer, como recusar os vales-presente da Amazon em suas lojas. Então passaram a alertar alguns dos fabricantes de eletrônicos que quaisquer dispositivos que contivessem o Amazon Video On Demand não chegariam às prateleiras. O Walmart e a Best Buy dominavam a venda de dispositivos eletrônicos de tal maneira que muitos fabricantes não trabalhariam conosco. Quando convencemos a Sony a adicionar o serviço de streaming da Amazon às suas TVs Bravia e leitores de Blu-Ray em setembro de 2008, a situação começou a mudar. Mas levaria mais quatro longos anos para convencermos a equipe do PlayStation a se unir à Amazon para podermos, finalmente, alcançar os vinte milhões de usuários do PlayStation.

Os atrasos impediram um crescimento mais rápido, e ficou claro que o negócio de mídia digital era muito diferente do varejo de bens físicos on-line. Não tínhamos controle total do conteúdo (filmes e programas de TV) que vendíamos. Não tínhamos conteúdo exclusivo, como a Netflix. Nem tínhamos controle dos dispositivos usados para jogar e exibir conteúdo, como a Microsoft, Sony e Apple.

Os insumos para a engrenagem de crescimento da Amazon – preços baixos, entrega mais rápida, estrutura de custos mais baixos – não eram dimensões nas quais poderíamos nos diferenciar de nossos concorrentes apenas oferecendo uma loja de vídeo digital à la carte. Havia um aspecto do processo, no entanto, que exigia habilidade técnica: criar aplicativos que funcionassem bem em uma variedade de TVs e dispositivos set-top e entregassem vídeo de alta qualidade sem travar constantemente. É por isso que acabamos comprando uma pequena loja de engenharia de software, com sede em Londres, chamada Pushbutton.

Mesmo nosso grande ativo, o site da Amazon, não era tão importante para a venda de mídia digital quanto era para bens físicos. Sim, atraiu muitos clientes que queriam comprar produtos de mídia, mas os aplicativos em Macs, PCs, tablets, telefones e TVs eram cada vez mais importantes do que nosso site para fornecer uma experiência de mídia digital de alta qualidade. A Apple, por exemplo, vendia todas as suas mídias digitais por meio de um aplicativo que rodava tanto em Macs quanto em PCs (iTunes), e não em seu site. E, ao contrário da Amazon, a Apple tinha controle sobre seus próprios dispositivos. A combinação de aplicativo e dispositivo proporcionava uma experiência de streaming (ou download) e reprodução de alta qualidade e, portanto, agregava um valor tremendo ao consumidor.

Quando se tratava de conteúdo controlado pelos estúdios, não havia grandes mudanças. Criadores de conteúdo como a HBO tinham uma vantagem porque tinham uma oferta de conteúdo única e exclusiva – programas como *Os Sopranos* e, mais tarde, *Game of Thrones* – e tinham acordos exclusivos de licenciamento de filmes com os estúdios. Naquela época, nenhuma outra empresa estava aderindo aos serviços de streaming, então a HBO dominava o cenário. Eles podiam licenciar e acumular muitos filmes e programas de TV excelentes com pouquíssima competição.

Mas, como demonstram os modelos de negócios da Apple e da HBO, havia uma grande similaridade entre o mundo da mídia digital e o antigo mundo da mídia analógica: ainda havia uma grande vantagem a ser controlada. No mundo da velha mídia, você podia controlar uma de duas coisas: o método de distribuição do conteúdo ou o conteúdo em si (ou, em alguns casos, ambos). Redes de transmissão como NBC e CBS controlavam as redes e também desenvolviam conteúdo exclusivo, como programas de TV, eventos esportivos e noticiários. Estúdios como Warner e Disney criavam filmes e programas. No novo mundo da mídia digital, as redes de transmissão e os estúdios perderiam o controle da distribuição, sendo substituídos por aplicativos em dispositivos conectados à internet.

Com o passar do tempo, percebemos que o Amazon Video On Demand estava preso no meio da cadeia de valor – no vale, na verdade. Não controlávamos o final da linha, o desenvolvimento de conteúdo. Não controlávamos os dispositivos de reprodução. Éramos, essencialmente, um sistema de distribuição digital, sem nada de exclusivo ou único. Não surpreende que tenhamos colidido contra a parede nas duas pontas da cadeia de valor – desenvolvimento e distribuição de conteúdo em dispositivos.

Conforme discutimos no capítulo sobre o Kindle, anos antes, provavelmente em 2004, Jeff e Steve haviam desenhado um diagrama simples da cadeia de valor. Aqui está ele outra vez:

Foi essa percepção da cadeia de valor que nos levou a criar o Kindle. Como não criamos conteúdo por meio do desenvolvimento ou publicação de livros (embora faríamos isso mais tarde), passamos a controlar o consumo, ou seja, a experiência de leitura. Nos filmes digitais e na TV ainda estávamos presos a um papel de agregação. As métricas de entrada de preço e seleção do negócio de varejo não nos diferenciaram nesse negócio digital, e nossas métricas de saída – número de compradores de vídeo e receita – mostraram que essa estratégia era um fracasso. Portanto, a partir de 2010, colocamos nossos recursos em uma série de novas iniciativas destinadas a nos tirar do meio: Prime Instant Video, Amazon Studios e novos dispositivos Amazon – Fire Tablet, Fire Phone, Fire TV e Echo/Alexa. Também fizemos uma aquisição que aumentou nossas capacidades e expandiu nosso alcance geográfico.

PRIME INSTANT VIDEO: UM BENEFÍCIO DO TIPO "AH, A PROPÓSITO"

Em 2010, realizamos uma série de reuniões com Jeff a fim de discutir ideias e opções para migrar em direção aos pontos mais lucrativos da cadeia de valor. Ficou claro que os consumidores adoravam o modelo de assinatura pago da Netflix, mas descobrimos que a Netflix provavelmente estava gastando entre US$ 30 e US$ 40 milhões anuais em acordos de licenciamento. Embora hoje US$ 40 milhões não pareçam muito dinheiro para a Amazon investir, acredite, esse não era o caso da Amazon de 2010, muito menor e mais enxuta. Esse número nos deixou chocados. Parecia um compromisso grande demais.

Mas não chocou Jeff. Em uma reunião, ele disse algo como: "Caso eu não tenha sido claro, quero ver o plano de como faremos um investimento semelhante para começar com o vídeo por assinatura". Jeff também deixou claro que deveríamos explorar outras ideias de mídia digital, incluindo a criação de dispositivos de hardware.

Entendi o recado não tão sutil de Jeff de que era hora de minha equipe e eu começarmos.

Passei a tarefa para Cameron Janes, com Josh Kramer decidindo trabalhar com os estúdios. Os dois foram líderes-chave em minha organização por vários anos e eram veteranos do setor de entretenimento digital. Cameron ingressou na equipe em julho de 2007, após ter passado os anos anteriores trabalhando no comércio eletrônico do Walmart.com. Ele era um executivo completo, com MBA da Kellogg, que poderia resolver qualquer problema, fosse ele de conteúdo, finanças, produto ou outros. Fosse o que fosse, se eu incumbisse Cameron, ele iria se empenhar e fazer.

Assim, começaram semanas e semanas de esforço, reuniões e discussão de ideias. Havia três propostas para dispositivos de hardware. Uma delas era um controle remoto universal que facilitaria a reprodução de vídeos da Amazon em qualquer TV. Outra era para um dispositivo em forma de disco que ficava conectado ao sistema de home theater doméstico. Esse dispositivo aprenderia as preferências de cada membro da família por meio de detecção e comandos de voz, permitindo a reprodução de vídeo personalizada para cada cliente. Essa era uma variante da ideia do disco, concebida pela primeira vez por Jeff anos antes como um dispositivo de compras (mencionada no Capítulo 5), que mais tarde se transformaria novamente para se tornar o Amazon Echo. Uma terceira ideia era um dispositivo set-top que fosse pré-carregado com os filmes e programas mais populares e atualizado sem fio. Passamos semanas pesquisando, escrevendo e reescrevendo PR/FAQs para essas ideias, mas havia problemas técnicos de licenciamento ou de colocação de preço com todas elas. Depois de várias semanas, mudamos o foco exclusivamente para ideias de conteúdo de assinatura.

Josh liderou a parte do esforço de coleta de informações. Ele trabalhou ao telefone, teve encontros com pessoas que já conhecia nos grandes estúdios e também estabeleceu novos relacionamentos.

O que aprendemos no processo não foi nada animador. A Netflix estava tão na frente que, mesmo com um orçamento semelhante, não havia como montar um catálogo com o tipo de seleção que eles ofereciam. Também descobrimos que o valor de US$ 30–40 milhões que ouvimos estava errado. Quando começamos, a Netflix estava gastando o dobro disso em conteúdo.

No negócio de assinaturas, não é bom ficar em segundo lugar com uma oferta copiada. Era preciso oferecer filmes e programas que a Netflix não tinha. Também deveríamos ter uma oferta diferente do Hulu, que incluía a maioria das melhores séries da Fox e NBC. No universo do TVOD, a diferenciação com base na seleção não era possível – Amazon, Apple, Microsoft e Sony tinham os mesmos títulos –, mas, no negócio de assinaturas, um catálogo exclusivo era fundamental.

Fizemos um brainstorming de inúmeros conceitos. Uma abordagem era se aprofundar em gêneros específicos, como terror ou documentários. Outra era atrair clientes oferecendo um filme livre por semana, na esperança de que seriam seduzidos a fazer a assinatura. Conversamos sobre começar com um preço baixo, talvez US$ 3,99 por mês, reconhecendo que nossa seleção de títulos de qualidade era bem pequena. Mas não ganharíamos muito dinheiro com esse preço. E seria preciso aumentar o preço o mais rápido possível, e isso não era muito amazoniano.

No quarto ou quinto encontro com Jeff, era óbvio que não estávamos chegando a lugar nenhum com hardware ou assinatura. Um pequeno grupo de líderes da equipe de vídeo digital estava sentado ao redor da mesa numa pequena sala de conferências, no sexto andar do edifício Day One North em South Lake Union. Assim como tinha sido feito em reuniões anteriores, analisamos um monte de ideias, conversamos sobre gêneros de filmes e consideramos opções de preço e orçamento.

Em algum momento, Jeff teve uma ideia simples: "Vamos fazer vídeos gratuitos para os membros Prime".

Isso não estava na lista de ideias de ninguém. Como seria isso? Jeff nos lembrou de como a Netflix havia começado oferecendo vídeos no Watch Now para seu serviço de assinatura de DVD – gratuitamente. Quero dizer, inclusos. "É uma oferta 'ah, a propósito'", disse ele. Quando a Netflix começou, eles também não tinham uma grande seleção de filmes e programas de TV, o que não era bom o bastante para que os clientes pagassem a mais por eles. Em vez disso, a Netflix ofereceu a seus clientes um recurso adicional como parte da assinatura existente. A Netflix estava basicamente dizendo: "O serviço pelo qual você paga é ótimo e, a propósito, aqui está algo extra para você assistir". Enquanto conversávamos, três anos depois, a maioria dos clientes da Netflix era exclusivamente de consumidores de streaming. Eles nunca alugaram um DVD. A transição poderia não ter sido tão tranquila e perfeita se a Netflix tivesse iniciado a oferta de streaming como um serviço de assinatura separado desde o início. Na verdade, é improvável que muitos consumidores estivessem dispostos a pagar uma taxa de assinatura

Há um problema difícil do tipo ovo e galinha com um serviço de assinatura. Você precisa ter uma grande oferta de títulos para atrair assinantes. Para poder pagar por muitos títulos, você precisa de muitos assinantes. É um problema desafiador que geralmente requer um grande investimento inicial, que pode ser pago com o crescimento de assinantes nos anos à frente. Jeff argumentou que, mesmo se oferecêssemos streaming de vídeos aos membros Prime sem custo adicional, o negócio ainda poderia ser lucrativo no longo prazo. (Pensamento de longo prazo = *ser amazoniano*.)

Como? Um serviço de assinatura de streaming é um negócio de custo fixo. Quando a Netflix licenciava um filme ou série de TV de um estúdio, eles pagavam uma taxa fixa. O valor não foi baseado no uso. Os clientes da Netflix podiam assistir ao vídeo uma ou dez milhões de vezes, os custos seriam os mesmos. Sim, havia alguns custos variáveis envolvidos, para banda larga e servidores, mas esses custos eram de centavos por visualização. E, como acontece com a maioria das tecnologias, esses custos diminuíam com o tempo. A estrutura de custos é muito diferente do negócio de aluguel de DVD por correio, em que os custos – depósitos, salários, remessa, discos de reposição – são variáveis. O principal benefício de estabelecer um serviço de assinatura popular com uma base de custo fixo é que, uma vez que você tenha excedido certo número de assinantes, cada dólar de receita de assinatura é puro lucro. As dificuldades de colocar essa estratégia em prática são (a) adquirir muitos assinantes e (b) construir um catálogo de filmes e séries de TV imperdíveis. Ao integrar o Prime Video à crescente base de clientes Prime, tínhamos uma vantagem na solução do primeiro problema. Estávamos menos preocupados com a seleção inicial escassa porque nosso horizonte de tempo para o sucesso seria medido em anos. Estávamos confiantes de que, com o tempo, poderíamos fazer os investimentos certos e montar uma ótima seleção de filmes e séries de

TV. Se fizéssemos isso bem, os clientes acabariam sendo atraídos para o Prime, não apenas pelo frete grátis rápido, mas também pelo streaming de vídeos incluído na tarifa.

A adição "ah, a propósito" se tornaria um benefício "necessário".

Jeff também argumentou que o Prime, com streaming de vídeo, seria uma oferta única e um diferencial competitivo. A Amazon era uma empresa cada vez mais complexa, competindo em vários mercados e territórios ao redor do mundo. Estabelecer a Amazon como um produto distinto em cada categoria de negócios e cada mercado foi incrivelmente difícil. Mas Jeff viu no Prime uma forma de fazer exatamente isso. Qualquer concorrente poderia lançar um clone de remessa Prime, ou poderia construir um novo serviço do tipo Netflix, mas era improvável que qualquer um deles fosse capaz de fazer as duas coisas.

O Prime Video estava pronto, e tínhamos apenas alguns meses para concluí-lo até o lançamento – programado para fevereiro de 2011.

LOVEFILM: NA VERDADE, NÃO

Nesse mesmo período, havia outra iniciativa: a aquisição de um serviço europeu de assinaturas de filmes e TV denominado LOVEFiLM. Era basicamente o Netflix da Europa, que oferecia aluguel de DVD pelo correio, assim como filmes e programas de TV via streaming. O LOVEFiLM nos ajudaria a fazer frente à Netflix, que, na época, não havia sido lançada na Europa. Após a aquisição, entramos rapidamente em negociações com vários estúdios para licenças exclusivas de longo prazo para alguns dos melhores filmes e séries de TV de Hollywood. Se tudo corresse como esperado, nossa seleção no Reino Unido e na Alemanha seria melhor do que a da Amazon ou da Netflix nos Estados Unidos.

Então, no início de 2011, o chão desmoronou sob nossos pés. Os principais estúdios – incluindo Sony, Warner e outros – nos informaram que a Netflix havia entrado na licitação para os mesmos títulos que queríamos e tinha oferecido o dobro do valor por eles. Do nada, estávamos em um leilão. Quem ganhou? Os estúdios. Suas taxas dispararam enquanto lutávamos com a Netflix, tudo para conquistar os olhos, ouvidos e corações dos clientes do Reino Unido e da Alemanha.

Essa experiência cristalizou nosso pensamento sobre a cadeia de valor. Ficou claro que, no futuro, teríamos que sair do ciclo interminável de licitações contra a Netflix e, mais tarde, o Hulu. Não queríamos pagar taxas adicionais aos estúdios para cada novo mercado internacional. Era necessário ter controle do nosso próprio destino. Isso me levou a uma conclusão surpreendente: era preciso criar nosso próprio conteúdo. Era hora de fazer nossos próprios filmes e programas de TV.

NA LINHA DE CHEGADA: DISPOSITIVOS

Enquanto isso, enquanto descobríamos como navegar até a extremidade da cadeia de valor e encontrar nosso caminho por meio da aquisição do LOVEFiLM, também trabalhamos para estabelecer uma presença na outra extremidade – consumo e reprodução. Para isso, era preciso criar nossas próprias ofertas de hardware, dispositivos que permitiriam aos consumidores acessar o conteúdo da Amazon dentro do contexto de toda a experiência da empresa. Já que, anos antes, Steve Kessel havia estabelecido uma organização e capacidade para projetar e desenvolver nossos próprios dispositivos, começando com o Kindle, estávamos posicionados para inovar e construir uma variedade de dispositivos que também poderiam suportar vídeo, música, aplicativos e muito mais.

O primeiro dispositivo lançado foi o Kindle Fire Tablet, lançado em novembro de 2011. Ele tinha grande parte da capacidade do iPad e era vendido por US$ 199 – centenas de dólares a menos do que o iPad. O lançamento do Amazon Video no Fire Tablet foi uma luta que envolveu a superação de todos os tipos de desafios de segurança e direitos, especialmente por ser nossa primeira vez habilitando vídeo HD em um dispositivo móvel.

O Kindle Fire Tablet rapidamente conquistou uma fatia significativa do mercado e deu à Amazon uma posição segura na cadeia de valor. Quase um ano após o lançamento, em setembro de 2012, o Kindle Fire Tablet vendeu milhões de unidades e foi o segundo tablet mais vendido depois do iPad.[52] Abandonamos o nome Kindle em 2014, e a Amazon continuou a melhorar e adicionar recursos ao Fire Tablet, de modo que hoje é o carro-chefe entre os dispositivos da Amazon.

Após o sucesso do Fire Tablet, a organização Amazon Devices, agora liderada por Dave Limp, começou a desenvolver tantos novos produtos que apenas os identificou com letras. Isso também ajudou a manter o nome e a natureza do projeto confidenciais. Se uma pessoa não autorizada estivesse em uma discussão sobre o Projeto A, ela não teria muito o que comentar. Fire TV era o projeto B, de codinome "Bueller" em homenagem ao filme *Ferris Bueller's Day Off* (Curtindo a vida adoidado).

O Fire TV foi lançado em abril de 2014 por US$ 99, com uma série de recursos que melhoraram a experiência do cliente. Particularmente, colocamos nossos anos de experiência na criação de aplicativos para projetar uma interface de usuário fluida e intuitiva. Ela permitiu aos espectadores preencherem a lacuna entre a distância do sofá e o aparelho de TV. O Fire TV tinha recursos de busca por voz embutidos no controle remoto, o que tornava muito mais fácil para os espectadores encontrar, selecionar e reproduzir o programa que queriam ver.

---

52. "Amazon Fire Tablet", Wikipedia, https://en.wikipedia.org/wiki/Amazon_Fire_tablet (acessado em 30 de junho de 2020).

Os resultados falam por si. No momento em que este livro foi escrito, havia milhões de Fire TVs em residências ao redor do mundo – é um dos dispositivos de streaming de vídeo conectados à TV mais vendidos no mundo.

AMAZON, PRODUTORA DE HOLLYWOOD

Desde o início de nossas primeiras experiências, em 2010, havia o desejo de ter nossas próprias séries de TV e filmes. E vimos como era competitivo e caro – e continuaria a ser – comprar conteúdo de uma infinidade de estúdios e outras partes. Era preciso criar o nosso próprio conteúdo se quiséssemos controlar os custos e aproveitar os benefícios de ter programas de TV e filmes exclusivos e inéditos que pudessem ser transmitidos para clientes em todo o mundo.

Apesar do início difícil, tirar o Amazon Studios do chão foi uma das tarefas de criação de novos negócios mais rápidas que tive durante meu tempo na Amazon. Isso se deve em grande parte à natureza particular e distinta da indústria do entretenimento. Ao contrário do pool de talentos da engenharia de software e hardware, que é limitado e tem alta demanda, há um grande número de produtores, diretores, atores e artesãos. Uma pequena porcentagem deles é empregada em tempo integral em algum tipo de organização. Em sua maioria são contratados autônomos e independentes. Os contratos são de prazo relativamente curto. Os scripts também são praticamente infindáveis, embora, como descobrimos, a porcentagem de scripts excelentes seja pequena.

Tudo o que realmente é preciso para manter a produção em andamento é o comprometimento e, o mais importante de tudo, o capital. E a Amazon tinha o dinheiro. A parte difícil era encontrar, selecionar e, às vezes, competir pelos melhores roteiros para receber a aprovação. Para resolver esse desafio, abrimos um escritório em Santa Monica e contratamos uma equipe de executivos de desenvolvimento, cada um com foco em um gênero de conteúdo específico: comédia, drama e infantil. Não abrimos exceções pelo fato de que se tratava de Hollywood. Usamos o processo Bar Raiser para contratar cada membro da equipe do Studios, e eles teriam que se acostumar com nossos hábitos frugais, incluindo trabalhar em pequenos escritórios compartilhados ou espaços de trabalho abertos, um salário-base limitado a US$ 160 mil, sem programa de bônus em dinheiro, e viajar na classe econômica, não na primeira classe. Por esse motivo, tivemos algumas conversas difíceis.

É importante dizer que as mudanças no ambiente também tornaram a nova iniciativa mais fácil e, de fato, possível. O streaming havia se tornado onipresente. O hardware já estava em funcionamento. E houve outro desenvolvimento importante: a série original da Netflix *House of Cards*, que foi ao ar pela primeira vez em fevereiro de 2013. Era um thriller político de treze episódios estrelado por grandes nomes de Hollywood, como Kevin Spacey e Robin Wright. O show se tornou um frisson, um sucesso e uma virada de jogo. Antes de *House of Cards*, a maior parte dos figurões de Hollywood não queria nada com as produções on-line. Tais coisas estavam abaixo deles, assim como aparecer na publicidade já tinha sido visto como um demérito. Mas Spacey estava disposto a correr esse risco, e ele e a Netflix romperam a barreira. Embora sua carreira tenha decaído após alegações de má conduta sexual, Spacey era então uma estrela inquestionável: um vencedor do Oscar, com uma carreira longa e respeitada no palco, na televisão e no cinema. Não só ele concordou em fazer o show, como também *House of Cards* ganhou vários prêmios. O próprio Spacey se tornou o primeiro ator de uma série de TV na web a ser indicado ao Emmy e ganhou um Globo de Ouro por sua atuação como o político que se torna presidente Frank Underwood.

Uma porta tinha sido aberta.

Agora estamos operando como um estúdio de Hollywood, com a diferença importante de que compensamos nossa equipe da mesma forma que fazemos com todos os líderes da Amazon: sem metas de curto prazo. A equipe de desenvolvimento foi inteligente ao buscar os melhores roteiros que agradariam aos espectadores da Amazon, com base em anos de dados de audiência. Aprovamos cinco comédias e cinco programas infantis para pilotos (Jeff participou da seleção). Isso significava que produziríamos dez programas-piloto, a maioria custando vários milhões de dólares. Nós realmente criamos algo interessante. Disponibilizamos todos os pilotos gratuitamente na Amazon antes de tomar uma decisão sobre qual iríamos seguir produzindo. Por meio desse processo, foi possível coletar dados de visualização, bem como classificações e análises de clientes reais para tomar decisões sobre quais programas atrairiam mais espectadores. Foi uma maneira de tornar o processo mais centrado no cliente do que nos estúdios e, portanto, mais amazoniano.

Para as crianças, aprovamos *Creative Galaxy* e *Tumble Leaf*, séries que receberiam aclamação do público e da crítica e seguiriam por três e seis temporadas, respectivamente. Das cinco comédias que produzimos, selecionamos duas para temporada completa. *Alpha House* foi desenvolvido pelo cartunista de *Doonesbury*, Garry Trudeau, e contou as histórias de três senadores republicanos que viviam juntos em uma casa em Washington, D.C. Estreou em abril de 2013. O segundo foi *Betas*, nossa visão sobre a cultura do Vale do Silício, que foi ao ar no ano seguinte. Foram atrações muito boas, mas não se tornaram grandes sucessos.

Em 2014 e início de 2015, estreamos as novas séries da Amazon Studios *Transparent*, *Mozart in the Jungle* e *The Man in the High Castle*. Essas séries ganharam muita atenção e colocaram a Amazon no mapa como produtora de conteúdo distinto e de alta qualidade.

* * *

Entramos no mundo do serviço de assinatura em 2004 e da mídia digital em 2006, com o objetivo de gerar crescimento. Ambos foram empreendimentos de longo prazo que levaram tempo para se desenvolver e mais tempo para alcançar seus objetivos. Tivemos alguns contratempos – mais notavelmente, o Unbox. Mas em mídia digital, as quatro iniciativas – Prime Video, dispositivos, a aquisição do LOVEFiLM e a Amazon Studios – foram bem-sucedidas, a seu modo e em diferentes graus.

Durante todo o desenvolvimento desses projetos, aderimos às práticas de gestão peculiares da Amazon. Acima de tudo, esses são exemplos da forma de pensar amazoniana de longo prazo, obsessão pelo cliente, aptidão para inovar e excelência operacional. Durante todo o tempo, seguimos firmes em nossa visão e flexíveis nos detalhes.

Capítulo 10

AWS

Uma nova categoria de clientes. As origens da AWS no compartilhamento de dados com os afiliados. Colin recebe uma "ligação" de Jeff, que entra em ação. Oito pessoas participam da primeira conferência de desenvolvedores de software. Como o princípio de liderança "Invente e simplifique" permitiu que a Amazon se tornasse líder em serviços web. Como nós usamos o processo Working Backwards para criar a AWS.

* * *

Cena: escritório do Colin. O telefone toca. O identificador de chamadas mostra "Jeff Bezos".

COLIN: Oi, Jeff.

JEFF: Oi, Colin. Andei me atualizando sobre o que estamos fazendo com os serviços web, e seu nome veio à tona. Você pode me dizer o que você está fazendo, se é alguma coisa relacionada com serviços web?

COLIN: Lógico. É mais fácil mostrar para você. Quando seria bom?

JEFF: Que tal agora?

COLIN (*enquanto cancela suas duas próximas reuniões e coloca seu laptop debaixo do braço*): Agora está ótimo. Já estou descendo.

Como já vimos, no início dos anos 2000, a passagem da mídia física para mídia digital representou uma ameaça aos negócios da Amazon. Aproximadamente 75% dos negócios da Amazon naquela época consistiam na venda de livros, CDs e DVDs físicos aos clientes. Tivemos que nos reinventar ou correr o risco de nos tornarmos obsoletos em vendas de mídia. Além disso, embora tenha um enorme sucesso, o Amazon Prime foi basicamente uma extensão (apesar de muito grande) do nosso mercado de varejo on-line de mídia física já existente.

Entretanto, fosse Digital ou Prime, a Amazon Web Services não tinha nada a ver com o negócio principal. O termo "computação em nuvem" – a entrega sob demanda de recursos de TI, tais como poder de processamento e armazenamento de dados na internet, pagando apenas pelo que usar sem a necessidade de comprar, possuir ou manter centros de dados físicos e servidores[53] – não era amplamente usado no início dos anos 2000, e a Amazon provavelmente não estava na lista de muitas pessoas como uma das melhores empresas para oferecer esse serviço. Além disso, envolvia uma classe inteiramente nova de clientes para a Amazon: desenvolvedores de software.

Neste capítulo não vamos fornecer uma narrativa detalhada sobre as origens e a história da AWS. Esse assunto poderia preencher um livro inteiro sozinho. Em vez disso, tentaremos responder a apenas duas perguntas que podem ajudá-lo a incorporar os elementos-chave de *ser amazoniano* em sua organização:

---

53. "What Is Cloud Computing?", AWS, https://aws.amazon.com/what-is-cloud-computing/.

1. Que elementos de *ser amazoniano* permitiram que a Amazon entrasse nessa linha de negócios completamente distinta?
2. Por que a Amazon foi capaz de dominar o armazenamento em nuvem bem antes de seus concorrentes potenciais, incluindo companhias consolidadas com grandes negócios para proteger e capitalizar empresas de tecnologia baseadas nos serviços web?

As respostas para as duas perguntas se resumem a equipes de segmento único juntamente com o processo Working Backwards e obsessão pela experiência do cliente, a fim de descobrir as necessidades fundamentais do desenvolvedor de software no novo paradigma da computação na nuvem.

INFLUÊNCIAS

Colocando os serviços web à prova

Era 2001, e eu (Colin) gerenciava o programa de afiliados, chamado Associados da Amazon. Esse programa permitia que terceiros, comumente chamados de afiliados, colocassem links de produtos da Amazon em seus sites. Por exemplo, como mencionamos antes, um site sobre escalada em montanha poderia incluir uma lista selecionada de livros de escalada recomendados com links diretos para a Amazon. Quando um visitante clicava em um dos links no site afiliado, ele era direcionado à página de detalhes do livro no site da Amazon. Se o visitante comprasse um produto com a Amazon, o proprietário do site afiliado ganharia uma comissão. Até esse ponto, os afiliados podiam escolher quais produtos da Amazon gostariam de apresentar, juntamente com alguns parâmetros para determinar como seriam exibidos em seu site, semelhante ao funcionamento de um servidor de anúncios hoje.

O programa era extremamente popular. Ao longo dos quatro anos em que estive envolvido com o programa, o número de afiliados cresceu de trinta mil para cerca de um milhão. Mas, como Jeff frequentemente dizia, os clientes são muito volúveis, e "o 'uau' de ontem rapidamente se torna 'banal'".[54] E simplesmente não tínhamos recursos de design suficientes para integrar perfeitamente os produtos da Amazon em cada um dos sites de nossos afiliados.

Foi então que demos um passo para trás, nos colocamos no lugar de nossos afiliados e olhamos o problema sob a perspectiva deles. Estávamos operando com a suposição correta de que a grande atração do programa para os afiliados eram os próprios produtos da Amazon, mas, ao fazer isso, tínhamos nos esquecido dos seus desejos de ter opções sobre a aparência da tela – por exemplo, o tamanho da fonte, a paleta de cores ou o tamanho da imagem. Acontece que eles não queriam se contentar com o "melhor formato disponível" da Amazon.

Com isso, em março de 2002, decidimos nos arriscar e lançar um recurso experimental que mudou a maneira como compartilhamos informações com os afiliados. Em vez de receber uma vitrine de produto totalmente formada, os afiliados podiam escolher receber os dados do produto em um formato de texto chamado XML. Os afiliados pegariam os dados do produto em XML e escreveriam seu próprio código de software para incorporá-lo em seus sites de acordo com seus próprios padrões de design. O objetivo era sair do design para que eles pudessem inovar sem que nós os limitássemos.

Esse recurso era novo e arriscado de duas maneiras. Em primeiro lugar, desde que iniciamos o Programa de Associados, nosso principal cliente era o proprietário de um site. Para ser afiliado, não era neces-

---

54. Jeff Bezos, "Carta aos Acionistas", 2017, Day One, 18 de abril de 2018, https://www.sec.gov/Archives/edgar/data/1018724/000119312518121161/d456916dex991.htm.

sário ser desenvolvedor de software, nem mesmo ser capaz de entender ou escrever códigos básicos de programação. Isso significava que tínhamos que manter as coisas muito simples. Geraríamos o código para o afiliado. Bastavam alguns cliques do mouse para tudo começar a funcionar. Nenhuma programação de software era necessária.

Esse novo recurso era diferente. Ele era voltado para um público técnico, afiliados que tinham desenvolvedores de software em suas equipes que sabiam como escrever um código que transformava os dados XML do produto em algo que parecia atrativo em seu site. Tivemos que criar novos elementos, como manuais do usuário, especificações técnicas e código de amostra, tudo incluído em um kit de desenvolvedor de software (SDK) para mostrar a eles como o sistema funcionava. Também criamos um fórum de discussão onde os desenvolvedores poderiam postar detalhes sobre suas experiências com os serviços e fazer perguntas uns aos outros. Não sabíamos realmente como nossos afiliados reagiriam a esse recurso mais complicado, mas também mais poderoso e flexível.

A segunda característica desse novo recurso, e até polêmica, era que era muito mais do que apenas uma ferramenta que permitia aos proprietários de sites criarem seus próprios links para produtos da Amazon. Como o nome sugere, o serviço de dados XML do produto continha informações valiosas sobre os produtos da Amazon, como "clientes que compraram este produto também compraram o produto X". Tínhamos elaborado meticulosamente nosso catálogo de dezenas de milhões de produtos, que também continha dados valiosos sobre o comportamento dos consumidores em relação a esses produtos, e muitos na empresa viam esse catálogo como um ativo competitivo a não ser compartilhado. Na equipe de associados, no entanto, sentimos que os benefícios de permitir que centenas de milhares de desenvolvedores criassem soluções de comércio com base nesses dados superavam os potenciais riscos. Colocamos algumas restrições sobre o que os afiliados poderiam fazer com os dados, na tentativa de mitigar nosso risco. Eles só poderiam usá-los para vender produtos da Amazon, e não poderiam armazenar os dados permanentemente. Além disso, embora estivéssemos entusiasmados em ver as maneiras criativas pelas quais os afiliados usariam esses dados, nenhuma análise poderia prever o que eles fariam.

Aqui está outro exemplo da contribuição de um líder e de uma equipe de segmento único. Fui responsável pelo desempenho financeiro e pela saúde geral dos negócios dos afiliados. Nossa equipe tinha praticamente todos os meios necessários para lançar esse recurso: tínhamos engenheiros de software e gerentes de produto para construir o recurso; e tínhamos nossos próprios representantes de atendimento ao cliente, munidos de conhecimento especializado e ferramentas para responder as perguntas dos afiliados. Conhecíamos bem nossos clientes, tínhamos a convicção de que valia a pena fazer o experimento e estávamos dispostos a ser mal interpretados por tentarmos algo novo. Também tínhamos um plano de reversão no caso improvável de o experimento falhar.

Decidimos lançar o recurso e ver o que iria acontecer. Não emitimos nenhum comunicado à imprensa e não fizemos nenhum grande anúncio público. Simplesmente enviamos um e-mail aos nossos afiliados explicando o novo recurso e seus benefícios potenciais e apresentamos o SDK que criamos para eles. Deixamos claro que o recurso não era para todos. Eles teriam que escrever algum código para fazê-lo funcionar para si.

Sempre que enviávamos um e-mail como esse para nossos afiliados, adquiri o hábito de monitorar como eles respondiam. Eu olhava para um painel que exibia informações como quantas pessoas leram o e-mail, quantas clicaram nos links do e-mail e quantas taxas de referências incrementais foram geradas como resultado do e-mail. Eu também podia checar com nosso grupo de atendimento ao cliente quaisquer pequenos dados que eles pudessem ter coletado sobre os contatos com os afiliados, e também ler os comentários e perguntas no fórum de discussão. Devo admitir que fiquei um pouco ansioso depois de apertar o famoso botão de envio desse e-mail em particular – a lista de resultados possíveis variava de promissora até um longo dia reagindo a más notícias. Essa ansiedade se transformou em excitação muito rapidamente. Literalmente horas depois de lançar esse recurso, eu sabia que estávamos em algo grande e que nosso experimento iria exceder em muito nossas expectativas. Nos fóruns de discussão, os afiliados postavam links para páginas da web que haviam criado com esse novo serviço, junto com o código usado para fazê-lo. Eles estavam orgulhosos do que haviam criado e queriam compartilhar com os outros. Estavam entusiasmados, respondendo as perguntas postadas por outros afiliados antes mesmo que pudéssemos responder. E imediatamente começaram a sugerir novos recursos que tornariam o serviço ainda melhor.

Nos dias seguintes, compilei uma lista de sites que estavam usando o serviço de maneiras surpreendentes e inovadoras. Um desenvolvedor criou um jogo viciante em que os visitantes corriam contra o relógio para ver o quão rápido eles poderiam adivinhar o nome do autor, artista ou filme com base na capa exibida na tela. Outro desenvolvedor criou um sistema para que as pessoas criassem uma página na web contendo uma estante virtual de suas coleções de mídias pessoais. Finalmente, houve dois exemplos que basicamente tentaram recriar a experiência de compra da Amazon, mas com interfaces de usuário completamente diferentes das encontradas no site da Amazon. O primeiro projeto foi chamado informalmente de Amazon Lite. Era uma versão simples, reduzida e com muito texto do site. Não era sofisticada, mas funcionava especialmente bem em telas pequenas e celulares populares. (O primeiro iPhone só seria criado cinco anos mais tarde.) O segundo projeto rotulamos de Amazon Graph, e não se parecia em nada com um site.

Era um aplicativo que exibia um gráfico de rede com pontos e linhas conectando os pontos. Cada ponto representava um único produto, e as linhas apontavam para outros produtos baseados em nossos dados de similaridade. Foi uma representação fascinante do nosso catálogo de produtos. Esses tipos de aplicativos simplesmente não poderiam ter sido criados antes de lançarmos esse recurso.

E então recebi a "ligação" mencionada no início do capítulo, quando Jeff me chamou em seu escritório. Peguei meu laptop e saí correndo do meu escritório, que ficava no prédio art déco de 1930 que costumava fazer parte do Marine Hospital Service, desci uma escada e entrei no escritório de Jeff. Nós nos sentamos ao redor de uma mesa de conferência ao lado de sua mesa feita de porta, onde expliquei resumidamente o novo recurso. Disse a ele que a percepção mais interessante não era o que a Amazon estava fazendo com os serviços web, mas sim o que nossos *afiliados* estavam fazendo com eles. Fui mostrando a ele alguns dos sites e aplicativos mais interessantes, incluindo alguns dos mencionados acima, juntamente com os números mostrando o tráfego e as vendas geradas por eles.

Eu disse a Jeff que todos os dias, desde o lançamento, os desenvolvedores de software estavam criando aplicativos que usavam os recursos de maneiras que jamais havíamos imaginado.

Depois de concluir o passeio virtual, Jeff comentou que essa taxa de adesão e nível de inovação de um único recurso era incomum e que precisávamos dobrar nossas atividades nessa área. Respondi que estávamos procurando maneiras de lançá-lo para um público mais amplo, com mais recursos, em julho, dali a três meses. Desde aquele dia, Jeff se tornou um grande incentivador do projeto.

Jeff não foi o único que achou promissor o que estávamos fazendo. Pedir mais engenheiros de software para trabalhar em seu projeto na Amazon é o mesmo que procurar um troco que alguém deixou em uma máquina de venda automática. Quase nunca acontece. Mas quando abordei Neil Roseman, meu gerente, para ver se alguém estava disponível, ele imediatamente me respondeu e disse que um grupo liderado por Rob Frederick tinha acabado de concluir um projeto chamado Amazon Anywhere, que usava XML para permitir o comércio da Amazon nos dispositivos móveis. Rob e sua equipe eram tão apaixonados por serviços web quanto nós e se juntaram ao nosso esforço com entusiasmo. Sarah Spillman chefiou a equipe de gerenciamento de produto. Também tivemos bastante apoio do CIO, Rick Dalzell, e do tecnólogo sênior e vice-presidente, Al Vermeulen, que iria desempenhar um papel fundamental no projeto e construção de muitos dos principais componentes da AWS. Rob e Sarah arregaçaram as mangas e lideraram as equipes de tecnologia e negócios na corrida para lançar a próxima versão completa. Al e Rick ajudaram a espalhar a notícia não apenas dentro da Amazon, mas também entre vários usuários pioneiros influentes na indústria de software.

    Os três meses seguintes foram atribulados. Sentimos que éramos pioneiros em criar algo realmente especial para nossos novos clientes, a comunidade de desenvolvimento de software.

    Como não tínhamos muita experiência na criação de programas para desenvolvedores de software, buscamos feedbacks, pessoais de grandes usuários do serviço. Decidimos promover uma conferência de desenvolvedores de software da Amazon em nossa sede, em Seattle. A primeira atraiu um total de oito pessoas. Duas delas da Europa. Descobri, apenas uma semana antes da conferência, que um dos participantes europeus era um adolescente. Tive que verificar com nosso departamento jurídico se estava tudo bem – felizmente, não precisávamos da permissão de seus pais, e ele pôde se juntar a nós na conferência.

    Elaboramos a logística e organizamos um dia inteiro de sessões. Tim O' Reilly e Rael Dornfest do O' Reilly Media, que eram parceiros assíduos do movimento de serviços web e nos ensinaram muito sobre esse novo ramo, estavam lá também. Outro participante era um cliente assíduo que por acaso morava em Seattle. Seu nome era Jeff Barr. Ele comentou:

> Os participantes superaram em número os funcionários da Amazon. Sentamos e ouvimos os palestrantes falarem sobre seus planos para terem sucesso e expandirem suas ofertas de serviços web ao longo do tempo. Um palestrante (pode ter sido Colin Bryar, mas não tenho certeza), analisando o futuro, disse que eles deveriam procurar na empresa outros serviços para expor futuramente.
>
> Esse foi um momento revelador para mim! Era óbvio que eles estavam pensando em desenvolvedores, plataformas e APIs, e eu queria fazer parte disso.[55]

Jeff Barr ingressou na Amazon algumas semanas depois e ainda continua na empresa, atuando como vice-presidente e diretor executivo da AWS.

Para os participantes, a última sessão do dia foi provavelmente a mais memorável – uma sessão de perguntas e respostas com Jeff Bezos. Não é preciso dizer que muitos dos oito participantes ficaram entusiasmados e surpresos com a chance desse encontro íntimo com Jeff, bem como com a profundidade de seu conhecimento sobre o serviço. Em sua carta aos acionistas de 2006, Jeff deixou seus fundamentos claros:

> Como toda empresa, temos uma cultura corporativa formada não somente por nossas intenções, mas também como resul-

---

55. Jeff Barr, "My First 12 Years at Amazon.com", Jeff Barr's Blog, 19 de agosto de 2014, http://jeff-barr.com/2014/08/19/my-frst-12-years-at-amazon-dot-com/.

tado da nossa história. Para a Amazon, essa história é muito recente e, felizmente, inclui vários exemplos de sementes minúsculas se tornando grandes árvores. Temos muitas pessoas em nossa empresa que viram várias sementes de US$ 10 milhões se transformarem em negócios bilionários. Essa experiência de primeira mão e a cultura que cresceu em torno desses sucessos são, em minha opinião, grande parte da razão pela qual podemos começar um negócio do zero. A cultura exige que esses novos negócios tenham um alto potencial e que sejam inovadores e diferenciados, mas não exige que sejam grandes no dia em que nascem.

Lembro-me de como estávamos entusiasmados em 1996, quando ultrapassamos os US$ 10 milhões em vendas de livros. Não era difícil ficar entusiasmado – tínhamos crescido de zero para US$ 10 milhões. Hoje, quando um novo negócio dentro da Amazon cresce para US$ 10 milhões, a empresa como um todo está crescendo de US$ 10 bilhões para US$ 10,01 bilhões. Seria fácil para os executivos que dirigem negócios já estabelecidos de bilhões de dólares zombarem desse crescimento. Mas eles não fazem isso. Eles acompanham as taxas de crescimento dos negócios emergentes e enviam e-mails de parabenização. Isso é muito legal, e temos orgulho de fazer parte dessa nossa cultura.[56]

Abri este capítulo com uma pergunta: como foi que a Amazon chegou à computação na nuvem primeiro e se tornou a maior provedora de serviços web? Jeff nos dá a resposta em sua carta: é por causa

---

56. Jeff Bezos, "Carta aos Acionistas", 2006, https://www.sec.gov/Archives/edgar/data/1018724/000119312507093886/dex991.htm.

do espírito inovador da Amazon combinado com a paciência que vem com o pensamento de longo prazo. Mesmo quando o negócio era novo e muito pequeno, percebemos que tinha um grande potencial, que era uma área onde podíamos inovar e diferenciar e tínhamos paciência para continuar.

Em julho de 2002, lançamos a primeira versão do Amazon Web Services. Se os dados do produto em XML que tínhamos enviado aos afiliados alguns meses antes eram a versão beta, AWS era o 1.0. Incluía alguns recursos de pesquisa e compras e um kit completo de desenvolvimento de software, e estava disponível para qualquer pessoa, não apenas para afiliados. Além disso, ainda era gratuito. Para este, nós emitimos um comunicado de imprensa, no qual Jeff disse:

> Estamos colocando um tapete de boas-vindas para os desenvolvedores – esse é um começo importante e uma nova direção para nós. ... Os desenvolvedores agora podem incorporar conteúdo e recursos da Amazon.com diretamente em seus próprios sites. Mal podemos esperar para ver como eles vão nos surpreender.[57]

Até esse momento a Amazon tinha dois grupos de clientes – compradores e vendedores. Agora havia um novo grupo de clientes – os desenvolvedores de software.

Depois do lançamento, enquanto monitorávamos as respostas, tivemos outra surpresa. Alguns de nossos maiores clientes não eram

---

57. "Amazon.com Launches Web Services; Developers Can Now Incorporate Amazon.com Content and Features into Their Own WebSites; Extends 'Welcome Mat' for Developers", comunicado à imprensa, centro de imprensa da Amazon, 16 de julho de 2002, https://press.aboutamazon.com/news-releases/news-release-details/amazoncom-launches-web-services.

afiliados nem estranhos de nenhum tipo. Eles eram engenheiros de software da Amazon. Eles acharam a Amazon Web Services mais fácil de usar do que algumas de nossas ferramentas de software internas existentes com as quais trabalhavam para construir o amazon.com. Nesse ponto, não restava dúvida de que os serviços web se tornariam uma nova maneira de construir coisas. Só não sabíamos o quão grandes poderiam ser ou com que rapidez os desenvolvedores os adotariam. Em um ano, tivemos uma boa ideia – mais de 25 mil desenvolvedores se inscreveram no programa[58] e nos surpreendiam constantemente com o que construíam.

Embora esse programa tenha sido chamado de Amazon Web Services, ele tinha pouca semelhança com a AWS de hoje. Na verdade, o serviço que lançamos em 2002 foi renomeado para Amazon Product API e tinha uma limitação significativa – precisava ser usado para comercializar produtos da Amazon, portanto, estava focado exclusivamente em melhorar o ecossistema de varejo da Amazon.

Outros projetos também nos ajudaram a perceber o quão grandes os serviços web poderiam ser. Também em 2001, embarcamos em um projeto chamado "3-Ring Binder", que era uma tentativa de criar e documentar um conjunto de APIs que permitiria aos parceiros adicionar rapidamente sua seleção de produtos ao site da Amazon e criar sites alimentados pela tecnologia da Amazon, mas em seus próprios URLs, sob seu controle. Esse projeto, por fim, nos permitiu criar sites para parceiros como Target e outros varejistas. Além disso, desenvolvemos um programa denominado Seller Central, que fornecia serviços web que os vendedores terceirizados da Amazon podiam usar para geren-

---

58. "Amazon.com Web Services Announces Trio of Milestones – New Tool Kit, Enhanced Web Site and 25,000 Developers in theProgram", comunicado à imprensa, centro de imprensa da Amazon, 19 de maio de 2003, https://press.aboutamazon.com/news-releases/news-release-details/amazoncom-web-services-announces-trio-milestones-new-tool-kit.

ciar seus negócios. Amazon Associates Product API, Amazon Anywhere, 3-Ring Binder e Seller Central reforçaram nossa hipótese de que uma mudança avassaladora estava acontecendo na forma como o software foi construído.

No verão de 2003, quando os serviços web estavam decolando, perdi o emprego. Ou melhor, mudei-me para um trabalho diferente. Como mencionei na introdução, Jeff perguntou se eu gostaria de me tornar seu conselheiro técnico – sua sombra –, uma oferta que não pude recusar. Andy Jassy havia sido consultor técnico de Jeff nos dezoito meses anteriores e estava pronto para uma nova função. Ele poderia ter assumido praticamente qualquer cargo na empresa, incluindo uma função de liderança em qualquer um de seus maiores negócios. Felizmente para nós, ele decidiu começar e liderar uma nova equipe que iria desenvolver nosso experimento. Andy e sua equipe idealizaram e criaram um conjunto de produtos muito mais robusto que daria início à era da computação em nuvem e se tornaria o grande sucesso que a AWS é hoje. Embora o crescimento explosivo da AWS e seu sofisticado conjunto de ofertas de produtos tenha ocorrido depois que me mudei para outros projetos, ele serve como um exemplo vivo de *ser amazoniano.*

É importante observar que tivemos concorrência. Várias outras empresas estavam oferecendo programas para desenvolvedores baseados em serviços web na época. Assim como as interfaces de programação de aplicativos (API) da Amazon, seus programas tinham como objetivo melhorar seus próprios ecossistemas. Por exemplo, o desenvolvedor de API do eBay forneceu aos desenvolvedores ferramentas para criar aplicativos para comprar e vender produtos no eBay. O Google tinha uma API de pesquisa, que foi lançada na mesma semana que a API da Amazon. A Amazon tinha um segundo programa de serviços web que os vendedores do marketplace poderiam usar para gerenciar os produtos que vendiam na Amazon. Esses programas geraram um burburinho na comunidade de desenvolvedores.

A única coisa que todos esses programas tinham em comum era que seu objetivo final era fazer com que seus parceiros criassem um novo software que, de alguma forma, traria benefícios para seu negócio principal – como vendas afiliadas da Amazon, mais transações do eBay, mais pesquisas no Google e muito mais transações de venda no Amazon Marketplace. Todos nós, líderes e desenvolvedores dessas empresas, estávamos olhando para dados e tendências semelhantes. Nós nos encontramos em conferências de desenvolvedores, participamos de painéis juntos e compartilhamos clientes que estavam usando nossos programas de desenvolvedores. Estávamos todos remando na mesma sopa primordial. No entanto, foi a Amazon quem deu o primeiro passo nos serviços web e disse: "Por que não criamos um conjunto de ferramentas que qualquer desenvolvedor possa usar para construir o que quiser, mesmo que não tenha nada a ver com nosso negócio principal?". Conforme mencionado anteriormente, foi em grande parte devido ao foco da Amazon na inovação. Parte do princípio de liderança "Invente e simplifique" afirma que "À medida que fazemos coisas novas, aceitamos que podemos ser mal interpretados por longos períodos de tempo". Apesar de os céticos dizerem que a Amazon não pertence a esse segmento, experimentamos em primeira mão o entusiasmo da comunidade de desenvolvedores e dobramos esse entusiasmo.

Dois fatores adicionais influenciaram a decisão de fazer uma aposta nos serviços web.

AS INTERFACES BÁSICAS SÃO CONHECIDAS, APENAS NÃO FORAM REVELADAS COMO SERVIÇOS WEB

Por várias décadas, empresas de hardware e software bem estabelecidas construíram e venderam soluções eficientes para um conjunto bem conhecido de problemas inerentes à construção de softwares comerciais – armazenamento (bancos de dados usados para salvar e recuperar dados), enfileiramento de mensagens e notificações (os dois últimos são métodos diferentes que os processos de computador usam para se comunicarem entre si). Se um desenvolvedor de software precisasse implementar um desses elementos fundamentais, teria que comprar uma licença de software que normalmente incorreria em um custo único e não muito baixo, mais taxas anuais de manutenção pelo tempo em que o produto estivesse em uso. Além disso, teria que comprar hardware e executá-lo em seu próprio centro de dados ou pagar a um parceiro para fazer isso.

Não tivemos que inventar esses elementos fundamentais – ou "interfaces básicas e segmentos de códigos", como são chamados –, apenas tivemos que descobrir como oferecê-los na nuvem como um serviço web. Por exemplo, se você quiser usar o serviço de armazenamento S3 da Amazon, tudo que precisa fazer é se inscrever para uma conta gratuita e fornecer um cartão de crédito. Depois de algumas linhas de código para configurar sua própria área de armazenamento (chamada provisionamento), pode começar a armazenar e recuperar dados. Em seguida, você paga apenas pelo que usar, o que significa que não há processo de seleção de fornecedor demorado e nenhuma negociação de custo (os preços de lista de muitas licenças de software corporativo foram apenas o ponto de partida em uma negociação). E você não precisa proteger computadores, nem de um centro de dados para executar sua nova base de dados. O provedor de nuvem, nesse caso a Amazon, lida com tudo isso.

Fiquei de olho nesses acontecimentos mesmo quando trabalhava como a sombra do Jeff. Jeff e eu participamos de uma conferência do O'Reilly Emerging Technology logo depois que mudei de trabalho, e fomos a um painel com Stewart Butterfield, que cofundou o Flickr, o popular site de compartilhamento de fotos, e depois o Slack. Alguém pediu a Stewart para descrever um dia típico no Flickr. Sua resposta foi surpreendente. Ele disse que cerca de metade do dia era provavelmente o mesmo que para muitas das pessoas na plateia – lutando para manter sua plataforma tecnológica um passo à frente do rápido crescimento de seus negócios. Eles trabalharam no dimensionamento de seus bancos de dados, servidores web, software e hardware. Stewart disse que eles não gastavam tanto tempo quanto gostariam em inovações exclusivas do Flickr.

Após a reunião, Jeff e eu tivemos uma breve conversa sobre os comentários de Stewart. Ambos notamos a mesma coisa – um fenômeno que a Amazon mais tarde chamaria de "trabalho pesado indiferenciado", ou seja, as tarefas que poderíamos realizar para empresas que permitiriam que elas se concentrassem no que as tornava únicas. Tratava-se de uma oportunidade.

A QUESTÃO DOS SERVIDORES ERA FÁCIL PARA NÓS E DIFÍCIL PARA A MAIORIA DAS OUTRAS PESSOAS

Outro fator que influenciou nossa decisão de oferecer um conjunto mais amplo de serviços foi que, ao construir e operar um dos maiores sites do mundo, adquirimos uma competência central que apenas algumas empresas poderiam igualar. Tínhamos a capacidade de armazenar grandes quantidades de dados, realizar cálculos sobre esses dados e, então, entregar os resultados de forma rápida e confiável aos usuários finais, fossem eles humanos ou computadores.

Considere, por exemplo, que você deseja construir um serviço que armazene milhões de fotos a serem pesquisadas e consultadas por milhões de clientes. Em 2002, isso teria sido um projeto razoavelmente grande, mas muito factível para a Amazon. Isso descreve muito bem, de fato, nosso recurso *"Dê uma olhada"*. Para a maioria das empresas, entretanto, tal projeto teria um custo alto e tomaria tempo demais. Mas estava claro que mais e mais empresas desenvolveriam ou adquiririam esses recursos, e eles, eventualmente, se tornariam uma mercadoria indiferenciada.

Foi exatamente o que aconteceu. Hoje, construir a capacidade de armazenar e recuperar milhões de fotos pode muito bem ser uma tarefa de casa para um estudante universitário que está fazendo um curso de ciência da computação. Em vários dos documentos para os primeiros produtos da AWS, o PR/FAQ afirmou que queríamos que o aluno em um dormitório tivesse acesso à mesma infraestrutura de computação de classe mundial que qualquer engenheiro de software da Amazon. Essa poderosa metáfora no PR/FAQ realmente ajudou a cristalizar os pensamentos e ideias das equipes de desenvolvimento de produtos da AWS.

Houve uma série de fatores que influenciaram a decisão da Amazon de iniciar a investida nos serviços web que acabariam se tornando a AWS. Tivemos várias provas de conceito na Amazon Product API e na Amazon Seller API, demonstrando que a área merecia atenção. Era simplesmente uma maneira melhor de construir software do que os métodos tradicionais usados naquela época. Havia um roteiro relativamente claro sobre o que era necessário, uma vez que os elementos fundamentais do software eram conhecidos, mas ainda não haviam sido oferecidos como serviços web. Também sabíamos que nossas capacidades exclusivas não seriam exclusivas por muito tempo, o que nos deu uma sensação de urgência (a primeira empresa a oferecer um conjunto robusto de serviços web de uso geral não teria garantia de vitória no longo prazo, mas essa vantagem, certamente, ajudaria).

Esse senso de urgência está codificado no princípio de liderança amazoniano de "Tendência à ação". Ele afirma: "A velocidade é importante nos negócios. Muitas decisões e ações são reversíveis e não precisam de estudo extensivo. Valorizamos decisões arriscadas". Não era incomum para um líder sênior como Andy Jassy escolher começar um novo negócio do zero em vez de assumir a liderança de um negócio estabelecido. Assim como não era incomum para Steve Kessel e Bill mudarem da então maior empresa da Amazon para uma das menores, ou para Colin e sua equipe se arriscarem a lançar um novo e controverso serviço web.

Também tivemos alguma sorte. Na carta aos acionistas de 2015, Jeff afirma: "A sorte desempenha um papel desproporcional em cada empreendimento, e posso garantir que tivemos uma vantagem generosa".[59] Tivemos sorte de ter demorado muito mais do que esperávamos para outras empresas de tecnologia se mobilizarem e começarem a oferecer seu próprio conjunto de serviços em nuvem. Quando perceberam o potencial da computação na nuvem, a Amazon tinha vários anos de vantagem.

AWS DO JEITO QUE COMEÇOU

E o que aconteceu depois? Basicamente, a primeira parte da corrida consistia em muitos meses de idas e vindas no processo Working Backwards PR/FAQ e passar pelo processo Bar Raiser, um candidato por vez, o mais rápido possível, para começar a formar as equipes. Como de costume, evitamos atalhos. Também é notável que apenas

---

59. Jeff Bezos, "Carta aos Acionistas", 2015, https://www.sec.gov/Archives/edgar/data/1018724/000119312516530910/d168744dex991.htm.

dois do primeiro conjunto de cerca de meia dúzia de serviços foram um grande sucesso – Amazon S3 (serviço de armazenamento simples) e Amazon EC2 (computação em nuvem elástica). Jeff e eu nos encontrávamos com Andy e os líderes dessas equipes a cada duas semanas, às vezes com mais frequência. Também havia uma grande equipe que estava construindo a infraestrutura que todos esses serviços usariam. Essa infraestrutura consistia em componentes como medição, faturamento, relatórios e outras funções compartilhadas.

Embora o roteiro inicial das interfaces básicas e segmentos de códigos fosse relativamente simples, não foi tão fácil descobrir como construí-los para que pudessem operar em uma escala muito maior do que estávamos acostumados para o negócio de varejo da Amazon. Havia muitos problemas técnicos difíceis e alguns trabalhos de engenharia realmente espantosos realizados pelas equipes para resolvê-los. Um relato completo está fora do escopo deste livro, mas, para lhe dar uma ideia, segue uma descrição de um assunto-chave que discutimos e refinamos.

O Working Backwards consiste em começar a partir da perspectiva do cliente e seguir um processo passo a passo em que você questiona as suposições incansavelmente até ter um entendimento completo do que deseja construir. Trata-se de buscar a verdade. Às vezes, o processo pode revelar algumas verdades surpreendentes. Algumas empresas, na pressa de colocar um projeto no mercado, ignoram essa verdade e continuam construindo de acordo com o plano original. Apegados aos ganhos modestos do seu plano, eles motivam a equipe a persegui-lo agressivamente, para então perceber muito mais tarde que haveria um ganho muito maior a ser obtido se eles tivessem tomado o tempo para questionar suas próprias suposições. O custo de mudar de curso na fase inicial dos PR/FAQ é muito menor do que depois que você lançou e tem um negócio operacional para administrar. O processo Working Backwards tende a poupá-lo do prejuízo de fazer uma mudança significativa de curso depois de lançar seu produto. Um exemplo que ilustra esse ponto é um problema que surgiu com o S3.

No FAQ havia uma pergunta simples do tipo "Quanto custa o S3?". Uma das primeiras versões da resposta foi que o S3 seria um serviço de assinatura mensal em categorias com base no uso médio de armazenamento, com uma possível categoria gratuita para pequenas quantidades de dados. Os clientes escolheriam uma taxa de assinatura mensal com base na quantidade de dados que normalmente precisavam armazenar – serviço de armazenamento simples com preço simples. Não elaboramos os detalhes exatos das categorias e dos preços de cada uma, mas você não precisa fazer isso nas fases iniciais do processo. A equipe da engenharia estava pronta para mover-se para a pergunta seguinte.

Só que, naquele dia, não chegamos à pergunta seguinte. Continuamos discutindo essa questão. Realmente não sabíamos como os desenvolvedores usariam o S3 quando ele fosse lançado. Eles armazenariam principalmente objetos grandes com baixas taxas de recuperação? Pequenos objetos com altas taxas de recuperação? Com que frequência as atualizações aconteceriam em relação às leituras? Quantos clientes precisariam de armazenamento simples (pode ser facilmente recriado, armazenado em apenas um local, não é um grande problema se for perdido) e quantos precisariam de armazenamento complexo (registros bancários, armazenados em vários locais, um grande prejuízo se você perder)? Todos esses fatores eram desconhecidos, mas podiam impactar significativamente nossos custos. Como não sabíamos de que forma os desenvolvedores usariam o S3, havia uma maneira de estruturar nossos preços para que, independentemente de como fosse usado, pudéssemos garantir que seria acessível para nossos clientes e para a Amazon?

Assim, a discussão mudou de uma estratégia de preços de assinatura em categorias para uma estratégia de acompanhamento de custos. "Acompanhamento de custos" significa que seu modelo de preços é direcionado principalmente por seus custos, que são então repassados ao cliente. Isso é o que as empresas de construção usam, porque construir o gazebo do seu cliente com pau-brasil vai custar muito mais do que construir com pinus. Se fôssemos usar uma estratégia de acompanhamento de custos, estaríamos sacrificando a simplicidade do preço da assinatura, mas tanto nossos clientes quanto a Amazon seriam beneficiados. Com o acompanhamento de custos, o que quer que o desenvolvedor fizesse com o S3, eles o usariam de uma forma que atendesse às suas necessidades e se esforçariam para minimizar seus custos e, portanto, nosso custo também. Não haveria jogo no sistema e não teríamos que estimar como um cliente intermediário imaginário usaria o S3 para definir nossos preços.[60]

Os geradores de custo mais importantes para o S3 seriam o custo de armazenamento de dados no disco? Os custos de largura de banda para mover os dados? O número de transações? Energia elétrica? Finalmente, decidimos pelo armazenamento e largura de banda. Como descobrimos depois do lançamento do S3, nossa previsão estava um pouco errada. Como afirma Werner Vogels, diretor de tecnologia da AWS,

> Um exemplo nos primeiros dias em que não sabíamos os recursos necessários para atender a certos padrões de uso no S3: presumimos que o armazenamento e a largura de banda eram os recursos pelos quais deveríamos cobrar; depois de um tempo, percebemos que o número de solicitações era um recurso

---

[60]. Alguns anos antes do lançamento do Amazon Prime, testamos uma promoção em que, se você encomendasse dois livros, o frete seria grátis. Percebemos imediatamente que um livro de US$ 0,49 disparou para o topo da tabela de mais vendidos. Não demorou muito para descobrirmos que os clientes escolheriam o livro que desejassem e, em seguida, adicionariam esse livro de US$ 0,49 ao carrinho de compras para obter frete grátis. Chamamos isso de "Livro da Esperança". Acompanhar os custos tornaria o sistema de jogo impossível dessa forma.

igualmente importante. Se os clientes têm muitos arquivos minúsculos, o armazenamento e a largura de banda não significam muito, mesmo se eles estiverem fazendo milhões de solicitações. Tivemos que ajustar nosso modelo para levar em conta todas as dimensões do uso de recursos para que a AWS pudesse ser um negócio sustentável.[61]

No entanto, essencialmente, nossa decisão de usar a estratégia de acompanhamento de custos nos permitiu corrigir erros e ajustar nossos preços com relativa facilidade. Tendo já determinado em nosso processo PR/FAQ quais seriam todos os possíveis direcionadores de custos para o serviço, agora poderíamos ajustar os preços para se adequarem ao que eles realmente custariam. O ajuste teria sido muito maior e mais caro se tivéssemos permanecido com nossa ideia original de preço de assinatura.

A Amazon estava apenas começando a usar o Working Backwards naquela época, quando estávamos desenvolvendo essa versão inicial da AWS. E muitas equipes ficaram frustradas com a lentidão ao fazer as coisas dessa maneira. Os engenheiros de software na reunião de PR/FAQ em que discutimos os preços estavam ficando impacientes. Um deles me puxou de lado e disse: "Somos engenheiros de software, não especialistas em precificação com MBAs. Queremos escrever o software, e não documentos no Word". Seguir meticulosamente o processo Working Backwards fez com que nem sequer chegássemos ao fim do documento PR/FAQ naquela reunião. E isso significava que os engenheiros tinham, então, que fazer um monte de pesquisas, testes e medições sobre os custos relativos do serviço antes da reunião seguinte. Pedi que confiassem no processo mesmo que parecesse difícil no momento.

---

61. Werner Vogels, "10 Lessons from 10 Years of Amazon Web Services", All Things Distributed, 11 de março de 2016, https://www.allthingsdistributed.com/2016/03/10-lessons-from-10-years-of-aws.html.

Jeff insistiu que seguíssemos o processo até descobrirmos a verdade e ficar absolutamente claro sobre o que estávamos tentando construir. Ele disse que, com o volume que queríamos alcançar, se o serviço não fosse construído corretamente com o lançamento inicial, as equipes gastariam todo o tempo mantendo o sistema funcionando e não seriam capazes de desenvolver nenhum novo recurso. E, ao que parece, se você der uma olhada no primeiro PR/FAQ de qualquer um desses serviços e compará-lo com o PR/FAQ no lançamento, todos eles evoluíram bastante para melhor.

Você não pode voltar no tempo, repetir o experimento e ver o que teria acontecido se tivéssemos construído e lançado esses serviços rapidamente sem saber algumas das verdades que descobrimos usando o Working Backwards. No entanto, embora ainda existam alguns problemas de manutenção pós-lançamento e interrupções, o desempenho e a rápida aceitação pelo cliente falam por si. Com base na minha experiência de passar pelo processo Working Backwards com Jeff em mais de uma dúzia de equipes de produtos diferentes na AWS, Digital e outros serviços, posso dizer com segurança que o tempo extra que gastamos reduzindo a velocidade para descobrir as verdades necessárias foi, em última análise, um caminho mais rápido para uma empresa grande e bem-sucedida. Os resultados falam por si. A Amazon tem grandes dispositivos digitais e empresas de mídia viáveis. E, como mencionado na introdução, a AWS atingiu o marco de receita anual de US$ 10 bilhões mais rápido do que a varejista on-line Amazon.

* * *

O lançamento dessa versão inicial da AWS é um estudo de caso particularmente bom de alguns dos princípios e processos fundamentais amazonianos. A "Tendência para a ação" é um princípio importante de liderança na Amazon, e com a AWS estávamos certamente sob pressão para lançar esse produto a tempo antes de nossos concorrentes. Mas essa tendência para a ação não elimina a necessidade dos aspectos penosos do funcionamento do trabalho de trás para a frente do processo Working Backwards. Não nos permitíamos ser tão motivados pelo que nossos concorrentes poderiam fazer a ponto de lançarmos um produto sem primeiro ter pensado com muito cuidado sobre como nossos clientes o usariam e se beneficiariam com ele. Em outras palavras, foi o processo Working Backwards que nos permitiu colocar em ação o princípio da "Obsessão pelo cliente".

A AWS hoje é muito, muito maior e muito diferente da versão em que trabalhei no início dos anos 2000, graças ao trabalho visionário do CEO da AWS, Andy Jassy, e sua equipe. Mas é exatamente isso que torna a AWS tão amazoniana. O que começou como um pequeno experimento de enviar dados de produtos em XML para nossos afiliados cresceu e se tornou uma das principais divisões dos negócios da Amazon, que gerou US$ 35 bilhões em receita em 2019. Ao reconhecer o potencial dessa pequena semente que se tornou o poderoso carvalho da AWS, Jeff e outros na Amazon incorporaram os princípios amazonianos de "Propriedade", "Invente e simplifique" e "Pense grande".

Conclusão
Ser amazoniano além da Amazon

Ser amazoniano no seu negócio. Ser amazoniano significa ter que mudar hábitos e maneiras de fazer as coisas, adiar recompensas e persistir em tempos difíceis, mas também colher recompensas distintas. Como começar a ser amazoniano onde você estiver.

* * *

Nós dois aprendemos muito na Amazon. Foi um período decisivo em nossas carreiras. E, desde então, mudamos para outros empreendimentos. Mas *ser amazoniano* continua fazendo parte do nosso DNA, e sempre será assim. Afeta a forma como pensamos, tomamos decisões, agimos, vemos os negócios e o mundo em geral.

O que é mais fascinante para nós, e a razão pela qual escrevemos este livro, é que os elementos de *ser amazoniano* são aplicáveis a outras empresas, negócios, indústrias e empreendimentos – bem como a coisas externas ao mundo dos negócios, organizações filantrópicas ou comunitárias. Definir os fundamentos da cultura, articular princípios de liderança, regulamentar práticas essenciais – contratação Bar Raiser, equipes com líderes de segmento único, narrativas escritas, trabalhando de trás para a frente (Working Backwards), enfocando métricas de entrada –, todas essas coisas provaram ser essenciais para nós em outros empreendimentos. Na verdade, não podemos imaginar fazer negócios sem elas.

É verdade que a mentalidade amazoniana nem sempre produz os resultados esperados. Alguns amazonianos passam a ocupar cargos de liderança em outras empresas e tentam implementar essas mesmas práticas sem sucesso. Pode ser que não seja o momento certo, ou que o executivo sênior, geralmente o CEO, não apoie a abordagem. De qualquer forma, com muito mais frequência, o "jeito amazoniano" tem sido adotado com sucesso por outras organizações. E, como dissemos, é maravilhosamente estruturado, aplicável em qualquer escala e escopo.

Não insinuamos que se tornar amazoniano seja fácil – para uma organização inteira ou para os indivíduos dentro dela. Trabalhar em equipes separáveis, de segmento único, pode ser intenso, e a organização deve ser construída de forma a permitir autonomia. O processo Working Backwards requer que o indivíduo narre suas ideias e aceite a crítica de qualquer pessoa na sala. O enfoque nas métricas de entrada não é familiar para aqueles que são treinados nos métodos de avaliação tradicionais. Assumir um compromisso com investimento de "retorno sobre o trabalho" de longo prazo – por meio de participação acionária – dificilmente é a norma para as empresas ocidentais, que vinculam a remuneração ao cumprimento de metas de curto prazo.

As recompensas, entretanto, são claras e distintas tanto para a empresa quanto para a pessoa. A Amazon é clara sobre a busca de pessoas obcecadas pela experiência do cliente e que valorizam o sucesso de longo prazo e a inovação contínua, em vez de ganhar dinheiro rápido ou um título sofisticado. Ela oferece um contexto que apoia a aceitação de riscos e a abertura a ideias de pessoas em qualquer nível da empresa. Também fornece a satisfação que advém de enfrentar desafios difíceis com limitações de tempo assustadoras e levá-los ao melhor resultado possível. Na maioria das vezes, isso traz resultados superiores para a empresa.

Mesmo quando um projeto não atinge seus objetivos ou é considerado um fracasso, se o esforço foi admirável e adepto às práticas e princípios da Amazon, o resultado para o indivíduo não será demissão nem vergonha. A falha é compreendida quase sempre como a falha de um grupo, de um processo, de um sistema, tanto quanto aquela de uma única pessoa – muitos estavam envolvidos, fizeram comentários, deram forma à ideia e receberam aprovações ao longo do caminho. Para a empresa, o fracasso é tipicamente visto como um experimento, por meio do qual muito pode ser aprendido, e pode levar a mudanças e melhorias. Muitas vezes, o fracasso é temporário, e eventualmente dá origem ao sucesso.

Como pessoalmente experimentamos, *ser amazoniano* pode trazer a satisfação, até mesmo o orgulho, que vem com a criação de produtos e serviços que mudam um setor, proporcionam experiências excepcionais ao cliente e – como esperamos que este livro possa fazer – até mesmo contribuem para a prática gerencial.

* * *

As perguntas que normalmente se seguem à apresentação das ideias neste livro são: "Como faço para começar? Onde começo? O que realmente faço para trazer alguns dos aspectos de *ser amazoniano* para o meu negócio?".

Aqui estão algumas sugestões:
- *Elimine o PowerPoint* como ferramenta para discutir tópicos complicados e comece a usar narrativas de seis páginas e documentos de PR/FAQ nas reuniões da equipe de liderança. Isso pode ser implementado quase instantaneamente. Haverá resistência e reclamação, mas descobrimos que isso produz re-

sultados rapidamente, e, por fim, seus líderes dirão a si mesmos: "Jamais poderemos voltar aos velhos hábitos".

- *Estabeleça o processo de contratação Bar Raiser.* Essa abordagem não é mais exclusiva da Amazon, e a vimos funcionar em muitas empresas. Também pode ser estabelecido com relativa rapidez, uma vez que um processo de treinamento esteja em vigor. Ele também oferece resultados de curto prazo, melhorando a qualidade do processo e permitindo o aprendizado para todos os envolvidos no ciclo. Deve reduzir o número de más contratações e, em longo prazo, melhorar a qualidade geral de pensamento e desempenho em cada equipe e na empresa como um todo.
- *Foque em métricas de entrada controláveis.* A Amazon é incansável na identificação de métricas que podem ser controladas e têm o maior impacto sobre os resultados, como fluxo de caixa livre por ação. Esse não é um processo fácil, porque requer pacientemente tentativa e erro enquanto você busca as métricas de entrada que melhor permitam assumir o controle dos resultados desejados. Observe também que esse não é um argumento para abandonar as métricas de saída. A Amazon se preocupa muito com o fluxo de caixa livre por ação.
- *Mude para uma estrutura organizacional que acomode equipes autônomas com líderes de segmento único.* Conforme observado no Capítulo 3, isso leva tempo e requer uma gestão cuidadosa, pois invariavelmente levanta questões sobre autoridade e poder, jurisdição e "território". Você também deverá estar atento a dependências e bloqueios que estão impedindo a autonomia em sua organização. Mas pode ser feito. Comece com seu grupo de desenvolvimento de produto e, em seguida, veja quais outras áreas, se houver, funcionam melhor em equipes.

- *Revise a estrutura de remuneração dos líderes* para que se estimule o comprometimento e a tomada de decisões de longo prazo. Evite fazer muitas exceções para "casos especiais". Certifique-se de que os líderes em todas as áreas da empresa sejam remunerados com a mesma abordagem básica.
- *Articule os elementos centrais da cultura da empresa*, como a Amazon fez com o pensamento de longo prazo, a obsessão pelo cliente, o desejo de inventar e a excelência operacional. Em seguida, aplique-os em todos os processos e discussões. Não presuma que simplesmente declará-los e exibi-los terá algum efeito significativo.
- *Defina um conjunto de princípios de liderança*. Eles devem ser desenvolvidos com a participação de muitos colaboradores. Não atribua a tarefa a um único grupo ou terceirize-a para um consultor ou provedor de serviços. Façam vocês mesmos. Divida os detalhes. Reveja os princípios de vez em quando e revise conforme necessário. Então, como acontece com os aspectos da cultura, inclua os princípios em todos os processos, desde a contratação até o desenvolvimento do produto.
- *Descreva sua engrenagem.* Quais são os motores de crescimento da sua empresa? Faça uma imagem mostrando como se relacionam na sua engrenagem. Avalie tudo que você faz sob efeito positivo ou negativo em um ou mais impulsionadores da engrenagem.

Por fim, lembre-se do que dissemos no início: não afirmamos que a abordagem da Amazon é a única certa. Muitas empresas bem-sucedidas e de alto desempenho operam de maneira diferente da Amazon. Mas, novamente, não existem muitas empresas que alcançaram o nível de crescimento, o histórico de invenção, a capacidade de entrar em novos negócios além do núcleo e a influência que a Amazon tem. Por-

Obsessão pelo cliente

tanto, no mínimo, vale a pena considerar como *ser amazoniano* pode beneficiar sua empresa e, o mais importante, os clientes da sua empresa.

Se você quiser saber mais sobre como aplicar os processos e princípios da Amazon e fazer sua organização começar a trabalhar de trás para a frente, visite nosso website em www.workingbackwards.com.

Apêndice A
Exemplos de avaliações de entrevistas

Abaixo estão exemplos de avaliações fracas e fortes. Observe como a avaliação fraca se concentra amplamente na experiência de trabalho do candidato, paixão e pensamento estratégico (bom que o entrevistador perguntou sobre o pensamento), mas não dá exemplos específicos de trabalho real que o candidato realizou. (No exemplo de avaliação forte, a resposta do candidato sobre seu trabalho real provou ser o motivo pelo qual não o contratamos.) Também não há perguntas e respostas textuais – não sabemos quais perguntas o entrevistador fez ou quais foram as respostas do candidato. Não há dados da entrevista que um gerente de contratação possa usar para avaliar o candidato.

Leia o segundo exemplo de avaliação para ver como é mais fácil formar sua própria opinião sobre o candidato com base nas perguntas e respostas. A avaliação é uma combinação de dados objetivos e análises subjetivas.

AVALIAÇÃO FRACA

Estou inclinado a contratar Joe para um cargo de gerenciamento de produto em nossa equipe. Ele tem um histórico sólido de propriedade e estratégia de direção para a Red Corp. e duas outras empresas relevantes. Ele deu a impressão de ter um bom entendimento dos desafios únicos que nosso espaço enfrenta, e sua experiência seria um trunfo para nossa empresa à medida que criamos várias maneiras de entrar nesse segmento de mercado. Ao discutir os desafios que nossa empresa enfrenta, ele foi articulado e demonstrou domínio sobre as maneiras como nossa empresa deve entrar neste segmento de mercado que está evoluindo rapidamente. Sua experiência na Red Corp. será útil no contexto de avaliação/análise de empresas para fazer parcerias ou aquisições para promover nossa estratégia. Gostei da paixão demonstrada pela indústria da mídia ao longo de sua carreira.

AVALIAÇÃO FORTE

Entrevistei Joe tanto por suas habilidades de desenvolvimento de negócios quanto por suas habilidades de gerenciamento de produtos. Fiquei surpreso em ambas. Achei que seu pensamento estratégico e julgamento de negócios eram fracos e que seus exemplos de trabalho careciam de especificidade quanto às suas próprias contribuições – muito sobre "o que fizemos" em oposição a "o que eu fiz" – muito difícil fazê-lo articular claramente sobre suas próprias contribuições. Ele era um passageiro, não um motorista.

P: *Por que você quer trabalhar para nossa empresa?*

R: *Você está focado na experiência do cliente. A trajetória da empresa é favorável. Gosto da ideia de me envolver enquanto sua empresa é desse porte e está em fase de crescimento.*

Está bem, acho que essa resposta é razoável, mas o raciocínio não parecia particularmente sólido ou convincente.

P: *Qual é a sua realização profissional mais significativa?*

R: *Uma negociação que fizemos com a Blue Corp. enquanto eu estava na Red Corp. Embora eu fosse júnior demais para liderar os elementos estratégicos do negócio, o seu resultado estratégico foi realmente grande para nós – trouxe vários outros colaboradores, como a Yellow.com, até nós para fazer acordos semelhantes.*

P: *Qual foi sua participação?*

A: *Eu era um dos três membros da equipe de negociação; eu, o vice-presidente de Desenvolvimento de Produto e um cara do departamento jurídico. Minha função era gerente de relacionamento, então, quando os proprietários dos negócios tinham necessidades específicas, eles as traziam para mim e eu as executava com a Blue Corp.*

P: *Qual foi a sua grande conquista nesse negócio?*

A: *Era minha função nesse negócio trabalhar com o cara dos desenvolvedores da Blue Corp. para transformar nossas necessidades para um negócio em um contrato. O contrato tinha duzentas páginas.*

Embora eu tenha examinado várias vezes aqui, ele não me deu qualquer evidência de algo substancial que tenha feito pessoalmente nesse negócio. Ele estava orgulhoso da importância estratégica do negócio, mas admitiu desde o início que não tinha nada a ver com o estabelecimento da estratégia de negócio. Eu estava então esperando que me fornecesse evidências específicas de obstáculos ou táticas de negociação que ele empregou para fechar esse enorme acordo (ou pelo menos evidências de trabalho realmente árduo), mas ele não ofereceu nada. Fiquei empolgado quando começou a me contar sobre isso, pensando que tinha grande experiência em fazer grandes negócios, mas parece que o vice-presidente e os membros da equipe jurídica cuidavam de tudo.

P: *Se você pudesse adicionar ou mudar qualquer coisa sobre nosso website para melhorar a experiência do cliente, o que seria e por quê?*

A: *Eu tornaria a Categoria X mais proeminente. Hoje está escondida, e as pessoas não sabem que está disponível.*

P: *Sério? Por que você acha que é estrategicamente importante para nós mostrar a Categoria X com mais destaque?*

A: *Bem, na verdade, a Categoria Y é provavelmente um exemplo melhor de algo que eu adicionaria ao site e tornaria mais proeminente.*

P: *Está bem, então por que devemos tornar a categoria Y mais proeminente? De todos os produtos que vendemos, por que esse é estrategicamente importante para aparecer?*

A: *Porque o concorrente A está crescendo com o negócio e o concorrente B também entrou no mercado agora, e porque é algo que os clientes gostariam de comprar de nós.*

P: *Certo, esqueça essas categorias por um minuto, o que devemos mudar em nosso site com relação à Categoria Z?*

A: *Eu criaria uma lista de verificação diária de produtos que permitisse às pessoas comprar produtos como Z1, de que precisam regularmente e que enviaríamos a elas em intervalos regulares antes que acabassem. Assim não recorreriam ao Concorrente C.*

Ele falhou completamente nessa questão. Ele não só hesitou quanto à sua resposta original, como também demonstrou inovação e pensamento estratégico muito ruins, apoiando-se em conceitos menores que não conseguiam se relacionar com a grande experiência do cliente ou questões competitivas (seleção, preço, experiência do cliente).

Apêndice B
Exemplos de preceitos narrativos e perguntas frequentes

Dave Glick, ex-vice-presidente da Amazon, foi a primeira pessoa a usar os preceitos nas narrativas de seis páginas. Dave teve uma série de reuniões de revisão de narrativas com Jeff que não foram boas. Dave disse:

> Superamos aquelas reuniões ruins e chegamos a um lugar onde poderíamos ter uma discussão sobre nossa estratégia. Ao final da discussão, chegamos a um acordo sobre a estratégia e a resumimos em cinco pontos. Jeff disse: "Você deve anotá-las e colocá-las no início do documento todos os meses, para que nos lembremos do que decidimos na última vez". E assim nasceram os preceitos. No mês seguinte, apareci com meu documento com os preceitos bem na frente do documento. Isso nos ajudou a refrescar a memória e tornou

o resto da reunião produtiva, já que não tivemos que refazer nossas decisões anteriores.[62]

Um dos muitos benefícios que os preceitos podem trazer é um forte alinhamento entre todos os envolvidos. Eles também fornecem um conjunto de princípios orientadores que ajudam na tomada de decisões. Jeff gostou tanto dos preceitos que pediu a outras equipes que os incorporassem em suas narrativas. Formular um preceito é difícil, e nuances sutis de significado podem, às vezes, ter um grande impacto posterior em um projeto.

Os preceitos ajudam as organizações a fazer escolhas e compensações difíceis. Um preceito quebra o vínculo entre dois benefícios, valores ou resultados onde existe uma tensão natural entre eles. É frequentemente o caso de indivíduos ou departamentos que se encontram em conflito quanto a dois resultados porque há um argumento legítimo para ambos. Um exemplo simples é velocidade versus qualidade. Obviamente, ambas são desejáveis, e certas equipes ou indivíduos podem estar mais focados na velocidade, enquanto outros estão mais focados na qualidade.

EXEMPLOS DE PRECEITOS

Exemplo de preceito simples (este não é um preceito da Amazon): Rapidez e qualidade sempre são importantes, mas, quando forçados a fazer uma escolha entre as duas, sempre priorizaremos a qualidade.

Nesse preceito, qualquer resposta (velocidade ou qualidade) é válida. Quando a equipe de liderança de sua empresa se alinha sobre um preceito como esse, se refere a ele consistentemente em reuniões

---

62. David Glick, "When I was at #Amazon, one of my monikers was 'Godfather of Tenets'", LinkedIn, editado em março de 2020, https://www.linkedin.com/posts/davidglick1_amazon-tenets-jeffbezos-activity-6631036863471849472-IO5E/.

e insiste para que apareça nas seis páginas, você ficará surpreso com a eficácia disso no alinhamento e capacitação de sua organização.

A Amazon trabalhava com preceito antes de adotarmos a abordagem da narrativa de seis páginas. Jeff, por exemplo, frequentemente discutia o seguinte preceito com vários públicos internos.

Preceito: Não ganhamos dinheiro quando vendemos coisas. Ganhamos dinheiro quando ajudamos os clientes a tomar decisões de compra.[63]

Isso orientou algumas decisões desafiadoras e controversas nos primeiros anos da Amazon, uma das quais sobre análises de produtos postadas em nosso site. Avaliações negativas podem, potencialmente, desencorajar um cliente de comprar um produto e, assim, reduzir a receita. Então, se nosso objetivo é ganhar dinheiro, por que postar comentários negativos? Mas o preceito afirma que não ganhamos dinheiro vendendo coisas, mas ajudando os clientes a tomar decisões de compra. O preceito torna imediatamente nossa obrigação óbvia. O cliente precisa de informações, positivas e negativas, para tomar uma decisão consciente. Continuamos a postar comentários negativos de clientes.

Preceito: Quando somos forçados a escolher entre construir algo que seja conveniente para os clientes ou conveniente para nós mesmos, escolheremos a primeira opção.

Parece óbvio, mas as empresas nem sempre seguem esse preceito. Embalagem, por exemplo. Você já experimentou a alegria de abrir uma caixa que contém aquele produto que você tanto esperava, e ver sua alegria se transformar em desespero porque o produto está envolto em uma embalagem espessa de polipropileno? Essa embalagem foi, defini-

---

[63]. "Jeff Bezos on Leading for the Long-Term at Amazon", HBR IdeaCast, https://hbr.org/podcast/2013/01/jeff-bezos-on-leader-for-the (acessado em 19 de maio de 2019).

tivamente, criada para a conveniência da empresa – mais fácil de enviar, mais fácil de exibir em uma loja, mais difícil de ser roubada.

Antes de articularmos esse preceito, a Amazon cometeu exatamente esse erro. Desenvolvemos embalagens projetadas para serem baratas e facilitar o embrulho de nossos livros, bem como resistentes o suficiente para evitar danos no transporte. Em 1999, Jeff recebeu um e-mail de uma senhora idosa que escreveu que adorava o serviço da Amazon, exceto por um problema: ela tinha que esperar que seu sobrinho viesse para romper a embalagem.[64] Depois de receber o e-mail, Jeff pediu à equipe para criar um novo design que tivesse todas as características de que a empresa precisava e que também fosse de fácil abertura pelos clientes. A Amazon estendeu esse conceito dez anos depois para outras linhas de produtos com sua Iniciativa de Embalagem sem Frustração.[65]

Preceito: Não permitimos que os defeitos sigam o trajeto até o fim. Quando percebemos um defeito, não contamos com boas intenções para resolver o problema. Vamos inventar e construir métodos sistemáticos para eliminar esse defeito.

Esse preceito é útil em qualquer ambiente de melhoria contínua, como as operações nos centros de distribuição e de atendimento ao cliente. Para evitar que um defeito continue seguindo o trajeto, pode ser necessário construir sistemas para detectar e calcular a dimensão do defeito, além de criar um ciclo de avaliação para garantir que não aconteça novamente. O problema não será resolvido encorajando as pessoas a se esforçarem mais ou contando com as boas intenções do pessoal do atendimento ao cliente. Um sincero "Lamento que você tenha tido esse

---

64. Peter de Jonge, "Riding the Wild, Perilous Waters of Amazon.com", *New York Times*, 14 de março de 1999, https://archive.nytimes.com/www.nytimes.com/library/tech/99/03/biztech/articles/14amazon.html.

65. "Amazon Certified Frustration-Free Packaging Programs", https://www.amazon.com/b/?&node=5521637011#ace-5421475708 (acessado em 30 de junho de 2020).

problema, vamos nos esforçar mais para atender às suas necessidades no futuro" não resulta na melhoria de um sistema defeituoso.

Um defeito bem conhecido em um centro de abastecimento é o "erro não intencional" – quando o peso real de um pacote pronto para carregamento em um caminhão de entrega não corresponde ao peso esperado dos produtos que deveriam estar na caixa (mais o peso da embalagem). Isso é uma indicação de que algo está errado com o pedido – talvez um item errado tenha sido embalado ou o pedido esteja incompleto. Quando os pesos não coincidem, o pacote está inconsistente e uma pessoa tem que abri-lo e inspecionar o que está dentro. Isso parece muito simples, mas, em conjunto, é um esforço gigantesco. Você precisa ter dados precisos sobre o peso de dezenas de milhões de itens de milhões de fabricantes, comerciantes e vendedores. Suas balanças devem ser extremamente precisas, ou podem detectar uma incompatibilidade quando não houver nenhuma.

Mas o que acontece se um pacote sai com o defeito não detectado? O cliente pode receber algo diferente do que foi pedido. Isso não contribui para uma boa experiência do cliente.

O preceito diz que iremos "eliminar o defeito". Essa é uma meta agressiva e não pode ser alcançada imediatamente. Ela atua como um poderoso defensor do cliente e levou ao desenvolvimento de muitos sistemas e processos para prevenir e eliminar defeitos. Como já descrevemos, um dos mais conhecidos desses processos é o Andon Cord, que foi adaptado do Sistema Toyota de Produção: operários da fábrica podem puxar um cabo físico para interromper a linha de montagem quando detectarem um defeito. Na Amazon, o pessoal de atendimento ao cliente tem um cabo virtual – na verdade, um botão – que pode apertar quando um defeito é detectado. Impede instantaneamente que a Amazon venda mais do produto afetado até que o problema do cliente seja resolvido.

Esse preceito apareceu em tantas narrativas e foi tão útil na defesa do cliente que a Amazon o incorporou aos princípios de liderança como "Insista nos padrões mais elevados".

EXEMPLOS DE PERGUNTAS FREQUENTES

Uma pergunta frequente é uma boa maneira de colocar questões para discussão ou destacar pontos importantes ou riscos em seu argumento. Essas perguntas frequentes permitem que o autor assuma o controle da discussão e a direcione para áreas produtivas de diálogo. Um tom honesto, objetivo e não emotivo tende a funcionar melhor ao responder a essas perguntas. Não faz sentido adoçar as coisas, e isso ajuda a definir as questões difíceis de imediato. O princípio de liderança da Amazon "Conquiste a confiança" afirma: "Os líderes ouvem com atenção, falam com franqueza e tratam os outros com respeito. Eles são verbalmente autocríticos, mesmo quando isso é estranho ou embaraçoso. Líderes não acreditam que o odor corporal deles ou de sua equipe cheire a perfume. Eles avaliam a si mesmos e suas equipes buscando melhores resultados". Aqui estão algumas perguntas frequentes que consideramos úteis:

Quais foram os maiores erros que cometemos no último período e o que aprendemos com eles?

Que são as informações-chave para este negócio?

Qual é a maior coisa que podemos fazer para mudar a situação neste negócio, e como nos organizaremos para fazer exatamente isso?

Quais são os principais motivos pelos quais não devemos fazer o que propomos hoje? Quando a situação se tornar difícil, quais são as coisas que não comprometeremos?

O que há de difícil no problema que estamos tentando resolver?

Se nossa equipe tivesse mais X pessoas ou mais Y dólares, como implantaríamos esses recursos?

Quais são as três principais novas iniciativas, produtos ou experimentos que nossa equipe lançou nos últimos X meses e o que aprendemos com eles?

Que dependências temos em nossa área hoje sobre as quais gostaríamos de ter controle?

Apêndice C
Linha do tempo de eventos do livro

1998

Colin entra para a Amazon

1999

Bill entra para a Amazon

Programa Bar Raiser lançado

2001

Estabelecida formalmente a Revisão Semanal de Negócios (WBR)

2002

Amazon Product API lança as primeiras equipes com o conceito de duas pizzas

2003

Colin assume a função de sombra de Jeff quando o grupo Amazon Web Services (AWS) é formado

2004

Processo Working Backwards PR/FAQ formalizado

O uso de PowerPoint em reuniões do S-Team é proibido (9 de junho)

Organização de mídia digital (Digital Media) é formada (Bill passa a ter equipe de negócios)

Primeira versão dos princípios de liderança da Amazon distribuída para a empresa

2005

Lançamento do Amazon Prime (2 de fevereiro)

Colin deixa a função de sombra de Jeff para se tornar diretor de Operações da IMDb (julho)

2006

Lançamento da AWS S3 (serviço de armazenamento simples) (14 de março)

Lançamento público da versão Beta da AWS EC2 (nuvem de computação elástica)

Lançamento público do Unbox (7 de setembro)

Lançamento do Fulfillment by Amazon (19 de setembro)

2007

Lançamento do Kindle (9 de novembro)

2008

Lançamento do Amazon Video On Demand (setembro)

2011

Lançamento e reformulação do Prime Video (fevereiro)

Agradecimentos

Este livro não teria sido possível sem a ajuda de muitos amazonianos do passado e do presente que foram tão generosos com seu tempo, permitindo-nos entrevistá-los ou concordando em revisar os rascunhos do original. Sem eles, não seria possível obter todos os fatos e histórias. Nossos agradecimentos a Robin Andrulevich, Felix Anthony, Charlie Bell, Jason Child, Cem Sibay, Rick Dalzell, Ian Freed, Mike George, Dave Glick, Drew Herdener, Cameron Janes, Steve Kessel, Jason Kilar, Tom Killalea, Jonathan Leblang, Chris North, Laura Orvidas, Angie Quennell, Diego Piacentini, Kim Rachmeler, Vijay Ravindran, Neil Roseman, Dave Schappell, Jonathan Shakes, Joel Spiegel, Tom Szkutak, Sean Vegeler, John Vlastelica, Charlie Ward, Eugene Wei e Gregg Zehr.

Além da lista de amazonianos acima, gostaríamos de agradecer e reconhecer todos os amazonianos com quem trabalhamos durante nossos 27 anos combinados com a empresa. Trabalhar muito e de forma inteligente com todos vocês nos desafiou e nos estimulou de maneiras difíceis de expressar em palavras. Todos vocês trouxeram um nível de inteligência, paixão, energia e força que tornou a Amazon tão especial.

Gostaríamos de agradecer especialmente a Jeff Bezos. A oportunidade de trabalhar ao lado de Jeff foi uma experiência transformadora para nós dois, sem mencionar o destaque em nossas carreiras.

Desejamos agradecer a muitos outros que leram o original e nos forneceram uma avaliação valiosa a partir de uma perspectiva imparcial (não amazonianos), incluindo Joe Belfiore, Kristina Belfiore, Patti Brooke, Ed Clary, Roger Egan, Brian Fleming, Robert Goldbaum, Danny Limanseta, Jan Miksovsky, Sui Riu Quek, Brian Richter, Vikram Rupani, Marni Seneker, Marcus Swanepoel, John Tippett e Jon Walton.

Na St. Martin's Press/Macmillan, devemos agradecer a Alan Bradshaw e Ryan Masteller, que revisaram o livro. Jonathan Bush criou um design de capa que capturou a essência do nosso livro. A editora assistente Alice Pfeifer nos manteve concentrados e ajudou com inúmeros detalhes, grandes e pequenos. A editora associada Laura Clark entendeu nosso livro desde o primeiro encontro e o apoiou em cada etapa do processo. A publicitária Gabi Gantz ajudou a aprimorar nosso argumento de venda e a levar o livro para o mundo. E Joe Brosnan e Mac Nicholas foram cruciais em todos os esforços de marketing.

Como escritores de primeira viagem, tivemos a sorte de ter Tim Bartlett como editor. Tim sempre foi generoso com seu tempo. Ele nos deu uma orientação valiosa e nos desafiou a pensar sobre o livro de novas maneiras. Ele vasculhou cada frase do original para nos ajudar a transformá-lo no que você está lendo hoje.

Ao nosso agente, Howard Yoon, que nos orientou pacientemente durante o processo, começando com essa nova experiência de escrever nosso primeiro livro. Como escritores novatos, cometemos muitos erros no início deste projeto. Howard se envolveu conosco em incontáveis discussões e debates sobre o tema central e a arquitetura do livro. Ele também serviu como nosso instrutor de redação em meio período e guia para o mundo da publicação do ponto de vista do autor.

Agradeço a Sean Silcoff por nos ajudar com nossa proposta de livro. Nós nem sabíamos que precisávamos de um quando este projeto começou. Muito obrigado aos nossos colegas de redação John Butman, Matthew Sharpe e Tom Schonhoff, que nos ajudaram a transformar nossas frases, parágrafos e capítulos às vezes atrapalhados no que esperamos ser uma leitura agradável e convincente. John, embora você não consiga ver o produto final, sua sabedoria e tom estão presentes em todo o livro. Matt, obrigado por intervir no último minuto e nos ajudar. Ficamos surpresos com a rapidez com que você se familiarizou com o material e melhorou o livro. Tom, obrigado pelas muitas e muitas horas de paciência que você gastou ouvindo nossos planos grandiosos para cada capítulo e fornecendo ideias perspicazes sobre como transformá-los em uma mensagem coerente. Você sempre esteve disposto a arregaçar as mangas e fazer o que fosse necessário para chegar a um produto final agradável.

Gostaríamos de agradecer a nossas famílias. Amamos todos, e vocês foram uma fonte constante de avaliação e inspiração. Para nossos filhos, Phoebe, Finn, Evan e Maddox: sua curiosidade e perguntas perspicazes nos forçaram a aprimorar nossa mensagem até que fosse concisa e clara. E obrigado por nos permitir usar mais do que o nosso quinhão do computador familiar à custa do seu tempo com o *Minecraft*. Um agradecimento especial aos nossos pais, George e Cicely, Betty e Bill (pai). Não estaríamos onde estamos hoje sem o seu constante amor e apoio ao longo do caminho. Vocês nos disseram desde que éramos jovens que poderíamos fazer a diferença no mundo e fazer qualquer coisa em que nos empenhássemos. Seu apoio é uma das principais razões pelas quais não foi um grande salto para nós tentar algo tão louco quanto escrever nosso primeiro livro sobre os trinta anos de nossas carreiras. Para a irmã de Colin, Jessica, que infelizmente deixou este mundo cedo demais. Você é minha heroína. Sua compaixão, abnegação e determinação em ajudar os necessitados são inspiradoras. A memória do seu sorriso e risada ainda ilumina meu dia sempre que preciso de um impulso extra. E, finalmente, à esposa de Colin, Sarah, e à esposa de Bill, Lynn. Obrigado pelo amor, incentivo e todos os sacrifícios que vocês fizeram ao longo desta jornada. Temos sido afortunados de muitas maneiras, e ainda mais por tê-las como parceiras para toda a vida.